高等学校体

XUEXIAO TIYU XUE

学校体育学

主 编 张秀丽 葛 新

副主编 齐 辉 时海霞

重庆大学出版社

图书在版编目(CIP)数据

学校体育学 / 张秀丽，葛新主编. -- 重庆：重庆
大学出版社，2020.1
高等学校体育学类本科专业系列教材
ISBN 978-7-5689-1798-8

Ⅰ. ①学… Ⅱ. ①张… ②葛… Ⅲ. ①学校体育—高
等学校—教材 Ⅳ. ①G807

中国版本图书馆 CIP 数据核字(2019)第 190555 号

高等学校体育学类本科专业系列教材
学校体育学
XUEXIAO TIYU XUE
主　编　张秀丽　葛　新
策划编辑:唐启秀

责任编辑:姜　凤　　版式设计:唐启秀
责任校对:张红梅　　责任印制:张　策

*

重庆大学出版社出版发行
出版人:饶帮华
社址:重庆市沙坪坝区大学城西路 21 号
邮编:401331
电话:(023)88617190　88617185(中小学)
传真:(023)88617186　88617166
网址:http://www.cqup.com.cn
邮箱:fxk@cqup.com.cn(营销中心)
全国新华书店经销
重庆市国丰印务有限责任公司印刷

*

开本:787mm×1092mm　1/16　印张:16.5　字数:353 千
2020 年 1 月第 1 版　　2020 年 1 月第 1 次印刷
ISBN 978-7-5689-1798-8　定价:45.00 元

高等学校体育学类
本科专业系列教材编委会

高等学校体育学类
本科专业系列教材审稿委员会

总　序

  2016 年 8 月 26 日，全国卫生与健康大会通过的《健康中国 2030 规划纲要》体现了党和政府对人民群众健康权益和促进人全面发展的高度重视，表达了我国由体育大国向体育强国迈进的国家意志。"十三五"期间，全面建成小康社会为体育发展开辟了新空间，经济发展新常态和供给侧结构性改革对体育发展也提出了新要求，建设健康中国更是为体育发展提供了新机遇。然而，当前我国体育人才发展水平同体育事业的发展需求仍有差距，存在着体育人才总量相对不足、体育人才培养质量不高、各类体育人才发展不均衡、高层次创新型人才短缺等现象，还不能满足体育强国建设的需求，难以发挥体育人才在体育事业发展和体育强国建设中的基础性、战略性、决定性的作用。特别是在体育专业人才培养质量方面，受招生规模不断扩大、生源质量参差不齐等诸多因素的影响，培养质量并未达到预期的目标。究其本质原因，学校体育教学目标、教师、学生、内容、方法、过程、环境、评价等都难以免责，作为教学内容的载体教材质量的好坏无疑决定着人才培养质量的水平。尽管体育学科教育改革在不断深化推进，但教学内容方面的创新改革力度仍显不足。目前，体育学类本科专业的教材内容仍以传授知识为中心，教材编写一直存在高度抽象化、纯粹理论化、逻辑不清晰、结构混乱、叙述晦涩、实例奇缺的问题，充斥着抄袭来的公式和陈词滥调的顽疾。国际上最新的研究成果和理论较少能在教材中得到更新，缺乏内容丰富、结构合理、描述生动并有大量生动实例的教材。整体上，体育学类本科专业教材存在建设滞后、缺乏个性化、内容更新周期缓慢、编写水平不高和装印质量低等问题。其导致的结果就是出现教师"教不会""教不清"和学生"学不会""用不上"的窘况，教学质量难以保证，提高教学质量更无从谈起。如何紧跟经济社会的发展变化，编写出能反映体育学科专业的最新研究成果，更好地适应教法更新和学法创新，激发现代大学生的学习兴趣，在教材内容、逻辑结构和形式编排等方面不断彰显优秀经验传承与创新的教材将是编写者亟待关注的核心问题，也是提高教材编写水平和教学质量的重要保证。

  "高等学校体育学类本科专业系列教材"是依据"健康第一"的教育理念和《高等学校体育学类本科专业类教学质量国家标准》（修订稿）（以下简称《标准》）规定的专业课程体系要求，由编委会组织多位资深任课教师尤其是优势和特色专业学科带头人、知名学者、教授，在具备深厚学术研究背景、长期教学实践和教材编撰研究经验的基础上，编写出的体现体育学科研究成果的高质量系列教材。按照《标准》规定的专业必修课课程要求，编写了专业类基础课程（体育学类本科专业均需开设的课程），包括"体育概论""运动解剖学""体育心理学""运动生理学""体育社会学""健康教育学""体育科学研究方法"7 门专业类基础课程。并按照专业方向课程开设采用"3+X"的模式要求,编写了"学校体育学""运动训练学""体育竞赛学""体育市场营销学""中国武术导论"等专业方向课程以及"运动生物化学""运动生物力学""体育管理学""乒乓球""排球""武术""体操""篮球""健美操""羽毛球"等模块选修课程。该系列教材既可以作为体育学类本科专业学生的教材使用,也可以作为各级各类体育教师和教练员的参考用书。

本系列教材的特色有以下几点:

一是力求体育学科理论知识阐述和论证适可而止,避免机械地叠加理论或过度地引用、借用观点。力争避免高度抽象化和纯理论化,使教学内容丰富,更加贴近现代体育专业本科生的学习兴趣需求,体现新课程体系下新的课程内容,注重提高学生的实践能力,培养学生的创新能力。

二是立足理论联系实际的观点,突出学以致用的目标。在编写体例上强化了篇、章、节之间逻辑关系的清晰和结构的合理,在案例、材料的选择上更加突出新意。根据知识的脉络和授课的逻辑,设计了思考、讨论或动手探索、操作的环节,提升了互动性。同时,根据篇幅及教学情况,以知识拓展、阅读和实践引导、趣味阅读等形式,适当增加拓展性知识,力争使教师"教得会""教得清",学生"学得懂""用得上"。

三是力求做到简洁、明晰。在大纲设计、内容取舍上,坚持逻辑清晰、行文简洁,注意填补新兴学科、交叉学科等教材的空白以及相关教材体系的配套,避免大而全、面面俱到的写作,力图使教材具有基础性、实用性、可读性以及可教性,最大限度地避免言不切实、空泛议论的素材堆积。

本系列教材编委均是各个专业研究领域的专家,大都具有博士学位,对各自的研究领域非常熟悉,他们所撰写的内容均是各自潜心研究的成果,有很深的研究与很高的学术造诣。如何编写好体育学类本科专业学生系列教材,全体编写人员在科学性、实用性、可读性、针对性和先进性方面做了初步尝试。由于编者水平有限,但交流和讨论得不够,不足之处在所难免,欢迎读者不吝赐教与批评指正,修订时将作进一步充实与完善。

虽然编委会按照《标准》的要求,有规划地对系列教材进行组织、开发和编写,但对教材质量和水平的高规格要求,一部分重要的课程并未被列入此次教材编写的名目,编委会将在后续编写中逐步增补。

本系列教材的编写,得到重庆大学出版社领导的大力支持与帮助。同时,全国高等学校体育教学指导委员会技术学科组原副组长王崇喜教授,全国高等学校体育教学指导委员会委员、河南省高校体协主席林克明教授等专家也给予了许多的鼓励、建议与指导,编写时参考了诸多专家、学者的前沿研究成果,在此一并表示衷心的感谢!

高等学校体育学类本科专业系列教材编委会

2019 年 7 月

前　言

　　学校体育是学校教育的重要组成部分，是新时代落实"健康第一"指导思想，促进学生健康成长的重要保障。学校体育学是研究与揭示学校体育工作的基本规律，阐明学校体育工作的基本原理与方法的一门学科，是为培养各级体育师资，组织和实施学校体育工作而开设的一门专业基础理论课程。自1983年第一本《学校体育学》教材问世至今，已有十多个版本的教材相继出版，对推动体育学科建设与发展，提高体育教育专业人才培养质量具有重要意义。

　　本书以习近平新时代中国特色社会主义思想为指导，以"立德树人"为引领，依据《高等学校体育学类本科专业教学质量国家标准》规定的专业课程体系要求，本着"创新、协调、绿色、开放、共享"的基本理念，在汲取中外诸多优秀教材的优点和近年来国内外学校体育最新科研成果的基础上，结合多年来从事学校体育工作的实践经验进行内容的选择、编排与组织，本书的编写力求从学生实际情况出发，运用生动活泼的体例，体现新的教育理念和思路，展现教材编写的时代性和前瞻性。在形式上体现"传统纸质教材＋配套数字资源＋在线教学服务平台"三位一体的特点，巧妙融合新技术，充分运用数字资源及教学服务平台，力争做到图文并茂，通俗易懂；在内容选择上既有基本理论知识，又有相应的延伸和拓展，尽量体现时代性与创新性；章节结构上尽量做到层次分明，由易到难，使教材既有利于学校体育理论知识的传授，又能为体育教育专业本科生提供实践帮助，做到学术与实践相结合。

　　本书是由郑州大学张秀丽副教授，信阳师范学院葛新博士担任主编；由河北民族师范学院齐辉博士，江苏大学时海霞博士担任副主编。全书共十三章，第一章由北京体育大学邓伲姣博士编写，第二章、第十三章由信阳师范学院葛新博士编写，第三章、第四章由河北民族师范学院齐辉博士编写，第五章、第六章、第七章、第十一章由江苏大学时海霞博士编写，第八章由北京体育大学寇文海博士和郑州大学张秀丽副教授编写，第九章由北京体育大学周坤博士编写，第十章、第十二章由岭南师范学院孙卫红博士编写。同时，本书在编写和出版中，得到了国内多位专家、教授的大力支持、指导与帮助，在此一并表示感谢！

本书采用的视频主要来源是学校统一购买的全国体育优质课比赛视频和网络媒体公开播放的视频，由于编写时间有限，未能一一征询视频中各位教师的意愿，特此说明并向相关主体真诚致谢！本书在编写过程中引用了大量的相关文献资料和案例，直接或间接地引用了部分学者的研究成果，在此一并真诚致谢！

由于编者理论和实践经验有限，书中难免存在不妥之处，恳请广大师生及各位专家、同行提出宝贵意见，以有利于本书的再次修订与完善。

编　者

2019 年 5 月

目　录

第一章

学校体育的产生与发展

第二章

学校体育的地位、功能和目标

第三章

体育课程

第四章

体育教学基本问题

第五章

体育教学设计

第六章

体育课教学组织与实施

第七章

体育课的备课、说课与模拟上课

第八章

体育教学评价

第九章

课外体育锻炼

第十章

课余体育训练

第十一章

学校课余体育竞赛

第十二章

体育教师

第十三章

我国学校体育管理

第一章
学校体育的产生与发展

【学习任务】

通过本章的学习,对国外学校体育的产生与发展有一个整体的认识,对我国学校体育的历史沿革和思想演变过程有一次清晰的梳理,能从总体上系统地把握学校体育的产生与发展脉络,力求准确把握学校体育未来的发展趋势。

【学习目标】

- 了解国外学校体育的产生与发展概况。
- 掌握我国学校体育的历史沿革与发展进程。
- 掌握我国学校体育思想的历史演变过程。

国外学校体育兴起于古希腊,中世纪受到宗教神学的黑暗统治而面临衰亡,后因文艺复兴、宗教改革和启蒙运动而得到复苏,并随着社会进步而不断发展成熟。了解国外学校体育的产生与发展,掌握其发展规律和趋势,有助于全面把握学校体育的概况,为理解和掌握我国学校体育的发展奠定基础。

纵观国外学校体育的产生与发展,可以分为三大阶段:第一,古希腊到中世纪学校体育的产生,主要包括古希腊的体育教育、古罗马的体育教育与欧洲中世纪的体育教育;第二,西方近代学校体育的基本形成,主要包括文艺复兴与宗教改革时期的学校体育、启蒙运动时期的学校体育;第三,西方现代学校体育的发展,主要包括欧美国家学校体育发展概况、西方现代学校体育发展趋势等。

一、古希腊到中世纪学校体育的产生

(一)古希腊的学校体育

古希腊是西方体育的源头,体育在古希腊社会中的地位是举足轻重的,世界上没有任何一个国家能像古希腊那样崇尚体育。其学校体育也随着社会进步及教育、体育的发展而发展。

1.克里特的学校体育

克里特岛是欧洲最早出现文明的地方。克里特文明由克里特国王——米诺斯开创,他素有"民众的牧者"之称。克里特文明在古希腊历史上具有重要的历史地位与影响。培养合格的公民,是克里特的教育目的,并围绕该目的制定了一套完整的教育制度。同时,在克里特的法律规定中也包含着公餐、体操和军事等内容,从而实现了法律与教育制度的融合。第一,公餐制度。这一制度是为了满足战争需要而形成的一种神圣的仪式与习俗,具有明显的宗教色彩,为当时缺乏安全感的民众寻找一种信念或信仰,从而凝聚他们的意志。第二,体育训练。身体的强壮是公民保卫城邦的前提条件,因此在当时被认为是一种美德。为了锻炼身体举行了一系列的体育活动,如拳击、射箭、角斗等(图1-1,图1-2)。第三,抚牛腾跃。这是祭祀大女神的一种宗教活动,与体操运动类似。当时,不管是在神话或是世俗中,牛神对克里特人来说都具有特别的意义,具有举足轻重的地位。战俘表演、成人礼等无不表现出生命的激情与体魄的强健。第四,战斗舞蹈。这是一种舞蹈仪式,目的是保护幼年的宙斯。舞者手持短剑和盾牌相互敲击、呐喊和操演,这些舞者即宙斯的养护人。这种舞蹈衍生于神话,集宗教、艺术、军事、体育等色彩于一体,是克里特的独特文化①。

图1-1　斗牛壁画

图1-2　少年铁拳

图1-3　狮子门

　　克里特文化从制度上保证了它的文化习俗,与宗教、军事、体育、艺术等因素相结合,影响着欧洲古文明的演进。其蕴含于法律、教育制度和习俗中的体育因素,使军事体育在迈锡尼文明中得到了延续和进一步的发展。

2.迈锡尼的学校体育

　　迈锡尼文明延续和发展了克里特文明,是古希腊青铜时代的文明,产生了很多古希腊文学和神话,如《荷马史诗》《奥德赛》等。这一历史时期盛极一时,贵族式的圆顶墓穴、阿特柔斯的宝藏、珀尔修斯的城垣和狮子门、阿伽门农的黄金面具等都是其繁盛的代表(图1-3)。

　　在迈锡尼时期,体育竞技会在战争、宗教、休闲、娱乐等各个方面都被赋予了一种神圣

---

① 刘欣然,李孟华,陈安顺.古希腊体育中的教育思想与实践[J].成都体育学院学报,2015,41(2):69-74.

的意味,代表着高贵的地位、身份以及英雄的品行。《荷马史诗》《奥德赛》对丧葬竞技与展演有很多详细的描述,如帕特罗克洛斯竞技葬礼、阿喀琉斯竞技葬礼,从体育的角度展现出了迈锡尼人贵族式的生活。第一,传统教育。继承和延续文化传统是教育的重要内容,体育作为希腊文化的重要组成部分,体育竞技会也成为希腊民族精神传递的媒介及文化符号。第二,身份教养。体育竞技会的参与对象是贵族、英雄等身份高贵的人,他们对身体进行锻炼,是优良血统赋予的权利和义务。第三,宗教祭祀。丧葬竞技仪式给人以信仰,给人以心灵的寄托,给人以信赖,更让希腊英雄们感受到无上的尊敬与荣誉。第四,战争演练。为了适应战争的需要,体育竞技提供了最好的演练方式和演练场,更是对人的身体进行训练的最好途径,磨炼人的意志,教会人们怎样追求荣誉、创造战功。第五,民族精神。迈锡尼文明从公元前1200年开始呈现衰败之势,后多利亚人南侵,宣告了迈锡尼文明的灭亡。其灭亡之际,体育竞技成为希腊民族的纽带,将希腊民族精神展现于竞技场上,还将体育的接力棒传递给了多利安人①。

3. 斯巴达的学校体育

公元前8世纪,斯巴达人建立了古希腊最大的城邦。为了维护统治,斯巴达的所有人都被编入军队,"军事化"成为城邦最典型的特点,城邦成为制造战士的机器。因此使得斯巴达的教育实质上演化为单纯的军事体育、军事训练,"五项竞技"(赛跑、跳跃、角力、掷铁饼、投标枪)是斯巴达军事体育训练的基本项目。

斯巴达的法律规定,婴儿出生就要接受严格的检查,如用葡萄酒洗浴以检查是否患有癫痫和其他疾病,并要送到城邦元老处判断体格和意志,体弱多病的婴儿都不能存活等。只有检查合格的婴儿才能交由父母抚养。7岁前,由父母教养。7岁后,男孩被送往国家设立的学校接受教育,在这种学校内,有一名监督官和几名助手——"持鞭者",负责组织、管理工作,直到18岁,要一直接受军事训练,缺衣少食、睡地面或茅草、行窃即被鞭打等成为生活常态,以便更好地适应战时生活。在阿尔特弥斯(月亮和狩猎女神)的祭典期间,青少年们必须在女神的祭台前接受鞭打,他们的父母在人群中观看并鼓励人们用力抽打自己的孩子。青少年咬紧牙关硬挺着,有的宁愿死于鞭下,也不肯哼一声。坚持下来的青少年便获得"祭坛征服者"的美称②。年满18岁,则可以接受王家卫队"希帕格瑞忒斯"的挑选,参加正规军事训练,并在军官的带领下参加袭击希洛人的秘密行动。经过两年的磨炼,20岁时,开始服兵役,成为一名真正的"斯巴达人"。另外,斯巴达的女孩也被允许参加军事体育锻炼或训练,以生育合格的战士,在男子出征后,能承担守城的战务。

斯巴达的军事体育制度,培育出了一支猛兽般的军队,也使得体育与人们的生活融合在一起,培养了城邦居民良好的身体素质。但是,却忽视了文化教育,因而在古希腊文学、艺术、哲学等方面鲜少留下痕迹。

① 刘欣然,李孟华,陈安顺. 古希腊体育中的教育思想与实践[J]. 成都体育学院学报,2015,41(2):69-74.
② 毛振明. 学校体育发展史[M]. 桂林:广西师范大学出版社,2005:16-17.

4.雅典的学校体育

由于希腊城邦起先建立在氏族的基础上,因此雅典在很长一段时间里也是贵族统治的城邦国家。公元前500年左右,随着贵族与非贵族之间矛盾的日益尖锐,雅典城邦进行了梭伦改革,至此雅典成为奴隶制民主城邦制国家。相对于斯巴达,雅典地理环境比较优越,地处沿海地带,气候好、海港多,因此工商业发展较好,是古希腊的工商业中心。

在教育方面,与斯巴达将教育局限于军事体育与军事训练不同,雅典则提倡身心和谐,推崇全面发展,将德、智、体、美结合起来,教育内容、方法都更加丰富、灵活。雅典的学校一般分为文法学校和音乐学校、体操学校、国家体育馆、青年军事训练团四级,由此可以看出体育在雅典学校教育中的重要性。雅典虽重视和推崇体育,但是将音乐与体育置于相同的地位,同时将文法、修辞、几何也纳入学校教育,以培养思考能力。在战争频繁的希腊城邦时代,即使雅典体育具有强烈的军事性质,雅典也没有像斯巴达那样把体育的目标限于狭隘的军事范围,雅典人的体育有更多更高的追求。他们把身体匀称、动作协调视为一种美,反之则视为一种耻辱,甚至把裸体竞技优胜者作为绘画、雕塑等的题材。

在雅典,儿童7岁前在家接受教育,父母指导他们做适应于该年龄阶段的游戏,如玩小球、掷骰子等。7~14岁,会涉及简单的体操动作,使姿势正确、举止优美,更重要的则是在文法学校和音乐学校进行计算、书写、阅读、音乐及颂诗等知识教学。14岁以后在体操学校开展较为正规的体育训练,学习"五项运动"——赛跑、跳远、投标枪、掷铁饼和摔跤,另外还有游泳、舞蹈学习等。16岁后转入角力学校——体操馆,继续练习体操和五项运动。18岁接受两年严格的军事体育教育并见习。20岁成为正式的公民,享有权利与义务。不过雅典的体育男女有别,妇女没有受教育的权利[①]。

(二)古罗马的学校体育

古罗马社会可以分为王政时期、共和时期、帝国时期三个时期。

王政时期,顾名思义就是指有国王的时期,国家大权主要由以国王为代表的贵族掌握,但是国王却并不一定是罗马人,当时的罗马常常受到外族的统治,尤其是意大利南部的伊特鲁利亚人,伊特鲁利亚人非常喜欢体育运动和竞技比赛,经常举办斗兽、赛车、拳击、摔跤、舞蹈等活动[②]。王政时期的教育目的是培养既可以劳动,还可以守护和保卫劳动地区的农民军人。因此教育内容主要包括道德教育(忠于国家)和身体训练(军事和劳动技术)。教育形式是以家庭教育为主,当时,父亲是家庭的主心骨,决定着新生儿的命运。一方面,父母从小就会教育孩子爱国、敬神、尊老等,培养他们忠诚的品质和勇敢的精神;另一方面,指导孩子学习骑射、角力、游泳等技能以及使用武器的方法,从而培养出一名优秀的战士。虽然也会涉及一部分阅读、计算等知识的学习,却远不及对体育教育的重视。王政时期除

①　毛振明.学校体育发展史[M].桂林:广西师范大学出版社,2005:16-17.
②　钱乘旦.西方那一块土:钱乘旦讲西方文化通论[M].北京:北京大学出版社,2015:81.

了家庭体育训练,还会在一些宗教庆典活动中有所涉及。

　　共和时期,约公元前500年以后,王政结束了,进入了共和时期。罗马国家的繁荣就建立在战争和奴隶的基础上,成为典型的奴隶制国家。罗马穷兵黩武,晚期的共和国时代各种矛盾尖锐,比如罗马对奴隶非常残酷,导致奴隶起义等。角斗士是罗马精神的代名词,对奴隶而言,也是凶残与血腥的代名词。在圆形角斗场内,上演着奴隶之间的残杀、角斗士与野兽搏斗的场景,更多的是角斗士鲜血淋漓,甚至毙命。而罗马贵族们却高坐在看台上欢呼着欣赏角斗士的哀号①。古罗马角斗竞技虽然充斥着杀戮与决斗,但却是西方体育运动发展的一个重要阶段,是体育运动的另一种展现与延续(图1-4)。

图1-4　古罗马斗兽场

　　帝国时期,约公元前27年,屋大维接受"皇帝"称号(原本是"大将军"的意思),但他不愿意称自己是"皇帝",而是用了另一个头衔"奥古斯都",由此共和国转变为帝国,皇帝是最高统治者,军人逐渐走向职业化,而普通公民则不再需要参加军事训练。罗马贵族崇尚演说雄辩才能,因此就出现了文法学校和修辞学校,体育在学校教育中逐渐处于边缘地位。到帝国后期,罗马公民不再对体育的军事价值、道德目标等感兴趣,而是代之以奢靡、腐朽的生活,罗马公民意志消沉,失去了战斗力。而帝国内部,内战不断,争权夺利,导致军队也丧失了战斗力。面对"蛮族"(主要指日耳曼人)入侵,帝国开始采用一种"安抚"政策来对付日耳曼人,不仅让他们进驻帝国边境,而且招募他们当雇佣军,替罗马人打仗。最终,于公元476年,最后一个罗马皇帝也被"蛮族"雇佣军废除,西罗马帝国灭亡②。

---

① 刘欣然,蒲娟. 文明的选择:古罗马角斗竞技的体育思想溯源[J].山东体育学院学报,2009,25(10):30-34.
② 钱乘旦.西方那一块土:钱乘旦讲西方文化通论[M].北京:北京大学出版社,2015:89-96.

(三)欧洲中世纪的学校体育

西罗马帝国灭亡后，整个欧洲陷入一片混乱，为了让整个社会人心安定，基督教应运而生。渐渐地，基督教成了统治整个西欧的精神支柱，文化教育被垄断，使中世纪初期成了体育的"黑暗时代"。基督教的主要观点是"肉体是灵魂的监狱"，宣扬灵魂至上，推行禁欲主义。为了突出灵魂至上的教义，基督教不仅割裂人的灵魂与身体，而且极力贬低身体，视身体为破坏灵魂纯洁的邪恶威胁[①]。因此，体育活动被严厉禁止，教会学校不开设体育科目，源自古希腊罗马的竞技运动传统从此被扼杀。如果说想要找寻"体育"的身影，那就是在培养效忠教会和领主的骑士教育中，使体育得到一种隐秘的延续与发展。

骑士是封建国家最低一级的贵族。他们一般是贵族家庭中的次子，不能继承家庭的封地和爵位，其获得分封和奖赏的主要途径是靠替国王和大贵族打仗。骑士教育是与中世纪鲜明的封建等级制度相适应的一种特殊形式的家庭教育[②]。其主要目标是培养忠君敬主和勇猛豪侠的骑士精神和技能。骑士的本质任务是征战，为保护贵族阶级利益而战斗，拥有强壮的身体是关键。因此，身体教育是骑士教育的重点。

骑士教育的实施主要分为三个阶段：

第一阶段(7岁之前)，儿童主要由母亲或保姆以及家庭中的妇女们照顾陪伴。教育内容涉及宗教知识、道德教育和身体的养护和锻炼。该阶段身体教育是粗放式的，主要目的是培养他们对日后身体艰苦训练的适应能力。身体教育内容主要包括板羽球、毽球、皮球、滚木球、跷跷板、踩高跷等户外游戏活动。孩子愿意的话，父辈们还会把他们放在马背上，让他们熟悉骑在马上的感觉，以为日后打好基础。

第二阶段(7～14岁)，7岁以后，进行礼文教育。贵族家庭会按其等级将儿子送到高一级的贵族家中当侍童，侍奉主人和贵妇，从而学习上流社会礼节、行为规范以及吟诗、弈棋、唱歌、奏乐等技艺，偶尔会涉及一些文法知识等。在此阶段，儿童们还必须要接受击剑、狩猎、骑术、赛跑、角力等方面的训练，从而将他们培养为身体强壮、能征善战的武士。

第三阶段(14～21岁)，该阶段学习"骑士七技"(骑马、游戏、投枪、击剑、打猎、弈棋、吟诗)是重点，同时还要侍奉领主和主妇，且如若发生战争，必须以生命去守护他们。年满21岁时，通过授职典礼，正式获得骑士称号(图1-5)。

骑士教育从某种程度上讲是一种"武夫教育"，训练勇猛的作战能力，灌输忠君爱国的思想，培养统治阶级的守卫者。同时，骑士教育不重视文化知识的传授，导致很多骑士目不识丁。事实上，理想中集各种品质于一体的"骑士精神"并不具备。

---

① 次春雷,张晓华.中世纪基督教对体育发展的历史影响[J].沈阳体育学院学报,2015,34(4):58-62.
② 吴式颖.外国教育史教程[M].北京:人民教育出版社,1999:118-120.

图 1-5 《马内斯手稿》中的骑士比武插图

二、西方近代学校体育的形成

（一）文艺复兴与宗教改革时期的学校体育

1.文艺复兴运动

文艺复兴中的"复兴"主要是针对古希腊与古罗马初期来说的。中世纪以神为本，以宗教为主导力量，而古希腊和古罗马初期还是以人为本的。因此，文艺复兴主要是指人文主义的兴起。人文主义肯定人的价值、人的尊严和人的力量，针对中世纪宣扬的"肉体是灵魂的监狱"，提出"灵肉一致"的新的世界观。在教育方面，主张恢复和发扬古希腊的教育思想和体育制度。强调发展人的个性，反对宗教束缚，提倡活泼、健康，反对体罚[①]。在这样的背景下，体育重获在教育中的重要地位，为学校体育的发展扫清了障碍。

弗吉里奥是第一个将人文主义教育思想运用于教育实践的教育家。他提倡"博雅教育"——一种符合自由人的价值的教育，是一种能唤起、训练与发展那些使人趋于高贵的身心和最高才能的教育[②]；教育应该培养充满世俗精神的、全面发展的、身心俱健的人。为此，弗吉里奥提出教育需要两根支柱，心智训练和身体训练。在强调体育在教育中的地位和作用的同时，还主张进行军事教育，并把体育与军事教育相联系。他认为，只有通过体育训练，才能进行进一步的军事教育[③]。

维多里诺·德·菲尔特雷是意大利人文主义教育家，他不仅精通艺术、数学、希腊文等，而且还擅长击剑、骑马、舞蹈等项目，备受人们的崇拜。他提出了"教育的最终目的应是培养精神、身体和道德都充分发展的人""体育应被看成高尚的、与科学知识教育并重的教

---

① 罗映清,曲宗湖,刘绍曾,等.学校体育学[M].北京:北京体育大学出版社,1990:1-2.

② 滕大春,姜文闵.外国教育通史(第二卷)[M].济南:山东教育出版社,1989:176.

③ 杨海庆.西方近代体育思想史研究[D].苏州:苏州大学,2015:52-53.

育内容"①。他创建了宫廷学校(即"快乐之家"),在教育实践中秉持着培养德、智、体、美、劳全面发展的人的教育理念,将体育首次纳入普通教育体系,成为教育不可缺少的一部分,对体育的发展产生了深远的影响。在"快乐之家"中,知识教学与体育活动有机结合,相辅相成。学校体育活动的内容主要包括骑马、击剑、跳跃、赛跑、射箭、游泳、远足旅行、球类运动和军事活动等。

2.宗教改革运动

16世纪欧洲出现了宗教改革运动,同时也处在文艺复兴运动的高潮期,二者相伴而生。宗教改革运动是自文艺复兴运动以来,一场从教会组织内部挑战天主教长期向信徒宣扬的得救观的运动,一场对统治西欧1 000多年宗教教义权威性的挑战运动,更是一次将"人"从教廷的信仰统治和信仰垄断下挣脱出来,回归"人"本真的一场思想解放运动。

马丁·路德是宗教改革运动的发起人。他是天主教的神父,也是一位神学权威。他的改革有三个重点:第一,一个人只要信就能获得救赎,这是信仰原则(被称为"因信称义"学说);第二,能得救并不是自身的功劳,不是做什么好事,而是神的恩典;第二,要全部依赖《圣经》。以前的《圣经》只有拉丁文版本,所以马丁·路德还有其他各国的诸多知识分子开始把《圣经》翻译成本国的语言。马丁·路德把《圣经》从拉丁文翻译成德文,影响了后面整个德国文学的发展,开启了平民信仰自由的新时代。路德的教育体系包括家庭教育、初等教育、拉丁学校和大学教育四个阶段。在初等学校,首先学习语言和《圣经》的内容,此外,还要学习历史、艺术、英语、体育等内容。在拉丁语学校和大学里,不仅要有传统的语言、修辞学、文法等的知识教育,还要有历史、音乐、体操和自然科学知识的学习,他认为体操锻炼可以保持人的身体健康。路德将"体育"纳入教育各级学校的教育体系中,不仅促进学校体育的发展,同时也逐渐让学校体育及其培养青少年的作用受到了社会的认可②。

扬·阿姆斯·夸美纽斯是捷克著名的教育家,被誉为"近代学校体育之父"。他在接受"身体是灵魂的居所"宗教身体观的基础上,认为人的身体和人的灵魂是和谐相处、彼此相互影响的。在教育方面,他主张泛智教育,提出"适应自然"的教育原则,认为身体健康是受教育的基础,将体育和游戏作为学习教育的必要内容。他首次创立了学校教育班级授课制,学习过程中重视安排课间休息,还提出每人每天在睡眠、工作和饮食、健康卫生、身体锻炼三个方面各保证8小时的时间,这也为体育班级授课制提供了启示。

这场运动的初衷是为了教会内部的纯洁与坚定民众的信仰,但不仅遭到了罗马天主教会的猛烈抨击,而且还对基督教体系产生了深远的影响,最终导致天主教教会分裂为"新教"与"旧教(耶稣会派)"。新教派主张文化知识与身体并重,还在新开办的学校进行实践;而旧教派为了夺回教育独占权,也开办耶稣会学校,同时也注重体育的实施。这在客观

---

① 周登嵩.学校体育学[M].北京:人民体育出版社,2004:7.
② 杨海庆.西方近代体育思想史研究[D].苏州:苏州大学,2015:80-81.

上促进了学校体育的传播与发展①。

(二)启蒙运动时期的学校体育

文艺复兴运动导致了"人的苏醒",宗教改革导致了"人的解放",两大运动极大地推动了欧洲人的思想解放,虽然没有从真正意义上推翻西方宗教神权信仰体制,但是为当时学校体育的发展打下了坚实的基础。

17、18 世纪的欧洲,神学仍占相当的地位,理性精神仍受压抑,欧洲人的思想观念和意识形态尚未发生根本性的变化。在此背景下,始于英国、盛行于法国、波及整个西方世界的启蒙运动开始了。启蒙运动中欧洲各国涌现出了一大批思想家和教育家,他们对学校体育提出了很多进步的观点。主要有以下几位:

约翰·洛克是英国唯物主义哲学家、教育家和政治思想家。他是英国经验主义哲学的代表人物,"白板说"(人的灵魂恰如一张白纸,有知识和观念不是天赋带来的,而是后天所得,源自经验的产物)的论点最具影响力。他所著的《教育漫话》一书充分体现了他的教育思想,将德育、智育、体育作了明确区分,又融于一体。他认为培养绅士是教育的最高目的,而体育是绅士教育的基础。他在《教育漫话》中提道:"健康之精神寓于健康之身体,这是对于人世幸福的一种简短而充分的描述……我们要工作,要幸福,必须先有健康,我们要能忍耐劳苦,要在世界上做个人物,也必须先有强健的体格,这种种道理都很明显,用不着任何证明。"②由此可见他对健康教育的重视程度。那么,体育作为实现绅士教育和健康教育的必要手段和内容,则被放在了首要位置。同时,洛克还主张绅士教育要从儿童抓起,他提出儿童要从小培养锻炼习惯,要经常参与户外游戏活动,还要建立良好的生活制度,如穿衣不过分保暖、饮食清淡等③。

让·雅克·卢梭是法国启蒙思想家、哲学家和教育家。他的著作《爱弥儿》反映了他的教育思想和体育思想。根据自然天性来养育孩子是卢梭教育思想的核心,主张教育应"回到自然",顺应儿童本性和兴趣爱好,按照自然规律来进行教育。他认为教育的目的是培养人的品格,而不是提高人的智力。卢梭想象中的自然人是身心和谐发展的人,是具有运动家身手的人,所以身体锻炼被卢梭视为自然教育的重要组成部分。强调健康的身体是人们获取知识、增强理解能力、发展理性思维的物质基础。卢梭曾说:"为了学会思想,就需要锻炼我们的四肢、我们的感觉和各种器官,因为它是我们智慧的工具……"他将身体训练作为感官训练的重要手段,这也是卢梭体育思想中最独特的内容。因此,他主张儿童要在 12 岁之前进行体育锻炼和感官训练,让孩子到大自然中去锻炼,一方面,增强孩子的体力和感觉能力;另一方面,养成自由、自主活动的习惯。当然,儿童进行体育锻炼时要遵循合理适量

---

① 周登嵩.学校体育学[M].北京:人民体育出版社,2004:7.
② 赵荣昌,张济正.外国教育论著选[M].南京:江苏教育出版社,1990:51-52.
③ 约翰·洛克.教育漫话[M].杨汉麟,译.北京:人民教育出版社,2006:13.

的原则①。

约翰·海因里希·裴斯泰洛齐是瑞士著名的教育家。起源于法国的启蒙运动，随后迅速传播到瑞士。18世纪的瑞士存在学校少、教育不平等、教师地位低等问题。在此背景下，一些青年组织了"爱国者协会"讨论关于政治、哲学、历史及教育等问题，裴斯泰洛齐是其中重要的一员。裴斯泰洛齐深受卢梭自然主义教育思想的影响，并在此基础上形成了要素教育思想，体育教育是要素教育思想中的重要内容。要素教育论是裴斯泰洛齐基于教育心理化理论对初等教育内容和方法的重要论述，为初等教育革新做出了开创性实践的成果，其基本思想认为初等学校的各种教育都应该从最简单的要素开始，然后逐渐转到日益复杂的要素，以便循序渐进地促进人的和谐发展。要素教育既要求初等学校的每个人在德、智、体方面都能受到基本的教育而得到和谐发展，又要求在德育、智育、体育的每一个方面都通过"要素方法"获得均衡发展②。体育教育方面，他从儿童本性出发，认为不仅要发展儿童的道德和智慧，还应发展儿童的身体力量。同时他指出体育也要遵循人的力量的自然发展规律。在裴斯泰洛齐看来，各种关节的活动是体育最简单的要素，儿童的体育训练就应从这些基本动作的训练开始。

J. B. 巴泽多是德国教育家、启蒙运动的旗手。巴泽多是泛爱主义教育的创始人。1774年，巴泽多在德国安哈特公爵属地——德绍，建立了一所新型的、示范性的学校——泛爱学校（Philanthropium）（又称"德绍博爱学校"或"一视同仁"学校），这是一所仿照中世纪骑士学院，且带有卢梭自然主义教育色彩的中产阶级学校。该学校将体育列为学校教育的正式课程，并最早将学校体育的内容列入学校的教学大纲之中。大纲规定：每天的教育活动中，体育活动约安排3小时，内容包括击剑、骑马和舞蹈。年龄稍大些的学生的教育中，还每天安排有队列操练、运动训练和军事训练。在夏季还安排学生从事两个月左右的野营活动，包括狩猎、钓鱼、划船、游泳、攀登、跳跃等。另外，将知识教学和德育教育安排在自由的环境中配合游戏活动进行，以使体育游戏与知识教育和道德教育有机结合在一起，如学校的地理课、自然课也安排在户外进行③。体育教学中，巴泽多把古希腊的体操、传统的骑士项目和民间游戏等体育内容进行精心的挑选和糅合，创编了著名的"德绍五项"体操（跑步、跳高、攀登、平衡、负重训练），成为欧洲近代学校体育初步系统化的标志性成果，也标志着学校体育的内容逐步走向系统化。

约翰·克里斯蒂安·弗里德里希·古茨穆斯是德国泛爱主义教育家、近代著名体育家，被誉为"德国近代体育之父"。他主张全民体育，在体育教育的理念上，他认为坚持体育锻炼和体育教育不仅是为了身体的协调发展，更是为了人的精神健康发展，在身体和精神的健康方面，精神的健康更是人发展的根本。对于体操，古茨穆斯认为，体操可以满足人们

---

① 卢梭·爱弥尔.论教育[M].李平沤,译.北京:人民教育出版社,2001:160.
② 吴式颖.外国教育史教程[M].北京:人民教育出版社,1999:298-303.
③ 杨海庆.西方近代体育思想史研究[D].苏州:苏州大学,2015:113-115.

的身体需要,体操练习可以使人实现身体的完美,并将体操运动的内容分为八项基本运动、手工劳动和青少年游戏活动三大类。其中八项运动包括跑、跳、角力、悬垂、平衡、拔河、跳绳、兵士运动。他不断完善巴泽多以来的学校体育课程教学系统,为学校体育教学的初步系统化奠定了坚实的基础。

18世纪末到19世纪中叶,西方近代学校体育得到较大发展,并初步形成体系。英国的户外运动与游戏、德国体操、瑞典体操等对各国学校体育产生了巨大的影响。

英国素有"户外运动之家"的美称。英国人喜爱户外竞技运动和活泼的娱乐活动,盛行的传统运动和游戏有狩猎、钓鱼、射箭、游泳、登山、划船、帆船、旅游、赛跑、滑冰、跳高、跳远、投重物(铁球、石头、铁槌等)、撑竿跳、高尔夫球、曲棍球、板球、网球、足球等。德国体操分为杨氏和施皮斯两个阶段:杨氏是德国体操的主要创始人,被后世誉为"德国国民体操之父",创造了德国体操(又称杨氏体操)——以器械体操为中心,重视爱国主义、民族主义和意志的教育与培养,包括单杠、双杠、木马、跳跃器等;施皮斯是德国体育史上影响最大的人物之一,被称为"学校体育之父",他对杨氏的体操加以改进,创编了适应当时学校需要,并为社会所能接受的教学体操体系,包括协同体操、秩序运动和徒手体操。瑞典体操以林氏为代表,著有《体操的一般原理》一书,他认为身体的动作不应该像德国体操那样受器械的制约,而应该通过设计使其符合军事、教育与娱乐的目的。他根据动作需要改进器械,首创了屏栅、瑞典栏、鞍马、窗梯、跳箱和低综合台等器械。林氏把体操分为教育体操、兵士体操、医疗体操、健美体操四类。

三、西方现代学校体育的发展

经过两次世界大战,许多国家都认识到国民体质与国力强弱的关系,都很重视青少年儿童体质的增强,加强学校体育。战后各国从不同的角度出发,或从军事训练的角度,强调学校体育的军训功能;或从社会发展的角度,强调体育的娱乐性和终身体育思想形成;或从医学角度,强调体育练习要符合身体标准和动作协调原则。

(一)欧美主要国家学校体育发展概况

1.美国

美国的学校体育发展,以"新体育"为代表。由美国学者托马斯·伍德等基于实用主义教育学和卢梭自然教育思想而提出,其主要特征表现在:第一,学校体育的推进与发展方面。推行由美国学者托马斯·伍德等基于实用主义教育学说和卢梭自然教育思想而提出的"新体育"学说(又称"自然体育学说")。伍德认为,健康应当是活动的附产品,而不是主要目的。威廉姆斯指出,体育是以身体为手段的教育,而不是对身体的教育。该理论认为,教育既不是单为体育,也不是只为精神,而是要发展因教育活动而实现人类的一切能力。赫塞林顿进而把"新体育"的教育过程分为肌体教育、神经肌肉活动教育、品德教育、智力教育四个方面。实用主义教育理论和"新体育"学说带来了体育教育理论与实践的一场革命,促进了体育的科学化和社会化,促进了对儿童身心发育规律和体育教学过程的研究,它的许多观点至今仍然有着现实意义。第二,学校体育的内容与方法方面。首先,体育教学内容,将适合集体练习的田径项目(跑、跳、攀登等)和重竞技项目(摔跤、拳击、击剑等)最早列入体育教学内容,并逐渐将篮球、排球、游泳、手球、高尔夫球、羽毛球和网球等也列入学校体育课程。学校体育朝着内容标准化方向迈进。其次在体育教学方法,主要是实施"新体育"的基本步骤:发现问题—分析原因—练习基本动作—组织简单的游戏—参加拟定的活动①。

2. 英国

第二次世界大战后,英国政府十分重视体育,采取了一系列的措施促进体育发展。首先,颁布了一系列体育法规与文件。如《费舍教育法案》《体育与娱乐的白皮书》《费希尔教育法案》等,这些法规文件都涉及有关体育和体育教育的条款,使体育娱乐、体育训练等成为强制性规定。其次,大、中、小学学校体育制度化。教育部规定在初级学校里推行瑞典体操制度,并与竞技体育结合发展。同时,英国医学界和医药协会对体育运动和体育娱乐给予了很大的关注并提出建议,应该加强学校体育,充实运动娱乐设施,成立了一个"体育委员会"。"体育委员会"的成立在很大程度上促进了学校体育的发展。

3. 德国

20 世纪以来,德国体育内容有很大的变革,表现为:德式体操之外的各种体育运动形式全面被重视,竞技运动与户外运动由私人推动逐渐转换为社会有组织管理的一项事业,体育场和体育团体大量出现。根据军国主义的需要,政府颁布法令,从初级学校高年级学生到中等学校学生,一律强行实施每天一个小时的体育训练,号召开展竞技活动,以培养日耳曼民族的勇敢竞争精神与顽强战斗的能力。同时还规定学生可以参加社会上的体育业余训练。那时,德国体育社团和场所以及比赛活动,全由政府部门直接管辖,且纳入了军国主义计划。

4. 瑞典

虽经历了两次世界大战的破坏,但瑞典体育仍有不断进展,学校体育的发展也得到了进一步的加强。1910 年瑞典近现代体育的开展计划得以具体化。1915 年成立了"竞技与户外运动推广委员会",以督促开展青少年儿童体育,并实施了达标测验的办法。每年举行一次"瑞典学童体育周"。后来,改进了达标测验,增设体操、滑雪、越野赛跑、游泳等项目。

5. 法国

第二次世界大战后,法国教育有了根本的改变,普及了初级学校教育,由政府管辖,使课程标准化。其学校体育主要受阿摩罗斯体操体系、瑞典体操体系、赫尔巴特所创立的自然运动三种体育制度的影响。在第一次世界大战期间,军事体操的训练列在首位,作为军事体育训练手段。后来受美国教会青年会的影响有所变化,改为排球、篮球、田径、游泳、拳

---

① 毛振明.学校体育发展史[M].广西:广西师范大学出版社,2005:71.

击、角力运动为主。随之,集体游戏与竞技运动也在城镇学校中开展。后来,体育法规定,政府与奥林匹克委员会合作,督导学校体育和管辖业余运动,使有组织的体育活动有所改进。

(二)西方现代学校体育发展趋势

20 世纪以来,西方教育界面临着复杂多变的社会与文化环境。第二次世界大战带来的创伤使人们深刻地认识到人的本体价值,经济的发展使得人与自然的矛盾越来越凸显,而信息革命的到来要求社会培养的科技型人才与许多传统的价值观产生了矛盾。为此,西方知识界和教育界深刻地反思了自启蒙运动以来形成的思想传统,兴起了新的丰富的教育思潮,例如,现代人文主义、终身主义教育以及个人主义等。在西方现代教育体系下,现代社会体育教育形式更加规范、内容更加丰富,提出了"全能""全面"发展的要求。

1. 学校体育形式与内容的多样化

学校体育形式与内容的多样化,主要表现为枯燥课程与竞技乐趣相结合。传统的观点认为体育重在发展运动能力,培养健康的职业道德和社会期望的道德准则与态度,并以此完善年轻人的教育。然而一个不容忽视的事实是现代的教育家更多将焦点转移到了学生本体上,试图寻求在学校、社会及自我天性的发展上有一个融合点,让学生的发展符合社会发展的需求,又不抵触人的自然需求,并突出人的主体地位。学校体育在塑造品格、完善人的社交技能方面有独特的功用,但仍凸显出其枯燥无味的一面。为了让学校体育仍受学生青睐,学校成立课外兴趣体育组织,举办很多带有竞技性的课外体育活动,学生在此过程中不仅把自己培养成优秀的运动员,更能找寻到乐趣。

2. 学校体育教学思想的多元化

20 世纪以来,随着西方各国社会、经济的发展,学校教育也走向科学化、普及化,推动着教育思想的逐步深入,且形成了众多流派,如杜威的实用主义、巴格莱的要素主义、凯洛夫的主智主义、布鲁纳的结构主义、斯金纳的新行为主义、苏霍姆林斯基的和谐教育等。在众多流派的影响下,体育教学思想也走向了多元化的发展,形成了自然体育思想、终身体育思想、快乐体育思想等[①]。

3. 学校体育教育方式的现代化

随着科技的发展,学校体育管理也进一步科学化、规范化、制度化,学校体育教育中也融入了多媒体、互联网等现代元素,学校体育教育方式日益现代化。

4. 学校体育发展的协同化

学校体育的发展不仅出现多种模式并存的状态,加强了与休闲、文化间的融合,而且进一步与竞技体育、社区体育等协同发展,并逐步让学校体育融入人们的生活。

---

① 刘昕. 现代国外教学思想与我国体育教学[M]. 北京:教育科学出版社,2011:3-81.

我国学校体育的历史沿革与思想演变

我国社会历史悠久,学校体育在整个社会发展过程中跌宕起伏。了解我国学校体育的发展演变,有助于我们更好地审视目前学校体育的理论与实践中存在的问题,加深我们对学校体育的认识与理解。

一、我国古代学校体育的出现

(一)先秦时期的学校体育

1. 原始时期

先秦时期的学校体育源于原始社会。大约 100 万年以前,原始人群为了生存而开始使用石器之时,便产生了以言传身教的方式传授劳动经验和原始礼仪("图腾和禁忌")的教育。很多原始礼仪教育是通过儿童的活动性游戏来进行的,如射箭、打猎等,充分体现出体育教育的特征。到了原始社会末期,生产力有了一定的发展,中国古代学校体育也开始了萌芽发展。

2. 夏、商时期

夏是中国的第一个朝代,建立了初具形态的学校,其中以"庠""序""校"而著名。其教育内容主要包含伦理教育和军事训练(射箭、打靶、操演、比武等)。商朝在沿袭夏朝"庠""序"的基础上,又增加了"学""瞽宗"两种形态的学校。由于商代贵族重武习射,因此商代的学校教育内容主要以"射礼""武舞"等军事训练为主,同时还涉及道德教育及读、写、算等文化知识的教学。

3. 西周时期

西周建国后,注重政治、文化和社会制度建设,开创了"礼乐文明",形成了较为完整的学校制度。奴隶主为了维护自己的统治和扩大疆土,施行文武合一的奴隶制官学教育,学校分为"国学"(设在王都的小学、大学)和"乡学"(设在郊外六乡行政区中的地方学校),但都是为奴隶主贵族子弟所设,以培养统治者和官吏,其中极个别平民中的优秀者可以经过考核选拔进入。其教育内容是"六艺教育"。"六艺"包含礼、乐、射、御、书、数六科。礼乐教育是六艺教育的核心,礼与乐密切配合,行礼之时之地,都需要乐。礼教包括政治、伦理、道德、宗教等,必须掌握吉礼(祭祀祖先)、凶礼(忧患)、宾礼(外交)、军礼(军事活动)、嘉礼(亲民),其中的军礼跟体育相关;乐教包括诗歌、音乐、舞蹈及各种娱乐活动的教育,其中舞蹈含有体育的意义。射御是军事训练,射指的是射箭的技术训练,御指驾驭马拉战车的技术训练,以培养"执干戈以卫社稷"的战士;书数在六艺中被称为"小艺",位居六艺之末,书指文字,数指算法。西周的大学实行分科教学,以礼乐为重,射御次之,书数更次之。大学的课程与教学已有明确的教学计划——"春诵,夏弦,秋学礼,冬读书"①。

4.春秋战国时期

西周末年,奴隶主贵族的统治和官学日渐衰落。到了春秋时期,周天子逐渐失去了"共主"的地位,贵族中的一部分逐渐向封建地主转化,出现了"士"阶层。士阶层兴起,贵族官学更趋没落,代之以"私学"。各诸侯国的执政者为了巩固自己的统治地位,兴起了养士、用士的"招贤纳士"之风。到了春秋末期,私学更盛,以儒、墨两家为代表。儒家的创始人是孔子,主张"有教无类",在教育内容上,继承了西周的六艺教育传统,常常向学生传授射箭礼仪和技法。此外,他还经常和学生一起,参加一些休闲娱乐活动,如登山、钓鱼、射猎、郊游等;墨家的创始人墨子,主张"兼爱""非攻",重视自然科学,同时他也很重视"射"的教育,据《墨子·公孟》记载:"有游于子墨子之门者,身体强良,思虑徇通,欲使随而学。"可见,他对学校体育十分地重视。

(二)秦代至清代的学校体育

1.秦汉时期

秦灭六国后,建立大一统的封建王朝。为了适应政治需要,秦代在文化教育方面,颁布"禁私学"令,"焚书坑儒";普设官学,以法律代替教育、以官吏代替教师,阻碍了学校教育的发展。汉承秦制,"罢黜百家",但重新肯定教育在培养人才、教化百姓等方面的作用,转而"独尊儒术",重文轻武,学校教育内容以"五经"——《诗》《书》《易》《礼》《春秋》为主,汉代的官学和私学都得到了空前的发展,教育制度已初具规模,但是学校体育的发展几乎中断,只有在《礼》的教学中,还涉及一些体育教育的因素。

2.魏晋南北朝时期

这一时期,是中国历史上一个战乱频繁、分裂割据的时代,影响了学校的正常秩序,学校废置无常,学校教育出现了衰落的趋势,学校体育更是难见踪影。但从某些学校的教学活动中,还可看到礼射的遗迹。在《颜氏家训》中,可看到儒生习射的记载:"江南谓世之常射,以为兵射,冠冕儒生多不习此,别有博射,弱弓长箭,施于准的;揖让升降,以行礼焉,防御寇难,了无所益。"只是这种非习武的射箭,无法改变柔弱书生的体质。

3.唐宋时期

唐朝是我国古代经济繁荣、文化发达的朝代。唐朝官学有较大发展,学制也较完备。中央官学有国子学、太学、四门学等。这些学校专门学习儒家的经学。经学之一就是《礼》,《礼》的内容包括士冠礼、士昏礼、士相见礼、乡饮酒礼和乡射礼等,学习过程也要求学生亲

---

① 单中惠,杜成宪.中外教育简史[M].北京:北京师范大学出版社,2002:4-7.

自实践,特别是射礼。因此,唐代的学校教育中,有一定的学校体育因素。唐朝建立后,十分重视文化教育和军事准备,还创立了武举制。武举是用考试的方法来选拔武官,是唐代加强军事的制度之一。武举考试的内容,除武艺、体力以外,有时还要考经书和兵书。准备考武举的人,从小就锻炼身体。因此,学习武艺就成了另一种教育形式。宋朝开始创立武学,是专门习武的学校。学习内容包括理论与实践两个部分,理论部分是兵法和历代战争分析,实践部分是武艺和军事指挥。武学生考试优秀的,可直接参加武举殿试,或出任武官。这样习武便成为一种学制,和武举相联系,建立了培养军事人才的新体制,进一步提高了武学的地位。宋朝的学校分为官学(在中央设国子监和太学)和私学(私人办的儿童蒙学)两类。从宋代开始,普通学校体育又有了一定的发展。另外,辽、金、元时期的官学和私学,则较多地保留了北方少数民族的"尚武"精神以及纯朴学风,注重骑射武艺的训练[①]。

4.明清时期

明朝统治时期较长,在教育方面,中央设有国子学,后改称国子监,府、州、县也设有学校,并令乡村设立社学,军队的各卫所设立卫学。明太祖仰慕西周时代的六艺教育,下令天下府、州、县皆立学,学校设有"射圃",以学习射箭。当时全国各地的学校大都开辟射圃,习礼射箭。有记载:"分科教习,礼律书三事为一科,乐射算三事为一科"。可见,学校体育出现了制度化的趋势。清朝承袭明代的学校制度,在京师设国子监,地方设府、州、县学,经过推荐或考试,地主阶级的子弟都可以入学。另外,为皇族子弟设立了"宗学""觉罗学",为旗民设立八旗官学,还有算学、天文、医学等专门学校。清朝统治者为巩固他们的军事统治和民族压迫政策,强调文武兼习的重要性,在所设的宗学、觉罗学和八旗官学等满族人的学校中教育的内容是文武并重,既学文,又学武。

总之,学校体育在整个封建社会中虽未受到重视,却也一直以礼射教育、伦理教育及武学的形式存在并延续。但是,重文轻武的封建社会,对学校体育的发展产生了一定的消极作用,影响了学校体育的发展。

二、我国近代学校体育的形成

(一)晚清时期的学校体育

1.洋务运动时期

1840年鸦片战争发生以后,列强不断入侵,加上太平天国起义,清王朝面临灭亡。统治阶级为了挽救他们的危机,推出了以"自强""求富"为口号的洋务运动。洋务派在教育方面主张学西方,提出"中学为体,西学为用",即学习西方的科学技术,思想上仍以维护封建专制和封建思想的旧学为主。由此,曾国藩、李鸿章、左宗棠、张之洞等人开始兴办西学,他们在各地开办造船厂、机器厂等,创办新式学堂,并派遣留学生到欧美学习,称为"新教育"。

---

① 毛礼锐,沈灌群.中国教育通史[M].济南:山东教育出版社,2005.

学堂包括军事学堂,把西方的体育引进学堂中,开展以近代体育为主的体育课程与活动,把体操作为规定的学习课程,称为"体操课",主要有德国式、瑞典式、日本式的普通体操和兵式体操,改变了2 000多年来我国学校没有体育的状态,对西方近代体育在我国的传播起到了重要作用。

2. 维新运动时期

洋务运动失败后,以康有为、梁启超、严复等为代表的资产阶级革命派提倡西学,发起了维新运动。运动期间,维新派大量介绍西方资产阶级的科学、文化、教育等知识,包括西方资产阶级全面发展的教育学说等,首次提出了在学校中必须"德、智、体"三育并重的思想。维新派强调体育在学校教育中的地位与作用,并提出各级各类学校都应该重视体育、卫生和少年儿童的发育与健康,初步形成了中国近代体育思想。

3. 新学制的建立

伴随八国联军入侵和义和团运动,清政府为了维护统治,又不得不推行"新政"进行改革。在教育方面,废科举、办学校,建立新教育制度,1903年颁布了中国第一个近代学制——《奏定学堂章程》("癸卯学制")。新学制规定各级各类学堂中都设立体操科,从而使近代学校体育得到普遍实施,结束了我国2 000多年来学校教育中基本没有体育的历史。但是,新学制主要是仿效日本,学校体育课程内容以兵式体操为主。

4. 晚清时期代表性人物的学校体育思想

（1）李鸿章的学校体育思想

李鸿章,生于安徽,洋务运动的代表人物。他提倡西学,认为办教育是"中国自强根本"。他于1881年和1885年分别创办了天津水师学堂(北洋水师学堂)和天津武备学堂。天津水师学堂是中国最早的海军学校,内分驾驶和管轮两科,入学年龄为13～17岁,学习年限为5年。他要求水师学生在接受专业知识教育的同时,还要接受体育训练。曾说:"以升降娴其技艺,即以练其筋力。"由此可见他对体育的重视。天津水师体育训练的内容有击剑、刺棍、木棒、拳击、哑铃、足球、跳远、跳高及游泳、单双杠、爬山等。天津武备学堂,是继天津水师之后创办的又一所军事学堂,是中国的第一所陆军学校。武备学堂主要聘德国军官为教习,学生来源于两个部分:一是从良家年幼子弟中招募,主要是培养军事指挥人才;二是从各营挑选优秀的中下级军官,学习一年后,改从军事教官。课程内容分为学科和术科两种,学科有天文、地理、测绘和数理化等知识;术科有步队、马队、炮队及行军布阵、分和攻守之法[①]。

（2）张之洞的学校体育思想

张之洞,生于贵州,是继曾国藩、李鸿章之后,洋务领袖中的后起之秀。他将"中学为体,西学为用"的思想具体化和明确化。他改造旧书院、创设各类新式学堂、废科举、建立系

---

① 崔乐泉,杨向东.中国体育思想史(近代卷)[M].北京:首都师范大学出版社,2008:32-33.

统教育制度、派遣留学生,开启近代教育之先河。其学校体育思想具体表现在他所进行的一系列教育活动之中:第一,旧书院改造中体育教育的萌芽。书院一词始于唐代,最初是指官方修书、校书和藏书的场所,后来成为一种教育组织和学术研究机构,直至清末。而书院体育是书院教育的一部分。张之洞重视书院教育,并就书院改革多次上书朝廷,提出在传统书院的教学内容中,不断增加西学的分量,甚至安排体育内容,他指出:"又体操一事,为习兵事者之初基,即与旧传八段锦、易筋经诸法相类,所以强固身体,增长精神,必不可少",这一变化使中国的旧式书院教育向近代化迈出了关键的一步。1890年,在张之洞创办的"两湖书院"中最早出现体育的内容,其体育课程的主要内容是兵操训练,如布操、炮操、马操。第二,新式学堂的体育课程设置。在书院改造的基础上,张之洞关于体育教育的思想开始逐渐显露,他明确提出德、智、体全面发展的人才培养目标。他主持制定的《奏定学堂章程》是中国历史上第一个正式颁布并在全国范围内实际推行的系统学制,也是其体育教育思想最为完整的体现,保证了近代学校体育在我国的初步实施①。

(3)康有为的学校体育思想

康有为,生于广东,维新变法的领军人物。在维新变法中,他强调教育的重要性,提出改科举、废八股。首先,1891年在广州创办了长兴学舍(万木草堂),明确提出要进行德育、智育、体育的教育,并在他亲自制定的《长兴学记》中,提出了"志于道,据于意,依于仁,游于艺"的办学总纲,在"游于艺"中,提出新的"六艺"教育,包括礼、乐、书、数、图、枪六项。礼,有投壶;乐,有舞蹈;枪,为练习枪法。这些都与体育教育有关。其次,康有为著的《大同书》,提出了我国最早的一个全面而系统的教育制度,也反映了康有为较为系统的学校体育思想。他认为大同社会的学校教育应分为育婴院、小学院、中学院、大学院四级,各级教育都要论重德、智、体、美各方面的发展。就育婴院,他认为"凡弄儿之物,无不具备,务令养儿体,乐儿魂,开儿知识为主"。小学院,则认为"贵以养身,健乐为主"。中学院,提出"身体尚弱,故养体开智之外,以育德为重,可以学礼习乐矣"。大学院,他认为"重体操,以行血气而强筋骸"。

(4)梁启超的学校体育思想

梁启超,生于广东。师承康有为,在万木草堂学习四年之久,全面接受了康有为的维新思想。他非常强调学校教育的重要意义,认为国民素质靠教育,提出关于中国人的现代化问题,要求进行文化和教育改革,以培养一代新民。在他任湖南时务学堂总教习的时候,安排的教育内容包括:一曰立志,二曰养心,三曰治身,四曰读书,五曰穷理,六曰学文,七曰乐群,八曰摄生,九曰经世,十曰传教。其中的养心、治身、摄生等均含有体育教育的内容。他晚年在清华执教时,明确指出:"德育、智育、体育三者,为教育上缺一不可之物。"同时,他还崇尚武力的强国强种的体育思想,在《论尚武》中指出:"尚武者国民之元气,国家所恃以成

---

① 崔乐泉,杨向东.中国体育思想史(近代卷)[M].北京:首都师范大学出版社,2008:48-54.

立,而文明所赖以维持者也。"尚武主张中,包括心力、胆力和体力三个方面的内容。

(5)严复的学校体育思想

严复,生于福建,近代著名启蒙思想家、教育家。他系统地介绍了西方资本主义文化思想,翻译了斯宾塞的《教育论:德育、智育和体育》一书,译名为《劝学论》。他的学校体育思想,主要体现在他的政论文章和一系列的教育活动中,在"变则存,不变则亡"的理论指导下,严复已经认识到现代化的重要性,并提出了以德、智、体三育以改造国民问题,还曾说:"学校教育就是要'大讲体育之事'。"同时,他在《原强》著作中,提出"是以今日要政,统于三端:一曰鼓民力,二曰开民智,三曰新民德。"其中"鼓民力"除了进行体力训练外,还包括对传统社会陋习、恶习的改造。

(二)新民主主义革命时期的学校体育

1.学校体育的"双轨现象"

辛亥革命后,民国成立,取消了"忠君""尊孔"的教育宗旨,并首次提出了资产阶级德、智、体、美"四育平均发展"的方针,学校教育方面还进行了教学改革,但是在体育方面提倡尚武精神,仍沿袭清末的军国民教育——"体操科",没有根本地改变。鸦片战争后,随着国外传教活动的扩展,从19世纪中叶起,中国出现了一大批大、中、小的教会学校,教会学校虽然一般没有体育课,但是会以课外活动的形式开展近代体育运动功能,并最先举行各个项目的比赛。受这些教会学校和基督教青年会的影响,许多学校也在课外开展一些现代的体育运动,主要内容包括田径、球类活动及竞赛。这种课内与课外呈现出两种不同的体系,形成了学校体育的"双轨现象"。

2."五四"新文化运动时期的学校体育

"五四"时期,教育思想非常活跃。用科学的思想论述体育的思想纷纷出现,以毛泽东同志在《新青年》上发表的《体育之研究》为代表,对学校体育的现状进行了深入分析,同时论述了体育的意义及对学校教育德、智、体三育并重的强调。同时恽代英《学校体育之研究》也很有代表性,提出学校体育的目的是保护学生健康,提倡大众体育。在"五四"运动中,学校"以兵操为主"的军国民主义体育,受到进步人士的谴责,因此,教育界纷纷提出废除兵操的主张。1922年,颁布新学制("壬戌学制"),标志着军国民主义在我国的没落。1923年,《中小学课程标准纲要》颁布,正式将"体操科"改为"体育科",教学内容也由原来的兵式体操改为以田径、游戏、球类等为主,使我国的学校体育走向一个新的征程。

3.国民党政府时期的学校体育

国民党统治时期,国民政府教育部进行了一系列的教学改革,分别于1929年颁布《暂行课程标准》,1932年颁布《正式课程标准》,1936年颁布《修正课程标准》,1940年颁布《重新修正课程标准》,1948年颁布《再次重新修正课程标准》。在近20年的时间里,国民政府教育部分别进行了五次课程标准的修订(1948年的未实施),这些课程标准的颁布与实施,推动了我国近代学校体育的发展,使学校体育逐步走向科学化、国际化的道路。以相关法令为基础,国民党教育部于1940公布了《各级学校体育实施方案》,其内容涵盖了目标、实施纲要、行政组织、经费设备、体育时间、体育课、早操、课外活动、运动竞赛及表演、野外集体活动、健康检查及成绩考核等各方面,这是我国近代史上第一个比较完整的学校体育实施方案。

4. 红色政权时期的学校体育

中国共产党领导下的革命根据地,对学校体育非常重视,在革命根据地苏区和解放区内的各级各类学校都开设体育课和课外体育活动。苏区有列宁小学(又称人民小学)和干部学校。列宁小学是对7~14岁儿童实施普及义务教育的机构,每周会安排3节体操课和2节游戏课,其教育目的是培养身体强健的革命后备军。干部学校包括苏维埃大学、红军大学等,这些学校开设体育课和课外体育活动,且为了适应战争的需要,特别将军事训练与体育活动结合起来。解放区的学校体育主要体现在陕甘宁边区的大、中、小学体育和其他抗日根据地的学校体育,如抗日军政大学,经常会开展比赛和运动会,延安大学成立体育系,开始篮球、排球、田径、体操等术科课程及体育理论、解剖学、卫生学等理论课程,培养了一大批体育专门人才。

5. 新民主主义革命时期的学校体育思想

(1)军国民主义思想

军国民体育,源于军国民教育,这一教育思想,对军事体育的开展具有重要作用。我国军国民体育思想的最早发生,是由留学生从日本和德国引进。其中代表人物有蔡元培、范源濂和徐一冰等。蔡元培是我国近代伟大的思想家、教育家,他正式提出"军国民教育"。他要求各级各类学校实行军事编制,开设以军事体操为主的体育课程。他对军国民的解释是,"军国民主义者,筋骨也,用以自卫"。也就是说,"军国民主义"即"体育",可以培养意志,可以强健筋骨,可以用以自卫。他的军国民体育思想,不仅反映在学校教育中,也反映在社会活动中。范源濂也是我国近代的教育家,在他的教育理念中,坚决主张培养学生和国民的尚武精神,也积极推行军国民教育,他曾提出"不武者不足以为国民"。徐一冰也是我国近代著名体育家,他认同军国民体育,始终把体育与救国联系在一起,他提出"强国之道,体育为先"。军国民体育是让体育为战争服务的一种历史现象和社会思潮,根据战争的需要而产生,也会随着战争的消失而消失。军国民体育从"五四"新文化运动开始遭到了怀疑和批判,人们对学校体育的认识开始发生根本性的变化。

(2)自然主义思想

自然主义学校体育思想的基本内容是强调体育的目的在于教育人,它认为体育即生活,是人的本能,主张个性的充分发展,推崇自然活动,否定人为的活动,主张到大自然的环境中去从事自己所爱好的各种活动。新民主主义革命时期自然主义体育思想的代表性人物是吴蕴瑞,他强调身心统一、德技相长;袁敦礼则认为体育是一种生活方式;而方万邦则主张"机会均等";董守义则主张以学生身心健康和需要为中心;张汇兰则认为普及体育以女子为先。自然主义学校体育思想对我国学校体育理论与实践既有积极影响,也有消极影响。积极影响的主要表现是确定了学校体育教育化、生活化、自然化的指导思想,对学校体育功能的认识更呈多元化,对学校体育目标的研究日益多样化,促进了学校体育的理论研究与建设。在自然主义思想的影响下,我国近代学校体育理论体系初具规模。其消极影响主要表现为,把体育混同于一般的教育,使学校体育在实践中目标不明确、效果不明显,趋于形式,同时强调体育要适应儿童生活的需要,让儿童在体育过程中自己去学习体会,抹杀了教师在体育教学过程中的主导地位。

(3)国粹主义思想

国粹主义思想是我国武术界所倡导的一种体育思想。1927年国民党政府明令建立"国术馆"系统,把武术等传统体育看成我国的"国粹"。其代表人物有马良和张之江。马良是中国近代武术家,他倡导新武术;张之江则主张"国术军事化、军事体育化、体育国术化,三者合而为一"。他编写了"国术教材",在学校推广应用,因而这种体育思想在学校体育中也有一定影响。

▌▌三、我国现代学校体育的快速发展

(一)新中国成立初期的学校体育(1949—1956)

体育事业作为新民主主义建设事业的一部分,从新中国伊始,就开始了新体育建设。而学校体育作为体育的重要组成部分,也进行了一场变革。新中国成立初期,在继承和发扬革命根据地、解放区体育传统的基础上,确定了新中国体育的建设方针、任务和目标,初步建成了新民主主义阶段的体育事业,形成了新民主主义体育思想。这为新中国学校体育的发展指明了方向、提供了保证。

1.新中国成立初期学校体育指导方针

(1)《中国人民政治协商会议共同纲领》确定的方针

中华人民共和国成立,使得在全国范围内发展人民的体育事业成为可能。1949年9月,中国人民政治协商会议第一届全体会议一致通过《中国人民政治协商会议共同纲领》,明确规定:"中华人民共和国的文化教育为新民主主义的,即民族的、科学的、大众的文化教育""提倡国民体育"。1950年7月,毛泽东给当时全国第一份体育杂志题写刊号"新体育",这表明国家对国民体育的高度重视。1949年10月,朱德在成立中华全国体育总会筹备大会上讲话,指出:"体育是文化教育工作的一部分,也是卫生保健的一部分,我们中央人民政府对它是重视的。"1950年,冯文彬作了《新民主主义的国民体育》的报告,指出"人民的体育运动是发扬人体劳动能力和培养革命精神的科学。第一,可以锻炼人民有健康强壮的体格和充沛的精力;第二,能够培养人的忍耐、坚强、勇敢、坚决的品质和一往无前、战胜困难、对未来充满信心的积极精神;第三,能够启发人民的动机、智慧和创造性"。首次全面阐述了新民主主义体育的特征,即民族的、科学的、大众的。有关体育的指导方针,不仅为

建立新学校体育指明了道路与方向,更加明确了学校体育在教育与卫生工作中的地位。

(2)毛泽东主席关于"健康第一、学习第二"的指示

1950 年和 1951 年,毛泽东主席针对学生营养不足,学习、社会活动过重,健康状况不良的实际情况,先后两次给教育部长写信,提出了"健康第一、学习第二"的指示。毛泽东的信针对健康和学习两者的关系,把健康放在第一位,把营养问题、负担过重问题作为教育工作中的重要问题,这是对教育工作、学校体育极其重要的指示,是很精辟的教育思想,具有深远的历史意义。1951 年 7 月,中华全国学生联合会第 15 届代表大会决议也提出"要积极开展学校中的体育和文化娱乐活动,努力改进全国学生的健康状况,要使每一个同学都具有强健的体魄,能够胜任紧张的学习和繁重的工作"。1952 年,毛泽东主席为中华全国体育总会题词:"发展体育运动,增强人民体质。"1953 年,毛泽东又将"身体好"作为三好学生的第一条,再次强调了学生健康的重要性。

(3)中央有关部门对学校体育卫生工作提出新的要求

1951 年 8 月 6 日,中央人民政府政务院发出《关于改善各级学校学生健康状况的决定》,特别提出:"学生每日体育、娱乐活动或生产劳动时间,除体育课、晨操或课间活动外,以 1 小时至 1.5 小时为原则。"1953 年 5 月 22 日,中央人民政府卫生部、高等教育部、教育部《关于 1953 年高等教育学校招生健康检查办法的联合通知》强调:"高等学校培养德才兼备、身体健康的各类建设人才。"1954 年 5 月 3 日,中央人民政府体育运动委员会、高等教育部等六个单位发出《关于在中等以上学校中开展群众性体育运动的联合指示》明确指出:"体育运动是德、智、体、美全面教育的重要组成部分,它既能改变学生身体状况,又能培养学生共产主义道德思想,同时还是学生最好的文化生活之一",再次强调了学校体育在教育中的地位和作用,也明确了学校体育的指导思想和任务。1956 年 2 月 16 日,高等教育部会同国家体委、卫生部和团中央下发了《关于加强领导进一步开展一般高等学校体育运动的联合指示》,从而确立了我国高等学校有关学校体育工作的方针政策[①]。

2.新中国成立初期学校体育工作组织与领导

(1)中华全国体育总会对学校体育的指导

一是举办学习班。1950 年 7 月 15—30 日,中华全国体育总会在北京举办全国体育工作者暑期学习班。参与学习的学校体育工作者从理论上、认识上明确了新民主主义学校体育和改造旧学校体育的必要性,对促进他们的人生观、世界观和学校的建设起到了重要作用。二是推动学习苏联体育先进经验。1950 年 8 月 28 日—11 月 28 日,由体育总会副主任徐英超教授任团长的中国访苏体育代表团一行 12 人,对苏联学校体育作了全面考察,访问团回国后,介绍了苏联各级学校体育的先进经验,例如学习《准备劳动与卫国体育制度》的经验等。1953 年,教育部组织翻译了《苏联十年制学校体育教学大纲》,并通知全国各地组

---

① 傅砚农,曹守和、赵玉梅,等.中国体育思想史(现代卷)[M].北京:首都师范大学出版社,2008:10-33.

织体育教师进行学习。1954年,国家体委在参照苏联模式基础上结合我国基本国情,制定并公布了《准备劳动与卫国体育制度》(简称《劳卫制》)。三是创办《新体育》刊物,宣传推动学校体育的发展。

(2)教育部对学校体育的领导

1952年,教育部开始设立体育处,国家体委也设有群众体育司学校体育处,此后各省市、自治区也于1953年相继在教育行政部门设立体育机构,使学校体育的发展有了组织保证。1952年,教育部和国家体委联合颁布了《学校体育工作暂行规定》,其中明确指出我国学校体育的基本目标是"促进学生身心发展,增强体质,并对学生进行道德品质的教育,使他们能很好地完成学习任务,从事社会主义建设和保卫祖国"。同年,在《各级各类学校教育计划》中正式规定:"从小学一年级到大学二年级均开设体育必修课,每周2学时。"1953年5月,教育部发出《关于中学体育成绩暂时考查办法的通知》指出:"体育课是中学课程的一科,其成绩与其他各科成绩相同,按一门学科计算。"

(二)社会主义建设初期的学校体育(1957—1976)

1.学校体育地位的巩固

1957年2月27日,毛泽东在最高国务会议第11次扩大会议上,作了《关于正确处理人民内部矛盾的问题》的著名演讲,其中指出:"我们的教育方针,应该使受教育者在德育、智育、体育几方面都得到发展,成为有社会主义觉悟的有文化的劳动者。"同年,周恩来在第一届全国人民代表大会上作《政府工作报告》时指出:"我们今后的教育方针,应该是培养有社会主义觉悟的、有文化的、身体健康的劳动者。"党的教育方针的提出,一方面使我国学校体育的应有地位得到了确立和稳固,澄清了人们对学校体育的模糊认识,即体育在学校教育中的地位不仅仅是一门课程,而且是培养全面发展人才的一个不可缺少的方面;另一方面指明了学校体育的目标、方向和学校体育的组织领导。

2."大跃进"对学校体育的冲击

1958年,受"大跃进"思想的影响,学校体育中也出现了"左"的错误,如所有学生(残病者除外)都要达到劳卫制一级、二级和三级运动员、普通射手的标准。在教学工作上出现了只搞单项训练,甚至以军训和劳动代替体育课的现象。这不仅违背了体育锻炼和学校体育工作的一般规律,打乱了学校正常的教学秩序,也在一定程度上损害了学生的健康。但在党中央"调整、巩固、充实、提高"八字方针的指导下,总结经验,学校体育又重新步入正轨。

3.学校体育工作的新发展

1961年,教育部门在认真调查研究的基础上,制定出《教育部直属高等学校暂行工作条例(草案)》(简称《教育六十条》)、《全日制中学暂行工作条例(草案)》(简称《中学五十条》)和《全日制小学暂行工作条例(草案)》(简称《小学四十条》),并同时下达了《关于实行条例的指示》(简称《指示》)。《指示》阐述了条例的主要内容,指出提高教学质量是一项具有战略意义的任务,应该把这个问题摆在党和政府的重要议事日程上来。同年,《文汇报》《体育报》开展了体育课是以提高身体素质为主,还是以掌握运动技术技能为主的学术讨论。1963 年 5 月,教育部在北京召开体育干部座谈会,使人们开始把目光转移到如何提高体育课的教学质量上,促进了体育教学的规范化建设。1964 年 8 月,国务院批准了教育部、卫生部和国家体委《关于中、小学学生健康状况和改进学校体育、卫生工作的报告》,指出:"学校体育应面向广大学生,首先是上好每周两节课(两课),同时坚持做早操和课间操(两操),安排好每周两次课外活动(两活动),然后在广泛开展群众性体育活动的基础上,可适当组织学生的运动竞赛,并鼓励试行《青少年体育锻炼标准》。"同时,为了加速培养师资,这一时期还成立了 4 所体育学院。因此,社会主义建设初期,学校体育体系初步建立,为后来学校体育的发展奠定了基础。

4.1966—1976 年严重受挫时期

1966—1976 年,在政治因素的影响下,学校体育工作严重受挫。1966 年开始,学校体育课和体育活动均被取消,以"劳动""军训"代替体育,直至 1971 年,周恩来总理在全国体育工作会议上,充分肯定了 1966 年以前体育工作的成绩,使全国体育教师备受鼓舞。1972 年,全国召开了业余体校工作会议,使部分学校开始了业余训练。1973 年,全国中学生运动会的召开,推动了学校体育逐步走上正轨。1975 年,《国家体育锻炼标准》颁布,在各地各行业中试行。

(三)改革开放至 20 世纪末的学校体育

1."以增强体质为主"的学校体育思想

1978 年 3 月 5 日,中华人民共和国第五届全国人民代表大会第一次会议通过的《中华人民共和国宪法》第十三条规定:(教育)"使受教育者在德育、智育、体育几方面都得到发展,成为有社会主义觉悟的有文化的劳动者。"同时,教育部颁发了《十年制小学体育教学大纲》和《十年制中学体育教学大纲》(试行草案),构建了新的体育教学大纲体系,对体育教学的拨乱反正、促进体育教学的恢复与发展都起到了积极作用。大纲重申了"以有利于增强学生体质为准则",强调中小学体育的主要任务是增强学生体质,确定体育教学的目标——增强体质目标、知识技能目标和思想品德目标。因此,"以增强体质为主"的学校体育思想基本形成。

1978 年 4 月 14 日,教育部、国家体委、卫生部联合下发《关于加强学校体育、卫生工作的通知》。1979 年 3 月,国家体委关于加强群众工作的意见中指出:"学校体育是关系两亿多青少年学生健康成长的大事,对增强我国人民的体质,提高我国运动水平,具有重要的战略意义,必须重点抓好。"同年 5 月 15—22 日,在扬州市召开了新中国成立以来规模最大的一次学校体育卫生工作会议——"全国学校体育卫生工作经验交流会",涉及"文化大革命"后学校体育卫生工作在思想认识、组织领导、教学研究、实施管理等方面的内容,基本确立了"以增强体质为主"的学校体育思想,标志着我国学校体育卫生工作进入了法制化建设和管理的阶段。

1979年10月5日,教育部与国家体委发布了《中小学体育工作暂行规定》和《高等学校体育工作暂行规定》(试行草案),规定了学校体育的基本任务:"指导学生锻炼身体,增强体质;使学生掌握体育的基本知识和运动技能,学会科学锻炼身体的方法,养成经常锻炼的习惯,逐步提高运动技术水平;向学生进行共产主义思想、品德教育,树立良好的体育道德风尚。"这标志着我国学校体育工作进一步走向法治的轨道,将进一步加强学校体育工作的全面管理,促使学校体育工作的管理更加规范化和制度化。

1982年10月,教育部长何东昌同志在体育司工作汇报上,就如何抓好学校体育卫生工作作了重要讲话,并重申了毛主席在50年代的"健康第一"和"发展体育运动,增强人民体质"的指示。1983年5月20—29日,教育部在西安召开了全国学校体育卫生工作会议,指出:学校体育教育的根本任务是增强学生体质和提高健康水平,并进一步确定了学校给体育工作"四个为主"的指导思想,即以增强体质、普及、坚持锻炼、预防为主。这标志着"以增强体质"为主的学校体育思想的正式确立。

2."全面发展"的学校体育思想

1983年国家体委明确提出要在20世纪末把我国建设成为"世界体育强国"。同年,邓小平同志为北京景山学校题词:"教育要面向现代化,面向世界,面向未来。"1985年5月,《中共中央关于教育体制改革的决定》强调改革的根本目的是提高我们民族的素质,多出人才,出好人才。自此,中国学校体育步入改革热潮之中,学校体育思想迎来了"百花齐放、百家争鸣"的局面,学校体育思想从"体质教育思想"转变为"全面发展思想",即把学校体育作为一个系统,促进学生全面发展。这一时期,人们开始从教育和体育两大系统来认识学校体育,认为学校体育是一个多功能、多目标的体系,涵盖了生物、心理和社会等多方面内容。

1986年8月,李鹏在第二届全国大学生运动会开幕式上发表了《当代大学生要有健全的体魄》讲话,指出学校体育是整个学校教育的重要组成部分。同年,国家教委副主任何东昌在第三届中学生运动会开幕式上发表了《加强中小学的体育教育 为提高全民族的健康水平打好基础》的讲话。两个讲话在教育和体育领域中都引起了强烈的反响,为我国学校体育的发展奠定了基础。

1989年12月,国家体委主任伍绍祖在答《学校体育》杂志记者问中发表了《全面理解学校体育是发展我国整个体育工作的战略重点》的讲话,指出:"端正思想,牢记'五全'方针,要面向全体学生、要全面发展、要发挥学校体育的全功能、各个方面要全都关心、体育要贯穿教育的全过程。"这进一步明确了学校体育的重要作用。

1990年3月12日,经国务院批准,国家教育委员会第8号令、国家体育运动委员会第11号令联合发布《学校体育工作条例》,明确阐述了学校体育工作的基本任务,包括学生体质、基本知识、运动技术、品德教育等各个方面。《学校体育工作条例》首次以法规的形式阐明了学校体育的多种目标,标志着全面发展的学校体育观的正式确立。

3.“健康第一”的学校体育思想

1992年10月、1997年9月,中国共产党先后召开了第十四次和第十五次全国代表大会,做出了建立社会主义市场经济体制的决策,制定了加快经济、社会改革与发展的宏观纲领,为我国体育的深化改革和快速发展奠定了基础。这一时期,“健康第一”成为学校体育的指导思想。

1995年相继颁发了《中华人民共和国教育法》《中华人民共和国体育法》。2000年12月,国家体育总局下发了《2001—2010年体育改革与发展纲要》。2002年7月,中共中央、国务院颁发了《关于进一步加强和改进新时期体育工作的意见》。2006年12月,教育部、国家体育总局在《关于进一步加强学校体育工作,切实提高学生健康素质的意见》中规定:“学生的学习、生活、体育、娱乐、课外活动和休息的安排,都要按照健康第一的指导思想和青少年生长发育的规律进行。”“健康第一”的学校体育思想得到进一步强化。

新时期,为贯彻落实“健康第一”思想,党和国家相继颁布了一系列的政策和法规,采取了一系列的措施和手段来提高中小学生体质健康水平。首先是施行《体育与健康课程标准》。1999年1月国务院批转了教育部《面向21世纪教育振兴行动计划》,强调体育和美育是素质教育的重要组成部分,要加强体育和美育工作,到2001年,初步建立大、中、小学相互衔接、较为科学合理的体育、艺术教育体系。2001年5月,《国务院关于基础教育改革与发展的决定》发布,明确地提出“加快构建符合素质教育要求的新的基础教育课程体系”。因此,启动了我国新一轮的基础教育课程改革。为落实《基础教育课程改革纲要(试行)》的基本精神,教育部基础教育司组织研制了中小学各门课程的课程标准或指导纲要。《全日制义务教育普通高级中学体育(1~6年级)体育与健康(7~12年级)课程标准(实验稿)》(简称《新课标》)就此问世。其次是实施《学生体质健康标准》。2002年7月,教育部、国家体育总局印发了《学生体质健康标准(试行方案)》及《实施办法》的通知。最后是落实教育部、国家体育总局下发的《关于进一步加强学校体育工作,切实提高学生健康素质的意见》,提出:学校教育要树立健康第一的指导思想,切实贯彻落实国家对学校体育工作的要求,完善学校体育的保障机制,完善学生体质健康和学校体育的评价制度,采取有力措施加强学校体育的督导检查和服务支持。

四、21世纪我国学校体育改革与发展新成效

21世纪以来,我国学校体育改革与发展受到了党和国家的高度重视,尤其是党的十八大以来,学校体育工作深入学习贯彻习近平总书记关于体育和学校体育工作的重要论述,紧紧围绕促进学生身心健康全面发展的目标,加大改革力度,加快发展步伐,不断完善学校体育发展的政策体系、评价体系和保障体系,学生体质健康水平明显上升,青少年校园足球

引领学校体育深化改革取得明显成效。

(一)把习近平总书记关于学校体育工作的重要论述作为行动指南

习近平总书记一直强调青少年要积极参与体育活动,要德智体美劳全面发展。党的十八大以来,习总书记对体育和学校体育工作发表了一系列重要讲话、作出了许多重要批示、指示,把中国体育事业推向了新高度,把中国学校体育工作提到了更高的地位上,为学校体育工作改革发展提供了理论指引和强大动力。他指出,身体是人生一切奋斗成功的本钱,少年儿童要注意加强体育锻炼,家庭、学校、社会都要为少年儿童增强体魄创造条件,让他们像小树那样健康成长,长大后成为建设祖国的栋梁之材。

(二)建立健全学校体育的政策和制度体系

党的十八届三中全会强调,"强化体育课和课外锻炼,促进青少年身心健康、体魄强健"。《"健康中国2030"规划纲要》《全民健身计划(2016—2020年)》《国家教育事业发展"十三五"规划》《国务院办公厅关于强化学校体育促进学生身心健康全面发展的意见》等重要政策文件的颁布实施,进一步明确了学校体育工作的目标、思路和任务,系统规划了落实学校体育国家战略的政策要求、制度规范和工作机制,为发展学校体育开启了非常重要的"政策窗口期"。近五年,颁布实施了《国家学生体质健康标准》《高校体育工作基本标准》等质量标准和《学生体质健康监测评价办法》《中小学校体育工作评估办法》《学校体育年度报告办法》《中小学校体育工作督导评估办法》和评估指标体系等管理规范,为提高学校体育质量、实施绩效评价、改善办学条件等提供了政策和制度依据。

(三)把学校体育融入全面深化改革和教育综合改革大格局

通过"八个纳入"将学校体育工作列入重要议事日程。一是把学校体育工作和学生体质健康水平纳入对地方政府的政绩考核评价体系;二是积极推动地方把学校体育工作纳入地方政府教育规划;三是把学校体育纳入教育现代化评估指标体系,着力推进和监测青少年身心健康;四是纳入"立德树人"主渠道,体育成为学生全面发展的重要基础;五是纳入学校考试制度改革,强化学校体育在中考、高考评价中的分量;六是纳入督导检查内容,实行学校体育专项检查;七是纳入全民健身计划,把青少年学生作为全民健身的重点人群;八是纳入体育产业发展规划,出台学校体育扶持政策。

(四)多措并举推进,切实深化学校体育教学改革

围绕教会学生运动技能、组织体育比赛竞赛、培养学生健全人格的目标,深化学校体育教育教学改革,组建13个体育教学改革和运动项目教学联盟,大力推广田径、足球、篮球、排球、网球、游泳、武术、体操等运动项目,提高教学质量和学生运动技能。制订普通高校公共体育课国家标准,加强普通高校体育学类专业建设和教学改革,推进普通高校高水平运动队建设,实行质量监测和动态调整。设立学校体育人文社科基地,加强体育教学和民族体

育文化研究。督促各地制订体育教师配备规定,加大体育教师补充力度,力争到 2020 年全国中小学配齐体育教师。积极鼓励优秀退役运动员从事学校体育工作。制订体育教师从业运动技能标准,实施体育教师专项培训制度,提高体育教师的教学基本功和执教能力,重点培养一批体育学科骨干教师、体育名师。

(五)打牢基础,学校体育的条件保障更加有力

各级教育行政部门认真落实《国家学校体育卫生条件试行基本标准》,把学校体育办学条件纳入教育质量监测和教育督导检查,建立学生体质健康和学校体育工作"挂牌督办"制度。对学生体质健康水平连续 3 年下降的地区和学校,实行"一票否决"。对学校体育成绩突出的地方、部门、学校和个人进行表彰奖励。各地在实施全面改薄工程、推进学校标准化建设、义务教育均衡发展等建设项目过程中,着力加大学校体育教学设备器材、场地设施和教师队伍建设力度,努力改善学校体育办学条件。各地和学校按照《学校体育运动伤害风险防控暂行办法》的要求,加强校园体育活动安全管理,完善学生意外伤害保险制度,实施由政府购买学生意外伤害险的办法,探索学生体育安全事故第三方调解处理机制。

(六)积极探索新路,学校体育教育综合改革取得重点突破

为进一步落实深化教育领域综合改革总体要求和《中国足球改革发展总体方案》《教育部等 6 部门关于加快发展青少年校园足球的实施意见》,把发展青少年校园足球作为成就中国足球梦想的奠基工程、立德树人的育人工程、学校体育改革的探路工程,作为培育和践行社会主义核心价值观、推进素质教育、引领学校体育改革创新的突破口和关键抓手。经过两年多的实践,青少年校园足球工作遵循人才培养和足球发展规律,不断优化发展环境,大力普及足球运动,充分发挥了足球的育人功能,培育了健康足球文化。

(七)推动形成合力,社会各界支持学校体育的氛围更加浓厚

巩固、发展学校体育优良传统,巩固政府、部门、社会、学校、学生和家庭多维联动的中国特色学校体育发展格局。完善青少年体育部际联席会议制度,加强部门之间的协调,共同推进学校体育。促进青少年健康成长成为各级党委和政府的自觉行动,各地纷纷出台学校体育发展规划、行动计划、促进措施,完善体制机制,狠抓政策落实。进一步调动了企业、社会组织、媒体等参与学校体育工作的积极性,营造了支持学校体育的良好氛围。教育行政部门、学校和学生及其家长更加关注学生参加体育活动、体育锻炼情况和学生的身体素质状况①。

---

① 樊泽民.发展学校体育 促进青少年身心健康全面发展 为健康中国建设提供强大支撑[J].中国学校体育,2017(11):27-30.

本章小结 —— 本章主要对国外学校体育的产生与发展过程和国内学校体育的历史沿革与思想演变过程进行介绍。从欧洲开始，西方古代学校体育经历了古希腊的体育、古罗马的体育和欧洲中世纪的体育，西方近代学校体育是从文艺复兴运动开始逐渐形成的，并逐渐呈现出学校体育形式与内容的多样化、学校体育教学思想的多元化、学校体育教育方式的现代化、学校体育发展的协同化等发展趋势。

我国古代学校体育在整个封建社会中受"重文轻武"思想的影响没有受到重视。我国近代学校体育，从晚清时期开始主要由日本传入，洋务派将西方体育项目引入学堂。新民主主义时期我国学校体育形成了军国民主义体育思想、实用主义体育思想、自然主义体育思想和国粹主义体育思想等。我国现代学校体育，朝着建设有中国特色社会主义学校体育理论和实践体系的方向稳步前进。21世纪以来，我国学校体育的改革与发展受到了党和国家的高度重视，取得了明显成效。

回顾与思考 —— 1.试述国外学校体育的发展历程与特点。

2.试述我国学校体育的发展历程与思想演变。

3.试析国内与国外学校体育的发展演变有哪些异同点？

4.思考21世纪我国学校体育改革与发展的新成效和新趋势。

参考文献

［1］刘欣然,李孟华,陈安顺.古希腊体育中的教育思想与实践［J］.成都体育学院学报,2015,41(2):69-74.

［2］毛振明.学校体育发展史［M］.桂林:广西师范大学出版社,2005:16-17.

［3］钱乘旦.西方那一块土:钱乘旦讲西方文化通论［M］.北京:北京大学出版社,2015:89-96.

［4］次春雷,张晓华.中世纪基督教对体育发展的历史影响［J］.沈阳体育学院学报,2015,34(4):58-62.

［5］杨海庆.西方近代体育思想史研究［D］.苏州:苏州大学,2015:52-53.

［6］刘昕.现代国外教学思想与我国体育教学［M］.北京:教育科学出版社,2011:3-81.

［7］毛礼锐,沈灌群.中国教育通史［M］.济南:山东教育出版社,2005.

［8］崔乐泉,杨向东.中国体育思想史(近代卷)［M］.北京:首都师范大学出版社,2008:
　　　32-33.

［9］樊泽民.发展学校体育　促进青少年身心健康全面发展　为健康中国建设提供强大支
　　　撑［J］.中国学校体育,2017(11):27-30.

第二章
学校体育的地位、功能和目标

【学习任务】

通过本章的学习,正确认识学校体育在我国教育中的地位和作用,从根本上理解学校体育工作的重要性,在掌握学校体育的功能和目标的基础上,提高学校体育工作能力。

【学习目标】

- 理解学校体育在教育和体育中的地位。
- 掌握学校体育的结构与功能。
- 掌握学校体育的目标体系。
- 明白实现我国学校体育目标的基本要求。

学校体育的地位

学校体育不仅是教育的重要组成部分,也是体育的重要组成部分。作为教育的重要组成部分,学校体育与学校的其他各科课程和活动一起担负着培养未来社会德智体美劳全面发展、具有健全人格的社会主义公民的任务。作为体育的重要组成部分,学校体育不仅是竞技体育和社会体育的基础,又担负着为竞技体育培养后备人才、为社会培养具备终身体育意识的公民的任务。

一、学校体育是全面发展教育的重要组成部分

作为教育的重要组成部分,学校体育不仅有促进学生身体健康发展的作用,还具有促进学生德育、智育发展的作用。没有健康的体魄,就难以完成在学校的学习任务,也难以适应社会的工作,这是对体育、德育、智育关系的精辟论述。

(一)学校体育与德育

第一,在学校体育教育过程中包含德育的内容,"公平竞争、团结协作、坚持不懈、顽强拼搏"等优秀体育精神本身就是对学生进行德育的重要内容。第二,学校体育有助于学生形成良好的道德品质和行为。学校体育有助于培养学生的集体主义和社会道德意识,如责任感和荣誉感、公平意识、自觉遵循规则的意识、尊重他人的意识以及民主意识等。因为学校体育可以营造良好的特殊环境,在特殊的体育环境中对学生进行德育,使学生的道德意识逐渐强化,最后内化为道德行为。

(二)学校体育与智育

智力是指一个人认识客观事物和解决实际问题的能力,智力的发展水平受遗传和环境的影响,同时也和学校体育有着密切的关系。第一,学校体育可以增强大脑的工作能力,为学生的智力发展奠定良好的物质基础。第二,学校体育促进学生的神经系统发育,提高神经系统协调性,提高学生的思维能力,全面提高智力水平。第三,学校体育促进学生的感知能力发展,感知能力的提高也是大脑智力水平提高的一种体现,很多体育项目如排球、篮球、网球、跳远、跳高、体操等都可以提高大脑的感知能力。总之,青少年阶段是人的智力发育、发展的关键时期,学校体育对学生的智力发展起着非常关键的作用。

(三)学校体育与美育

第一,通过各项学校体育活动,潜移默化或有目的地培养学生正确的审美意识,提高学生感受美、鉴赏美、表现美和创造美的能力。例如,健美操运动融合了体操之健、舞蹈之美

和音乐之韵,学生参与到健美操运动中,不仅可以增强体质,还可以培养正确的审美意识,认识力量美、艺术美、形体美等。第二,学校体育的技艺之美是对学生进行美育的优秀教材,如在各类球类运动中,可以体验到优美的投篮、精彩的射门、有力的扣球等技艺之美,给人震撼心灵的美的感受,这是体育之美的有力体现。学校体育活动中蕴含着巨大的审美教育的能量,学校体育是美育的重要途径,学校要结合各项体育活动的特点,对学生进行有效的审美教育,促进学生身心全面发展。总之,学校体育本身包含着德育、智育、美育的内容,也促进学校其他德育、智育和美育等教育形式的顺利实施,共同实现素质教育的目的,因此能促进学生身心健康全面发展。

二、学校体育在体育中的地位

(一)学校体育与社会体育

社会体育也称"群众体育""大众体育",是以企事业单位职工、城镇居民、农民等社会大众为主体,以健身、健心、健美、娱乐、医疗、交流等为目的而进行的内容丰富、形式多样的身体锻炼活动。

第一,学校体育是社会体育的基础,社会体育是学校体育的延续。随着教育改革的不断深入,终身体育思想已成为现代学校体育改革的重要思想,学校体育阶段是人一生中接受正规的制度化的体育教育的主要阶段,是终身体育的入门期和关键期。学生终身体育意识的确立是社会体育发展的基础,社会体育是学校体育的延续,也是终身体育的最后一个阶段。

第二,社会体育的发展方向对学校体育改革有很大的指导作用,社会体育的发展为学校体育提供了更好的物质与精神环境。学校体育的目标是培养适应未来社会发展的人,社会体育的发展,特别是社会体育活动内容与方式对学校体育教学内容、教学方法等都会产生深刻的影响,社会体育的发展趋势对学校体育改革有着很强的指导作用。当前,学校体育与社会体育的接轨是时代发展的必然趋势,构建家庭—学校—社区体育一体化已成为学校体育和社会体育发展的共同目标。

(二)学校体育与竞技体育

竞技体育也称竞技运动,是体育的重要组成部分,它是以体育竞赛为主要特征,以创造优异运动成绩、夺取比赛优胜为主要目标的社会体育活动。而学校体育指的是在以学校教育为主的环境中,运用身体运动、卫生保健等手段,对受教育者施加影响,促进其身心健康发展的有目的、有计划、有组织的教育活动。与竞技体育不同,学校体育属于教育范畴,二者相互影响、相互作用。

首先,学校体育是构建竞技体育的基础,数以亿计的少年儿童是竞技体育人才发掘的重要资源。另外,现代竞技体育必须有良好的场地、完善的设施、先进的研究手段等,而这些条件除了高水平运动队外,只有学校具备这样的条件,因此,学校体育是竞技体育的主要基础之一,没有学校体育,竞技体育就失去了重要的依托。

其次,竞技体育是学校体育发展的重要动力。竞技体育是一种记录人类创造潜能的运动文化,每项新的运动成绩、新的运动纪录,都标志着人类在运动能力方面又向前推进了一步。同时,这些新的运动成绩、新的运动纪录对学校体育的发展有着重要的引导作用,会推动学校体育的前进。

最后,学校体育和竞技体育,以及群众体育共同组成了中国体育,共同推动中国体育不断发展,弘扬体育精神,传播体育文化。

第二节 学校体育的结构和功能

学校体育作为一个完整的系统,由许多要素构成,并形成其特定的结构,发挥着不同的功能,运用系统论的观点从不同维度对其结构进行分类,对促使学校体育功能最优化具有重要意义。

一、学校体育的结构

学校体育的结构是指学校体育各构成要素之间相对稳定关联所形成的整体架构。从不同的维度可以将学校体育划分成不同的结构,例如,从时间的维度来审视学校体育系统,是由学前教育阶段体育、初等教育阶段体育、中等教育阶段体育和高等教育阶段体育四个要素构成的。从学校体育活动方式维度审视学校体育系统,是由体育课、课外体育活动、课余训练和课余竞赛四个要素构成的。

(一)学校体育目标

学校体育目标是学校体育这一教育活动所要达到的预期结果,是学校体育目的的具体化,它集中体现了学校体育的价值,是学校体育各项工作的出发点和归宿,在学校体育各项工作中起核心指导作用。

(二)学校体育参与主体

学校体育参与主体要素包括教育者和受教育者,教育者包括体育教师、学校体育主管领导及教辅人员等,其中,体育教师是学校体育工作的主要组织者、实施者和执行者,是直接对学生施加教育和指导的专业人员,其专业能力和综合素质的高低直接决定了学校体育工作的水平。学生是受教育者,是学校体育的对象,也是具有个性、能动性和差异性的主体,在各项学校体育活动中处于主体地位,学校目标的制订、内容的选择都要根据学生主体的特点,促进学生主体身心的全面发展。

(三)学校体育内容

1.运动教育

运动教育是指以传授体育运动的知识、技能、技术为主要手段,通过自我练习、课余锻炼与竞赛等活动方式,以掌握运动知识、技能、技术和增强体质为主要目的的教育活动。在学校进行运动教育的主要途径有体育与健康课教学、课外体育活动、课余体育训练和课余体育竞赛等。运动教育是学校体育教育的主要内容,通过各种运动素材和体育教材,让学生了解和掌握各项体育运动的知识、原理、技能和技术,在具备一定运动能力的基础上学会自我锻炼的方法,培养锻炼的习惯,通过参与各种课余竞赛或训练,进一步巩固提高运动技术和技能,进一步增强对体育运动的兴趣。

2.健康教育

健康教育是以传授体育健康知识和科学健身方法为主要内容,以培养良好的体育卫生习惯、建立积极的体育生活方式为主要目的的教育活动。健康教育是学校体育教育的重要组成部分,培养学生良好的健康的体育生活方式是学校体育的重要任务之一。健康教育的主要途径有体育与健康课教学、体育墙报、体育文化节、课外体育指导等。

3.体育文化教育

体育是一种社会文化活动,体育文化是人类文化的重要组成部分,体育文化的继承和发扬要靠体育教育,学校体育担负着传承优秀体育文化的重任。通过学校体育各项活动进行体育文化教育,让学生了解竞技体育文化、民族传统体育文化,做好体育文化的传承是学校体育教育的重要内容。

4.心理品质教育

学校体育教育内容和手段的特殊性使得对学生的心理品质培养成为学校体育重要内容,在各项学校体育活动中总是渗透着心理品质培养的内容。例如,在耐力跑的练习与训练中,对学生坚持不懈精神的培养非常显著;在篮球、足球、排球等集体项目的练习与比赛中,对学生集体主义精神和团结协作精神的培养非常显著;在体操学习过程中,可以培养学生勇敢顽强的意志品质。心理品质教育作为学校体育的重要内容,对学生健康个性的发展有着非常关键的作用。

(四)学校体育实践方法

学校体育实践方法是指在各种形式的学校体育实践中所采用的各种方式和手段的总称。在体育课堂教学中,要用到讲授法、练习法、示范法、纠正错误动作法等;在课外体育锻炼中,要用到练习法、游戏法、竞赛法等;学校体育实践方法种类繁多,灵活多变,掌握和运用适当的方法是实现学校体育目标的重要条件。

(五)学校体育实践途径

学校体育实践途径是指为实现学校体育目标所采用的各种具体活动方式。当前学校体育实践途径主要有体育课教学、早操、课间操、大课间体育活动、课余体育训练和课余体育竞赛等。这些不同的途径相互联系、互相配合、互相促进,是实现学校体育目标的必然渠道。

(六)学校体育环境

学校体育环境是指学校体育活动赖以正常开展的各种物质条件和精神条件的总和。优良的学校体育环境可以为学校体育工作的正常开展提供保障,有利于学校体育目标的实现;不良的学校体育环境会阻碍学校体育各项活动的正常开展,不利于学校体育目标的实现。学校体育环境包括物质环境、心理环境和社会环境三类不同层次的环境。学校体育物质环境主要是指学校的体育场馆设施水平、体育课场地器材条件等;学校体育心理环境主要是指学校体育传统、体育氛围、体育观念、教育观念等;学校体育社会环境主要是指体育教师队伍的素质、学校体育管理体制、学校体育规章制度以及社会的体育风气和体育观念等。

(七)学校体育评价

学校体育评价是指根据学校体育目标,通过建立科学的评价指标体系,对学校体育各项活动进行的价值判断。学校体育评价是实现学校体育科学发展、学校体育系统优化的必要环节,是科学制定学校体育各项任务决策的重要依据。

综上所述,学校体育系统的基本结构包括学校体育目标、学校体育参与主体、学校体育内容、学校体育实践方法、学校体育实践途径、学校体育环境和学校体育评价七大要素,这七个要素通过互相联系、互相作用、互相制约共同构成相对稳定的学校体育系统,使学校体育发挥着系统的功能。系统中任何一个要素发生变化,就需要其他要素相应地变化,继续维护系统的稳定性。

▌▌二、学校体育的功能

学校体育的功能是指学校体育在人类发展和社会进步中所产生的效益和作用。即"学校体育能够对人的发展和社会发展做什么贡献",是学校体育本质的反映,它影射出学校体育对人的物质机体和人的精神思维及社会物质和社会精神的作用[①]。

(一)学生发展功能

学生发展功能是指学校体育促进学生的全面发展的主要功能表现,是学校体育的根本目标,也是学校体育的本质功能。学生发展功能主要包括健身功能和教育功能。

1.健身功能

学校体育的健身功能是学校体育的核心功能,也是学校体育最原始、本质和独特的功能,是学校体育区别于其他教育活动的主要特征。

(1)养成正确的身体姿势,促进生长发育

---

① 胡飞燕.现代学校体育功能多元化拓展的思考[J].体育文化导刊,2006(3):66-68.

青少年时期正处于生长发育的关键时期,身体的可塑性比较大,大量实践和研究证明,经常参加体育锻炼对学生养成正确的身体姿势,形成正确的坐、立、行姿态,促进有机体的生长发育具有重要作用。经常参加体育锻炼,一方面可以促进儿童青少年骨组织的血液循环,使骨密质增厚,骨骼变粗,增强骨骼的坚固性、抗弯、抗断和耐压的性能;另一方面还可以促进骨骼生长,对青少年身高的增长有积极意义。

(2)提高有机体机能水平

体育锻炼可有效地提高儿童青少年有机体的机能水平。第一,体育锻炼可以有效促进儿童青少年呼吸系统的发育,提高功能水平。运动时,肌肉活动产生的二氧化碳刺激呼吸中枢,使呼吸加快、加深,促进二氧化碳排出和氧气吸入,使呼吸肌发达,呼吸深度、肺通气量和肺活量等显著增加,提高上呼吸道抵抗疾病的能力。第二,体育锻炼可促进心血管系统发育,提高其功能水平。第三,体育锻炼对运动系统的发育有显著的促进作用,可以改善神经系统和肌肉工作的协调性,加速周身血液循环,加强血液供应能力。总之,儿童青少年长期参加体育锻炼可以有效地提高有机体的机能水平,促进生长发育。

(3)提高身体素质和身体基本活动能力

身体素质是人体在运动、劳动和日常活动中,在中枢神经系统调解下,各器官系统功能的综合表现,如速度、力量、耐力、灵敏、协调、平衡、柔韧等素质。身体基本活动能力是指维持人体生存所必需的基本活动技能,如走、跑、跳、投、攀登、爬越、支撑、负重等。随着现代生活方式和工作方式的改变,人们在日常生活和工作中"运动不足"现象非常普遍,导致现代文明病的广泛蔓延,对现代人的身体健康造成一定的威胁。因此,加强儿童青少年时期身体素质和身体基本活动能力的锻炼,养成良好的锻炼习惯,是预防现代文明病的最佳途径。

(4)增强机体对外界环境的适应能力和对疾病的抵抗能力

外界环境主要包括人类生存的自然环境和社会环境,是一个非常复杂的系统。人的一生要面临各种自然环境的变化,特别是一些恶劣的自然环境,如寒冷、高温、缺氧、饥饿等,不可避免地使人的生命和健康受到影响,人体各器官、系统必须随着环境的变化作出相应的调整以适应外界环境,使机体与外界环境保持平衡状态。经常参加体育锻炼可以增强有机体对外界环境变化进行自我调节的能力,从而增强对疾病的抵抗能力。

2. 教育功能

(1)育心功能

学校体育的育心功能是指学校体育对学生心理健康发展的作用,是学校体育功能的重要体现。青少年时期是人一生中心理发展变化最复杂的时期,也是培养健康心理的关键时期,经常从事体育锻炼对学生心理健康具有促进作用。青少年容易冲动,情绪起伏变化较大,经常参加体育锻炼能够有效调节心情,改善不良情绪,缓解心理压力。体育锻炼独特的环境和方式,可以培养学生良好心理品质和坚强意志,增强学生学习和工作的进取心,养成积极向上的人生态度。科学地进行体育锻炼还能够改善学生的性格,促进个性的健康发展。

（2）育智功能

学校体育的育智功能是指通过各种各样的体育活动,促进学生智力的发展。第一,体育锻炼能够促进学生神经系统的发育和协调性,这为智力发展奠定了物质基础。第二,学校体育是以学习体育文化知识、技能、技术和身体锻炼为主要内容的教育活动,也是培养学生运动认知的过程。根据多元智力理论,体育学习过程对学生身体——动觉智力的开发与提高具有不可替代的作用。学生通过体育文化知识技能学习,促进一般智力的发展;通过身体锻炼和技术训练,提高对物体和自我的速度的感知,对时间、空间、力量、高度、平衡等因素的识别和控制能力（身体——动觉智力）,促进学生智力水平的提高。第三,学生通过参加体育活动,可以调节情绪,使学生以饱满的热情投入其他科目学习中,提高学习效率,从整体上提高学生的智力发展。第四,经常参加体育活动可以使人思维敏捷、反应灵活,提高分析问题和解决问题的能力,因此能促进学生智力发展。

（3）育美功能

学校体育的育美功能是指学校体育对培养学生正确审美观和塑造健康美、形体美、姿态美等都有着重要作用。学生参与体育的过程,也是欣赏、感受、体验人类运动文化之美的过程,学校体育不仅可以塑造身体美,而且可以相应地带来心灵美、行为美,使学生亲身体验到运动美。通过体育锻炼,还能够使学生体魄健美、身材匀称、姿态优雅、动作矫健,这既是身体健康的标志,也是人体美的表现。此外,在运动过程中体验到的动作美、节奏美、行为美等都会给学生正确审美观的确立带来促进作用。特别是通过一些体育与艺术结合的项目,如健美操、艺术体操、体育舞蹈等的学习,可以更好地让学生感受到体育之美、生命之美。因此,学校体育对学生的审美教育是其他学科无法比拟的,学校体育工作要利用各种有利时机,有效促进学校体育育美功能的发挥。

（4）育群功能

学校体育的育群功能是指学校体育对学生个体社会化起着积极促进作用,学校体育在培养学生个体社会化方面有着独特的作用。第一,学校体育可以增强体质,发展智力,为个体社会化打下良好的基础。第二,学校体育通过各种集体或团队体育活动,促进团结意识和协作精神的培养,教会学生如何做人、如何交往、学会公平竞争、学会尊重对手等许多社会生活中经常遇到的问题,从而加速社会化进程。第三,在学校体育活动中可以培养学生的角色意识和交往意识,对学生个体的社会化起着重要的作用,促使学生养成遵守社会规范的习惯。

（二）社会发展功能

1. 文化功能

体育是文化的重要组成部分,当前我国正处于从体育大国向体育强国转变的过程中,体育文化的传承与发展是实现体育强国的重要保障。学校体育作为学校教育的重要内容,自然承担着传承和发展体育文化的重担,学校体育教育也是传承体育文化的主要途径之一。学校体育与文化之间有着天然的密切关系,从历史发展的角度来看,学校体育无不与文化变革有着千丝万缕的联系。我国的"体操"课程是在洋务派提出的"中学为体,西学为用"的文化政策下被引进我国学校体育的;美国的"新体育"是在五四新文化运动提出的"科学、民主"文化精神感召下,走进我国的学校体育课程的;"民族的、科学的、大众的"文化思想使我国学校体育步入了健康发展的正轨。体育是社会文化的重要组成部分,学校体育同样也是社会文化的反映,学校体育的职责就是通过体育知识技能技术的学习,传承体育文化,促进个体的社会化和个性化发展。学校体育从起源到今天的漫长发展历程,无不是作为文化传承的工具存在的,学校体育被社会自然而然地赋予了文化传承工具的角色。在学校场域内,通过对学生进行体育文化教育、举办各种体育文化活动使优秀的体育文化被一代一代传承下去,并且在新的时代,根据社会发展需要,不断地进行创新,把体育文化发扬光大。

2. 教化功能

党的十八大报告指出:"把立德树人作为教育的根本任务,培养德智体美劳全面发展的社会主义建设者和接班人。""立德树人"指明了今后教育改革发展的方向,即教育不仅要传授知识、培养能力,还要把社会主义核心价值体系融入国民教育体系之中,引导学生树立正确的世界观、人生观、价值观等。学校体育作为教育的重要组成部分,要时刻以"立德树人"作为所有实践活动的出发点,要积极传播健康文明的生活方式、倡导积极进取的生活态度,培养努力拼搏的奋斗精神、养成自觉遵守社会秩序和规范的习惯。因此,在传播、培育、践行社会主义核心价值观方面,学校体育有着不可低估的作用。

3. 体育后备人才的培养功能

学校体育的内容结构由体育教学、课外体育活动、课余训练和课余竞赛四个相辅相成的部分组成。学校体育总体上是面向全体学生的体育教育,学校通过多种多样的学校体育实践活动让青少年学生参与到体育运动中,通过举行各种体育比赛发现有体育特长的学生,对这部分在体育方面有一定天赋或有某项运动特长的学生,以运动队、代表队、俱乐部等形式对他们进行较为系统的课余训练,旨在全面发展他们的体能和身心素质,提高某项运动技术和水平,为我国竞技体育培养后备人才。当前,我国正处于从体育大国向体育强国转变的关键时期,"体教结合"是新时期学校体育和竞技体育发展的必然结果,学校体育逐渐成为培养体育后备人才的重要场所。

4. 经济功能

学校体育同时还具有经济功能,主要表现在学校体育的产业化发展、学生参与各项体育活动的体育消费,学校体育俱乐部的各种商业活动等,都对经济发展有一定的促进作用;另一方面,学校体育可以提高未来劳动者的身体健康状况和智力发展水平,从而增强劳动效率,促进经济的发展。随着社会的发展,学校体育功能的多元化特征会更加突出,在新的时代,学校体育功能也将会被赋予新的内容。

学校体育的目标

学校体育的目标是指在一定时期内,学校体育实践所应达到的预期结果,它为学校体育各项工作指明了方向。学校体育的目标是学校体育目的的具体化,集中体现人们对体育与健康课程、课外体育活动、课余体育竞赛和课余训练等学校体育各项工作中体育价值的理解。学校体育目标制订的合理与否,会直接影响学校体育实践的开展。

一、我国学校体育目的与总目标

(一)我国学校体育目的

学校体育目的主要指学校体育应该培养"什么规格"的人,即经过长期的学校体育教育,最后应该具备哪些素质和能力,是学校体育追求的最终结果。我国学校体育的目的是促进学生正常生长发育,增强学生的体质、增进学生的健康,与学校各种教育相配合,培养学生良好的思想道德和意志品质,促使其成为具有德、智、体、美、劳全面发展的社会主义建设者和接班人。这一目的反映了学校体育的本质特征,也反映了社会、教育、体育对学校体育的要求,对学校体育有鲜明的指向作用。

(二)我国学校体育总目标

当前我国学校体育总目标是:增强学生体质,有效增进学生的健康;使学生能较为熟练地掌握和应用基本的体育与健康的知识、技能;培养学生的运动兴趣,养成体育锻炼习惯,为终身体育奠定基础;形成良好的心理品质,具备良好的社会交往能力,形成积极进取、乐观向上的人生态度;提高运动技术水平,为竞技体育培养后备人才;使学生成为德、智、体、美、劳全面发展的社会主义的合格人才。

从学校体育发展的历史来看,学校体育目标不是一成不变的,不同的历史时期由于人们对学校体育功能的认识不同,体育价值观的变化以及社会发展水平等原因,学校体育目标也会有所不同。我国学校体育目标经历了"增强体质,掌握'三基'""促进身心发展""促进身心全面发展,培养终身体育意识和能力"等变化过程。

二、学校体育目标的结构

学校体育目标是一个多层次的完整体系,从不同的维度来审视,可以有不同的目标层次划分方法。按照目标本身的结构来划分,可分为学校体育总目标和子目标;按照学校体育时间来划分,可分为长期目标、中期目标和短期目标;按照教育阶段来划分,可分为学前教育阶段体育目标、义务教育阶段体育目标、中等教育阶段体育目标和高等教育阶段体育目标等;按照学校体育的内容来划分,可分为课程目标、课外体育活动目标、课余训练目标、课余体育竞赛目标。

体育与健康课程目标是对学生通过体育与健康课程学习所要达到的预期结果的表述,是《体育与健康课程标准》明确规定的。课程目标具体分为运动参与、运动技能、身体健康、心理健康与社会适应四个学习方面,这四个方面是一个相互联系的整体,各个学习方面的目标主要通过身体练习实现,不能割裂开来进行教学,要注重学生的全面发展。

课外体育活动目标是预期学生通过课外体育活动所能获得的身体、心理、技能等发展变化的结果。主要通过早操、课间操、课外体育锻炼等途径实现该目标,对学校体育目标的实现具有重要意义。

课余体育训练目标是针对少数参加课余训练的学生而言在经过训练后体能、技术、技能等所应达到的水平。课余体育竞赛目标是预期通过开展丰富多样的课余体育竞赛使学校、学生、教师应该得到的收获。课余体育训练目标和课余体育竞赛目标都是学校体育总目标实现的重要组成部分,对学校体育实践活动具有指导作用。

三、当前我国的体育与健康课程目标

(一)义务教育阶段体育与健康课程目标

1.课程总目标

通过课程的学习,学生将掌握体育与健康的基础知识、基本技能与方法,增强体能;学会学习和锻炼,发展体育与健康实践和创新能力;体验运动的乐趣和成功,养成体育锻炼的习惯;发展良好的心理品质、合作与交往能力;提高自觉维护健康的意识,基本形成健康的生活方式和积极进取、乐观开朗的人生态度。课程总目标可分为运动参与、运动技能、身体健康、心理健康与社会适应四个方面。

2.分目标

(1)运动参与

运动参与是指学生参与体育学习和锻炼的态度及行为表现,是学生习得体育知识、技能和方法,锻炼身体和提高健康水平,形成积极的体育行为和乐观开朗人生态度的重要途径。运动参与的目标是:参与体育学习和锻炼;体验运动乐趣与成功。

(2)运动技能

运动技能是指学生在体育学习和锻炼中完成运动动作的能力,它反映了体育与健康课程以身体练习为主要手段的基本特征,是课程学习的重要内容和实现其他学习方面目标的主要途径。运动技能的目标是:学习体育运动知识;掌握运动技能和方法;增强安全意识和防范能力。

(3)身体健康

身体健康是指人的体能良好、机能正常和精力充沛的状态,与体育锻炼、营养状况和行为习惯密切相关。本方面是课程学习的重要内容和期望的重要结果。身体健康的目标:掌握基本保健知识和方法;塑造良好体型和身体姿态;全面发展体能和健身能力;提高适应自然环境的能力。

(4)心理健康与社会适应

心理健康与社会适应是指个体自我感觉良好以及社会和谐相处的状态与过程,与体育学习和锻炼、身体健康密切相关。本方面既是课程学习的重要方面,也是课程功能和价值的重要体现。心理健康与社会适应的目标:培养坚强的意志品质;学会调控情绪的方法;形成合作意识与能力;具有良好的体育道德。

(二)普通高中体育与健康课程目标

我国《普通高中体育与健康课程标准(2017版)》提出"以培养高中学生的体育与健康学科核心素养和增进高中学生身心健康为主要目标"。体育与健康学科核心素养是学科育人价值的集中体现,是通过体育与健康学科学习而逐步形成的关键能力、必备品格与价值观念。体育与健康学科核心素养包括运动能力、健康行为和体育品德。

1. 总目标

通过课程的学习,学生喜爱运动,积极主动地参与运动;学会体育与健康学习和锻炼,增强创新精神和体育实践能力;树立健康观念,形成良好的生活方式;遵守体育的道德规范和行为准则,塑造良好的体育品格,发扬体育精神。运动能力、健康行为和体育品德三方面学科核心素养协调和全面发展,培养作为公民在未来发展中应具备的体育与健康的关键能力、必备品质与价值观念,形成乐观开朗、积极进取、充满活力的人生态度。

2. 分目标

(1)运动能力

通过本课程的学习,学生能够运用所学的运动知识、技能和方法,参加与组织体育展示和比赛活动,显著提高体能与运动技能水平,掌握和运用所学运动项目的裁判知识和规则,增强提高体育活动能力;能够独立或合作制订和实施体能锻炼计划,并对练习效果作出合理的评价;了解和分析国内外的重大体育赛事和重大体育事件,具有运动欣赏能力。

(2)健康行为

通过本课程的学习,学生能够积极主动地参与校内外的体育锻炼,掌握科学锻炼方法,养成良好锻炼习惯,形成基本健康技能,学会自我健康管理;情绪稳定、包容豁达、乐观开朗,善于交往与合作,适应自然环境的能力强;关注健康,珍爱生命,热爱生活,养成良好的生活方式,改善身心健康状况,提高生存和生活的能力。

(3)体育品德

通过本课程的学习,学生能够自尊自强,主动克服内外困难,具有勇敢顽强、积极进取、挑战自我、追求卓越的精神;能够正确对待比赛的胜负,胜不骄、败不馁;胜任不同的运动角色,表现出负责任的行为;遵守规则、文明礼貌、尊重他人,具有公平竞争的意识和行为。

四、确定我国学校体育目标的依据

(一)社会需要

社会需要是指社会政治、经济、文化发展对学校体育提出的要求,集中反映在"育人"的规格要求上。因此,学校体育目标的制订必须反映社会的需要,学校体育作为教育的一部分,最终目的是培养更好地适应社会生活的人。社会的需要按照时间维度可分为当前社会的需要和未来社会的需要;从空间上可分为国家的需要、民族的需要、社区的需要、家庭的需要等。学校体育目标的制订既要考虑当前社会的需要,也要考虑未来社会的需要,既要考虑国家民族的需要,也要考虑社区、家庭的需要。因此,在制订学校体育目标时既要考虑当前利益也要考虑长远利益。在不同历史时期,根据不同的社会需要,我国学校体育目标也在发生转变。目前,"人的全面发展"和"终身体育能力"的培养成为社会发展对学校体育目标提出的要求。

(二)学生身心发展需要

学生身心发展需要是确定学校体育目标的重要依据,学校体育应该始终坚持将"学生的身心发展需要"放在首位。不同年龄阶段学生身心发展特点不同,学校体育目标的制订要考虑各个阶段学生身心发展的特殊性。小学和初中阶段的学生正处在身体快速发育、心理不稳定的时期,要着重培养学生对体育的兴趣和爱好,了解科学锻炼和安全运动的基本知识;这一时期学生身体形态可塑性大,重点要对学生进行姿态教育,让学生养成正确的身体姿势;通过各种体育活动,发展灵敏、协调、反应、柔韧等身体素质;掌握基本的运动技能,逐步培养自我体育锻炼的能力。高中阶段学生生长发育速度减慢,但体型、身体姿态和身体素质会出现比较大的差异性,并且具有一定的体育基础,这一时期应该注重学生体能和运动技能的进一步发展,对体育与健康知识的进一步理解;具有较强的体育学习和评价能力,有一定的创新能力;形成运动爱好和专长,发展良好的心理品质,增强人际交往能力和团队意识;具有健康素养,塑造健康体魄,逐步形成健康的生活方式和积极进取的人生态度。

(三)我国的国情需要

确定学校体育目标还必须考虑我国现阶段的基本国情,党和政府一直以来非常关心学校体育工作,特别是近年来已经将学校体育工作作为国家的重要工作来抓,但是我国还处于社会主义初级阶段,各地经济、文化发展很不平衡,人们的整体文化素质和体育观念还比较落后,学校体育本身发展也不平衡,城乡差距严重,东西部差距也比较大,在广大落后地区和农村地区体育师资还比较欠缺,师资结构很不合理,场地器材、经费等都是多年来困扰学校体育的重要问题,因此,制订学校体育目标必须考虑我国现阶段的基本国情,考虑发展不平衡的各个不同地区的实际特点以及教育发展的整体水平。

(四)学校体育本身的功能

学校体育功能是其结构的反映,是其价值的体现,在制订学校体育目标时,要首先考虑学校体育本身的功能,这些功能是否能够支撑学校体育目标的实现。如果学校体育本身不具备这项功能,则学校体育目标的制订就变成了无源之水。学校体育功能是制订学校体育目标的出发点。

五、实现我国学校体育目标的基本要求

(一)认清学校体育地位,全面贯彻国家的教育方针

当前,受我国传统思想观念和考试制度的影响,学校体育经常陷入"说起来重要,做起来次要,忙起来不要"的尴尬境地,总是面临被"边缘化"倾向,严重阻碍了学校体育的正常发展,对教育的发展、学生的全面发展都带来严重的影响。学校体育要坚持全面贯彻落实国家的教育方针,坚持为现代化建设培养全面发展的人才服务的根本方向,转变落后的传统教育观念和体育观念,彻底从应试教育转向素质教育,认清学校体育的地位,努力开创新时期学校体育工作的新局面,与学校其他学科教育一起共同为社会主义现代化建设培养全面发展的合格人才。

(二)以系统的观点开展学校体育工作,促进学生身心全面发展

学校体育工作是一项系统工程,学校体育目标的实现有赖于学校体育系统的整体效益的实现。第一,学校体育要与健康教育、卫生保健工作相结合,坚持"健康第一"的指导思想,面向全体学生的身心健康发展。一方面要对学生进行体育运动知识、技能、技术的传授,另一方面还要对学生进行科学锻炼身体与健康生活方式的教育与指导,使身体锻炼与卫生保健有机结合,更好地促进学生身心健康发展。统筹安排学校体育工作和卫生保健工作,使两者紧密结合,互相配合,以获得学校体育工作的最佳效益。

第二,坚持课内与课外相结合。《体育与健康》课程是实现学校体育目标的主要途径,但是要实现学校体育目标,仅仅靠体育课学习是远远不够的,体育课堂学习要与各种类型的课外体育(早操、课间操、大课间体育活动、课外体育锻炼、课余运动训练、课余体育竞赛等)紧密结合,保证学生每天1小时的体育锻炼,才能使学生通过课外体育活动巩固体育课堂学到的知识、技能、技术,同时增强体质,培养体育锻炼的习惯。

第三,坚持普及与提高相结合。学校体育工作要做到以普及为主,在普及的基础上提高,在提高的指导下普及。学校要在上好体育课、提高体育教学质量的基础上,开展丰富多彩的课外体育活动、课余训练和竞赛,积极构建学校—家庭—社区一体化体育发展模式,确保学生每天一小时的体育锻炼,共同促进学生身心的全面发展。

(三)加强体育师资队伍建设,促进学校体育工作的顺利开展

体育教师是学校体育工作的组织者和实施者,也是各项学校体育政策的最终执行者,是做好学校体育工作的关键,学校体育改革的成败主要取决于体育教师。体育教师的数量和体育师资队伍的质量是学校体育工作开展水平的决定力量。当前,我国体育教师数量不足,特别是在广大农村学校,体育教师的数量不足,质量不高,结构不合理等现象比较普遍,

加强体育师资建设是当前学校体育工作的重要任务。

首先，各级管理部门根据各地实际情况，按照国家相关法规、文件要求，要配足体育教师，优化体育教师结构，加强体育教师培训工作，以提高师资质量。其次，努力提高体育教育专业教学质量水平，面向学校体育工作实际需要，培养具有高尚道德品质和精深专业知识、扎实运动技能的综合性的体育教育人才。最后，改善体育教师待遇，提高体育教师经济地位和社会地位，这是优化师资结构、提高师资质量的关键，也可以使体育教师以更大的热情投入学校体育工作中去，促进学校体育工作的顺利开展。

(四)加强学校体育科研工作，促进学校体育改革的顺利推进

我国学校体育正处于发展、变革的关键时期，体育课程改革已经进行了十二年，在改革过程中出现了许多新的理论问题和实践问题，体育教师也面临很多困惑，都需要学校体育科研工作的加强。广大学校体育工作者要面对我国学校体育改革的实际，结合相关教育理论，进行教学与科学研究工作，总结学校体育改革取得的经验，汲取教训，进一步揭示学校体育发展规律，积极探索有中国特色的学校体育发展道路。加强学校体育的理论与实践研究工作，是解决体育课程改革中各种问题与困惑的关键，也是学校体育发展过程中的重要任务。

(五)处理好继承与发展、学习与创新的关系，加快学校体育改革步伐

建设有中国特色的学校体育，是我们当前面临的重要任务。由于历史的原因，我国学校体育从产生之日起，就是在学习外国经验中曲折前行。我国有优秀的民族传统体育文化和丰富的民族传统体育项目，学校体育有继承和发扬民族传统体育文化的责任。目前，学校体育工作要根据社会发展和教育发展的阶段性特点，根据我国学校体育历史发展的经验，继承和发展我国优秀体育文化，为建设有中国特色的学校体育服务。同时，借鉴发达国家学校体育发展的成功经验，积极进行学习与创新，做好学校体育国际交流，加快学校体育改革的步伐。

(六)加强管理的科学化、法制化，为学校体育提供制度保障

加强对学校体育工作管理的科学化、法制化是学校体育工作顺利开展、实现学校体育目标的有力保障。目前我国关于学校体育工作的法规主要有《学校体育工作条例》《中华人民共和国教育法》《中华人民共和国体育法》等，国务院分别于2007年和2012年颁布了两个直接面向学校体育的文件，即《中共中央国务院关于加强青少年体育增强青少年体质的意见》(简称"中央7号文件")和《关于进一步加强学校体育工作的若干意见》(简称"53号文件")，对学校体育工作提出了明确和具体的要求。但目前这些法规和文件缺乏监督体系保障其有效执行，在学校体育工作中经常出现"上有政策，下有对策"的现象，学校体育经费的落实问题在学校之间区别很大。"人治"化的学校体育管理在农村学校非常普遍，严重影响了学校体育各项政策的落实和学校体育的正常发展。因此，加强学校体育管理的科学化、法制化，确保学校体育各项法规、文件有力执行、落实到位是学校体育工作顺利开展的有力保障，也是实现学校体育目标的关键。

（七）加大学校体育经费投入，保障必要的物质条件

学校体育工作的正常开展需要一定的体育场地、器材设施等物质条件作保障。目前，学校体育经费短缺是制约许多学校体育发展的一个重要因素。在新时期，首先，各地政府要加大教育投资，保证《国家中长期教育改革和发展规划纲要（2010—2020 年）》提出的"提高国家财政性教育经费支出占国内生产总值比例在 2012 年达到 4% 的目标"顺利实现。其次，要认真按照《中学体育器材设施配备目录》和《小学体育器材设施配备目录》对中小学体育器材配备的要求，积极改善各级学校的体育场地器材设施状况。再次，根据《中共中央国务院关于加强青少年体育增强青少年体质的意见》精神，各级政府要统筹协调、因地制宜，加强学校体育设施特别是体育场地建设。城市和社区的建设规划要充分考虑青少年体育锻炼设施的需要，公共体育设施建设要与学校体育设施建设统筹考虑、综合利用，公共体育场馆和运动设施应免费或优惠向周边学校和学生开放，学校体育场馆在课余和节假日应向学生开放。最后，调动社会有关单位、团体和家庭的积极性，广开渠道，多元投入，改善学校体育场地器材设施。同时，各地各级学校继续坚持"因地制宜、因陋就简"的原则，根据本地的地形、传统，积极开发地方课程资源，保证学校体育工作的正常开展。

本章小结　　学校体育是教育的重要组成部分，也是体育的重要组成部分，认清学校体育在教育和体育中的地位是从事学校体育工作的前提任务。学校体育结构是指学校体育各构成要素之间相对稳定关联所形成的整体架构，其功能是结构的外在体现，学校体育的本质功能是健身功能和教育功能。学校体育的目标是指在一定时期内学校体育实践所应达到的预期结果，具体包括体育与健康课程目标、课外体育锻炼目标、课余体育训练目标和课余体育竞赛目标。学校体育功能是制订学校体育目标的重要依据。学校体育的地位、结构、目标和功能是学校体育的基本理论问题，也是学习学校体育学和从事学校体育实践活动首先要弄清楚的问题。

回顾与思考　　1.学校体育系统结构有哪些要素？

2.学校体育主要有哪些功能？

3.我国当前学校体育目标是什么，确立依据有哪些？

4.实现我国学校体育目标的基本要求有哪些？

5.体育与健康核心素养包括哪些内容？

参考文献

［1］中华人民共和国教育部.义务教育体育与健康课程标准(2011 年版)［M］.北京:北京师范大学出版社,2012.

［2］中华人民共和国教育部.普通高中体育与健康课程标准(2017 年版)［M］.北京:人民教育出版社,2018.

［3］周登嵩.学校体育学［M］.北京:人民体育出版社,2004.

［4］刘海元.学校体育学教程［M］.北京:北京体育大学出版社,2011.

［5］陈琦.学校体育的根本目标［J］.体育学刊,2003(6):14-16.

［6］胡飞燕.现代学校体育功能多元化拓展的思考［J］.体育文化导刊,2006(3):66-68.

［7］邵伟德.试论学校体育"健身育人"的社会化功能［J］.浙江师范大学学报:自然科学版,1999,22(3):82-85.

学校体育与德育 1   学校体育与德育 2

第三章
体育课程

【学习任务】

通过学习、分析各种体育课程价值观,从理论上认识和理解体育课程,结合实践把握《体育与健康课程标准》制订与实施的相关问题,提高体育与健康课程资源与开发的能力。

【学习目标】

●理解体育课程的概念,知道目的论体育课程观与手段论体育课程观、科学主义体育课程观和人文主义体育课程观等几种体育课程观的联系与区别。

●知道《体育与健康课程标准》,理解健康课程标准的基本理念,掌握我国当前体育与健康课程实施的内涵、价值取向、主要途径和影响因素。

●掌握体育与健康课程资源及开发的方法和步骤。

体育课程是学校课程体系的重要组成部分,是集身心和谐发展、思想品德教育、文化科学教育、生活与体育技能教育于身体活动并有机结合的教育过程,是实施素质教育、落实立德树人根本任务的重要途径和内容。

一、体育课程的概念

要清楚地认识体育课程是什么,首先要清楚课程是什么。现今,关于课程的界定多集中在课程是教学科目、课程是学习者的计划、课程是学习者在学校获得的全部经验、课程是社会文化的再生产等几种观点上。具体观点如下:

①课程的目的是通过有计划的活动帮助学生主动地进行体验,学习理解系统的科学文化知识和掌握规范的技能,促进学生全面发展。

②课程的内容不仅包括间接的、系统的文化科学知识和规范的技术,还包括学生通过自我体验获得的直接经验。

③课程有计划的一面,也有经验的一面。没有计划不利于课程的实施,没有经验不利于学生的个性发展。

④课程是静态的和动态的统一,学生在学习过程中的经验是课程的一部分,而这一部分经过评价和系统地整理,又丰富和发展间接经验。

⑤课程是通过学校把完善的社会文化进一步转化成适应学生水平,易于被学生接受的内容,让学生适应社会文化,促进个体社会化。

上述观点可以看出,课程理论的发展使人们对课程产生了不同的理解,但是,对于课程是静态的课程设计与动态的课程实施相结合却达成了共识。

为此,综合以上课程概念并结合体育课程实践特点,本书认为体育课程是以身体练习为主要手段,以学习体育与健康知识、技能和方法为主要内容,通过有计划、有组织的体育课和其他课外体育活动形式,以增进学生身心健康、培养学生终身体育意识和能力为主要目标的学校教育内容及其实施的过程。

(一)目的论体育课程观与手段论体育课程观

一种观点是将体育课程当成一种手段,或者说把体育课程当成一种工具,重视体育课程的外在价值,试图通过体育课程达到相应的目的,如增强体质的目的、培养组织纪律性的目的等,以为国家的政治、经济或军事等服务,称之为手段论体育课程观。另一种观点是将体育课程本身作为一种目的,重视体育课程的内在价值,把人的满足和发展作为体育课程的终极目标。它并不否认体育对社会需求的满足,但它认为只有个人得到充分的发展、素质得到全面的提高,才能更好地服务于社会,更有利地推动社会的发展进步。为此,以体育课程本身为目的,为了满足学生的运动需求,让学生进行体育活动,感受到运动的快乐,获得相应的体验,称之为目的论体育课程观。

手段论体育课程观和目的论体育课程观这两种不同的体育课程观,在确定体育课程的目标、内容、实施及评价等方面发挥着不同的导向作用。随着世界教育思想的不断发展和课程改革的逐渐深化,体育课程的发展已经表现出一个明显趋势,手段论体育课程观逐渐向目的论体育课程观转化。

(二)科学主义体育课程观与人文主义体育课程观

科学主义体育课程观认为体育课程是一门以科学性为主的课程,它只重视体育的科学功能,认为体育课程就是一门发展学生体能,增强学生体质的科学性课程。人文主义体育课程观认为,体育课程除了具备科学性之外,还具有一定的人文性质。体育课程除了可以促进学生身体发展,增强学生体质之外,还有很多其他功能,比如体育课程可以调节学生情绪,发展学生热爱生命、积极向上的情感,培养学生遵守纪律、团队合作、公平竞争的意识,使学生更好地加入社会、服务社会等。

过去我们往往只是从科学的角度来看待体育课程,忽视了体育课程的人文性,忽视了体育课程的人文价值。随着课程的发展,课程理论的深入,人文主义体育课程观越来越受到重视。

二、典型的体育课程价值取向

课程设计、课程实施、课程评价是体育课程改革的核心环节。在各个环节中,价值选择起着决定体育课程改革发展方向的重要作用,因为人类认识,是个极其复杂的主体与客体的相互作用的过程。在这一过程中,始终存在着价值观的参与。课程价值取向不同,就会形成不同的课程模式,出现相应课程目标、课程内容及评价方式。学科、个人和社会是课程的三个基本要素,根据课程设计时在此三要素中的偏重不同,可将体育课程的价值取向简单地分为学科本位价值取向、学生本位价值取向、社会本位价值取向三种。

(一)学科本位价值取向

1.学科本位价值取向体育课程的目标

学科本位价值取向,注重学科本身的价值,强调学科知识技能系统而完整的传授,较少考虑社会与学生的需求,往往采取训练式的方法进行教学,试图让学生熟练掌握各种运动技能,并努力提高运动水平,成为体育能手。

2.学科本位价值取向体育课程的内容

学科本位价值取向体育课程的内容是人们长期积累下来的各种体育知识与技能。年龄不同、性别不同,学习内容也会有所不同。它强调体育科学的基本知识、技术、技能,把各种各样的运动技术、战术、训练方法作为教学内容,为此,整个体育课程内容较为重视技术技能的传授,轻体能的发展和能力的培养。

3.学科本位价值取向体育课程的评价

学科本位价值取向课程的评价方式拥有严格的评价标准,采用测试手段来评价学生的学习水平,重视结果,忽视过程。评价的形式多为标准化测验、学业成绩测验以及测量学生已掌握的知识等。用多快、多高、多远来衡量一个学生的体育成绩,而不考虑学生的个体差异与进步的幅度等。

(二)学生本位价值取向

学生本位,也称为个人本位,顾名思义,是以学生为本位,注重学生个体的需求与发展,注重学生的学习体验,认为儿童的思维方式与个性生理特点与成人有明显的不同,关注个体差异、强调因材施教。学生本位的体育课程强调以学生为中心,教师的职责是营造良好的学习环境与氛围,激发学生的学习兴趣,引导学生进行学习。

1.学生本位价值取向体育课程的目标

学生本位的体育课程,其目标定位于学生的身心全面发展,不仅追求身体的发育与体质的增强,还注重学生心理的发展、情感的培育和意志品质的培养,重视学生的个体体验与个体需求的满足,强调学生学习过程中的快乐体验,成功体验。

2.学生本位价值取向体育课程的内容

学生本位的体育课程模式强调学生的全面发展,重视学生的兴趣与需求,较少考虑社会的需求,根据学生的兴趣与需求选择运动项目,并进行相应的改造,使之符合学生的身心特点和兴趣需求,课程内容以游戏、球类运动等为主。

3.学生本位价值取向体育课程的评价

学生本位的评价模式注重学习过程,关注的是学生个体发展的进展情况,而不是学生身体素质的达标情况及运动技能的掌握情况,在评价方式上注重定性评价,注重学生的自我评价,评价的目的不是为了把学生分成三六九等,而是为了促进学生更好地发展与进步。

(三)社会本位价值取向

社会本位课程模式,也就是说课程的设计与实施主要是为了满足社会的需求,以培养社会所需要的人才为最终目的。

1.社会本位体育课程模式的目标

对于社会而言,社会需要能为其服务的人,对人的身体、心理、道德品质等方面都提出了具体的要求。在战争时期,社会需要国民不仅体格健壮,还要有顽强的意志和坚定的服从意识。在和平年代,社会需要公众身体健康、心理健康,还要有良好的社会适应能力和团队合作意识及公平竞争意识。

2. 社会本位体育课程模式的内容

社会本位体育课程，其内容的选择也是从国家与社会的需求出发，在战争时期，多选择那些有利于发展学生身体素质、培养学生组织纪律性的项目，如体操、田径等项目；在和平年代，一些竞技性项目开始进入课程内容之中，如篮球、足球等，这些项目有利于培养学生的集体主义精神和公平竞争意识。

3. 社会本位体育课程模式的评价

社会本位体育课程模式的评价比较重视学习的结果，即人才培养的规格。这种模式的评价以教师为主体，往往采用定量的评价方式，即各种测试，检查学生的身体素质情况，以及运动技能的掌握情况。

总之，课程目标是课程编制过程中的核心环节，关系着整个课程领域的建设，在影响课程目标制订的因素中，价值取向起着主导作用，它决定着如何制订课程目标以及采取什么形式的课程目标，影响着课程内容的选择和课程实施方式的选择，所以，认真学习与领会体育课程目标价值取向，对学校体育的发展有着重要的影响。

三、体育课程的类型

（一）学科性体育课程和活动性体育课程

1. 学科性体育课程

学科性体育课程是指具有教学计划并在教师指导下，列入学校课程表的正规课程。这类课程主要是以体育知识和运动技术为基础，按照学校体育教育目标要求，从体育知识和规范的运动技术领域中选择一定的内容，根据其内在的逻辑结构而组织的体育教学过程。这类课程针对学生的具体情况开设有普通体育课、选项体育课、专项体育课、保健体育课和专题体育课五类，以满足不同学生的体育需求。

2. 活动性体育课程

活动性体育课程是以学生的体育兴趣、需要和能力为依据，以学生主体性活动经验为中心组织的体育课程。体育课堂教学之外的所有与之有关的体育活动，均可称为活动性体育课程。其主导价值在于使学生在体育活动中获得关于体育的真情实感，提高学生的体育实践能力和创造能力。其主要开展形式有大课间体育活动、课外体育活动、运动训练与竞赛、体育社团活动、社会体育活动等。

学科性体育课程和活动性体育课程是学校体育中两种不同体育类型的体育课程，二者之间是一种相互补充，而非相互取代的关系，具有内在的统一性。因此，应将二者有机结合，优势互补，相得益彰。

（二）显性体育课程和隐性体育课程

1. 显性体育课程

显性体育课程是学校教育中有计划、有组织地实施校内外体育活动的总称。显性体育课程是向学生传递有形的体育知识与运动技术,对学生的影响是有形的、有意识的。该课程主要是通过体育课堂教学、课外和部分校外体育活动来实现的。

2.隐性体育课程

隐性体育课程是学校创设的为学生获得体育知识、技能,形成体育价值观念、规范及态度的体育环境和氛围。该课程主要通过学校教育环境(如物质环境、制度环境、心理环境等)和感染性机制来影响学生的情感、态度和价值观念,这种影响具有潜隐性。它主要包括学校体育场地设施及其布置、校园体育文化传统或气氛、体育活动中的人际关系、体育教师的人格特点等。这些潜在的形式在不知不觉中潜移默化地影响着学生的体育价值观、态度和行为。

显性体育课程与隐性体育课程是两种不同的课程类型,二者在性质、特点、功能等方面各不相同,但二者之间存在着相互促进、相互补充、相互转换、相互交叉的内在联系。

(三)国家、地方和学校体育课程

1.国家体育课程

国家体育课程是国家及教育行政部门专门编订和审定的统一课程,具有一定的权威性和强制性。其内容主要包括根据不同教育阶段的性质与培养目标制订的体育课程标准目标或指导纲要、编写的教科书和体育教师用书等。

2.地方体育课程

地方体育课程是指省级教育行政部门在国家中小学体育与健康课程标准指导下,深刻领会其精神,制订适合本地区实际情况的体育课程实施指导方案。其内容主要包括能体现地方特色的体育课程实施指导方案或教学指导纲要、省编体育教材或体育教师用书等。

3.学校体育课程

学校体育课程也称体育校本课程,是在具体实施国家体育课程和地方体育课程的前提下,根据自己学校的具体情况,如体育师资力量、学生体育基础、体育场地设备条件、学校体育传统等多方面的因素,制订适合本校且具有校本特色的体育课程教学计划。其主要内容包括学校体育课程教学总体计划、传统体育项目和特色体育项目等。

由于国家、地方、学校三级主体在课程开发方面的权限和侧重点各不同,必然会出现三种不同的课程形态,但是它们之间不存在高级与低级之分,而是相辅相成、互为补充的关系。在施行国家课程的同时,应该允许一定比例的地方课程和校本课程的存在;而在实施地方课程与校本课程的同时,首先要保证国家课程的地位。

体育与健康课程标准简介

一、体育与健康课程性质

体育与健康课程义务教育阶段的《课程标准》(2011年版)指出,"本课程是以身体练习为主要手段,以学习体育与健康知识、技能和方法为主要内容,以增进学生健康,培养学生终身体育意识和能力为主要目标的课程"。它具有基础性、实践性、健身性和综合性的特征。基础性强调培养学生掌握必要的体育与健康知识、技能和方法,养成体育锻炼习惯和健康的生活习惯,为学生终身体育学习和健康生活奠定良好的基础;实践性强调以身体练习为主要手段,通过体育与健康学习、体育锻炼以及行为养成,提高学生的体育与健康实践能力;健身性强调在学习体育与健康知识、技能和方法的过程中,通过适宜负荷的身体练习,提高体能和运动技能水平,促进学生健康成长;综合性强调充分发挥体育的育人功能,以体育与健康学习为主,渗透德育教育,同时融合部分健康行为与生活方式、生长发育与青春期保健、心理健康与社会适应、疾病预防、安全应急与避险等方面的知识和技能,整合并体现课程目标、课程内容、过程和方法等多种价值。

体育与健康课程普通高中阶段的《课程标准》(2017年版)指出,"体育与健康课程是一门以身体练习为主要手段,以体育与健康知识、技能和方法为主要学习内容,以培养高中学生的体育与健康学科核心素养和增进高中学生身心健康为主要目标的课程"。它具有基础性、实践性、选择性和综合性特征。基础性强调在义务教育基础上进一步全面提高学生发展核心素养和学科核心素养,为学生终身体育锻炼和保持健康奠定坚实的基础;实践性强调以身体练习为主要手段,关注学生通过适宜的运动负荷和方法进行体能练习和运动技能学习,积极参加课内体育学习以及课外体育锻炼、体育社团活动和体育竞赛活动;选择性强调学生根据自身的特点和需求,在学校开设的若干运动项目中进行自主选择,较为系统地学习1~3个运动项目,培养运动爱好和专长,养成体育锻炼习惯;综合性强调关注多种内容和方法的整合,以体育教育为主,融合健康教育内容,注重学科德育,培养学生的健康意识和行为,促进学生全面发展。

二、体育与健康课程基本理念

体育与健康课程理念是人们对体育与健康课程的价值认识与追求,是一种相对稳定的、具有明确指向性的体育与健康课程认识与观念体系。贯穿本轮课程改革的核心理念是：为了中华民族的伟大复兴,为了每位学生的身心全面发展。新课程顺应时代发展的需要,全面推进素质教育,努力培养学生健全的个性和完整的人格,造就新一代高素质的社会公民,加快我国从人口大国迈向人力资源强国的步伐,实现中华民族的伟大复兴。

(一)义务教育阶段体育与健康课程基本理念

1.坚持"健康第一"的指导思想

强调了本课程要努力构建体育与健康知识和技能、过程与方法、情感态度与价值观有机统一的课程目标和课程结构;在重视体育学科特点的同时,融合与学生健康成长相关的各种知识。

2.激发运动兴趣,培养学生体育锻炼的意识和习惯

体育与健康课程强调课程目标的确定、教学内容和教学方法的选择与运用,注重与学生的学习和生活经验相联系,引导学生体验运动的乐趣,提高学生体育与健康学习动机水平;重视对学生进行正确的体育价值观和责任感的教育,培养学生刻苦锻炼的精神,促进学生主动参与体育活动,基本形成体育锻炼习惯。

3.以学生发展为中心,帮助学生学会体育与健康学习

强调重视学生的发展需要,从课程设计到学习评价,始终以促进学生的身心发展为中心。课程在充分发挥教师教学过程中主导作用的同时,十分重视学生在学习过程中的主体地位,注重培养学生自主学习、合作学习和探究学习的能力,促进学生掌握体育与健康学习的方法,并学会体育与健康学习。

4.关注地区差异和个体差异,保证每个学生受益

强调各地各校要在保证国家课程基本要求的基础上,充分关注地区、学校和学生的个体差异,根据《义务教育体育与健康课程标准》提出的课程理念、课程目标、内容标准等,结合实际,创造性地开展教学,形成教学特色,提高教学质量,最终帮助学生达到国家课程提出的基本要求。而不是只强调地区与个体差异,而置课程标准于不顾。

(二)普通高中体育与健康课程基本理念

1.落实"立德树人"根本任务和"健康第一"指导思想

普通高中体育与健康课程贯彻和落实"立德树人"根本任务,以"健康第一"为指导思想,强调健身育人功能,高度重视培养学生的学科核心素养,努力设置知识与技能、过程与方法、情感态度与价值观有机结合的课程目标和课程结构;在强调体能、运动技能和体育文化学习的同时,融合与学生成长相关的健康教育知识和方法,注重学生健康与安全意识的培养以及良好生活方式的形成,重视培养学生积极进取、不怕困难、挑战自我、顽强拼搏、追求卓越、团结合作、公平竞争和遵守规则等体育品德,促进学生身心健康、体魄强健,获得全面发展。

2.尊重学生的学习需求,培养学生对运动的喜爱

普通高中体育与健康课程强调"以学生发展为中心",从课程设计到课程实施的各个环

节,遵循高中学生的身心发展规律,充分关注学生的体育与健康学习兴趣和需求,在发挥教师主导作用的同时,突出学生的主体地位;创设师生和谐互动、形式灵活多样、气氛热烈活泼的课堂教学氛围,注重课堂教学的实际效果,充分调动学生学习的积极性,增强学生内在的学习动力,引导学生深刻体验运动的乐趣、理解运动的价值,促使学生由被动运动向主动运动转变,喜爱体育学习,乐于参与课外体育活动和体育竞赛活动,养成良好的体育锻炼习惯,使体育成为学生生活中不可或缺的重要组成部分。

3. 改革课程内容与教学方式,提高学生的综合能力和优良品格

普通高中体育与健康课程在继承优秀传统体育文化的基础上,与时俱进,开拓创新,努力体现课程的时代性。在课程内容方面,关注对学生学习和发展有意义的传统体育项目和新兴运动项目,重视具有中华民族优秀传统文化特色的武术和民族民间传统体育活动的教学,强调与学生的生活经验紧密联系,精选适应时代要求的、有利于奠定学生终身发展基础的体育与健康知识、技能和方法;在教学方式方面,力求改变过于注重单一知识点以及把结构化的知识和技能割裂开来的灌输式教学模式,倡导多样化的教学方式,重视与信息技术的深度融合,注重学生的自主学习、合作学习和探究学习,将知识点的教学置于复杂情境之中,引导学生用结构化的知识和技能去解决体育与健康实践中的问题,促进学生把单纯追求知识和技能获得的过程转变为学科核心素养发展的过程,提高学生的创新精神、实践能力和优良品格。

4. 注重学生运动专长的培养,奠定学生终身体育的基础

普通高中体育与健康课程重视培养学生的运动爱好和专长,强调学生系统学习1~3个运动项目。积极参与日常体育锻炼、体育社团活动和形式多样的体育竞赛活动,形成锻炼习惯和学科核心素养。因此,学习目标的确定、教学内容的选择和教学方法的选用,应遵循体育教育教学规律,特别关注学生的运动基础、体育文化认知、兴趣爱好和个性发展,促使学生主动、积极地进行体育学习和锻炼,全面提高所学项目的运动水平,充分体验体育学习的成功感,树立积极的自我价值观,为形成终身体育的习惯和能力奠定良好的基础。

5. 建立多元学习评价体系,激励学生更好地学习和发展

普通高中体育与健康课程重视促进学生更好地达成课程目标和形成学科核心素养,注重评价的激励、反馈和发展功能,构建主体多元,内容全面,方法多样的评价体系。在评价主体方面,提倡在以教师评价为主的基础上,引导学生积极进行自我评价和相互评价;在评价内容方面,重视对学生的运动能力、健康行为和体育品德进行综合评价;在评价方法方面,倡导定量评价与定性评价、相对性评价与绝对性评价、形成性评价和终结性评价相结合。评价中特别要关注那些运动基础相对较差但学习态度很好的学生,真正体现评价的激励和发展功能,增强他们体育与健康学习的自信心和自尊心。多元的体育与健康学习评价体系注重与学业质量标准紧密联系,使学业质量标准的使用更有助于学生形成学科核心素养,获得全面发展。

三、体育与健康课程目标体系

《体育与健康课程标准》在学校体育目标的指引下,已系统全面制订了体育与健康课程总目标和各方面目标。在体育与健康课程教学充分体现知识与技能、过程与方法、情感态度与价值观三维目标的基础上,根据《体育与健康课程标准》的要求,结合本地区、本校的实际,科学地、创造性地设置水平学习目标、学年(学期)学习目标、模块(单元)学习目标和课时学习目标。

(一)义务教育体育与健康课程目标体系

《义务教育体育与健康课程标准》(2011 年版)将学习领域改为学习方面,并对实验稿中的五个学习领域进行了调整,将"心理健康"和"社会适应"学习领域合二为一,最终形成运动参与、运动技能、身体健康、心理健康与社会适应四个学习方面。

1.总目标

通过本课程的学习,学生将掌握体育与健康的基础知识、基本技能与方法,增强体能;学会学习和锻炼,发展体育与健康实践和创新能力;体验运动的乐趣和成功,养成体育锻炼的习惯;发展良好的心理品质、合作与交往能力;提高自觉维护健康的意识,基本形成健康的生活方式和积极进取、乐观开朗的人生态度。

2.四个目标

①运动参与目标:参与体育学习和锻炼;体验运动乐趣与成功。

②运动技能目标:学习体育运动知识;掌握运动技能和方法;增强安全意识和防范能力。

③身体健康目标:掌握基本保健知识和方法;塑造良好体型和身体姿态;全面发展体能与健身能力;提高适应自然环境的能力。

④心理健康与社会适应目标:培养坚强的意志品质;学会调控情绪的方法;形成合作意识与能力;具有良好的体育道德。

运动参与、运动技能、身体健康、心理健康与社会适应四个方面是一个相互联系的整体,各个学习方面的目标主要通过身体练习来实现,不能割裂开来进行教学。在这四个方面分别又设置了相应的学习目标。水平一至水平四分别对应 1—2 年级、3—4 年级、5—6 年级和 7—9 年级。

(二)普通高中体育与健康目标体系

《普通高中体育与健康课程标准》(2017 年版)提出了体育与健康学科核心素养主要包括运动能力、健康行为和体育品德三个方面。运动能力主要是指体能、技战术能力和心理能力等在身体活动中的综合表现;健康行为主要是指增进身心健康和积极适应外部环境的综合表现;体育品德主要是指在体育运动中应当遵循的行为规范以及形成的价值追求和精神风貌。

1.总目标

通过本课程的学习,学生喜爱运动,积极主动地参与运动;学会体育与健康学习和锻炼,增强创新精神和体育实践能力;树立健康观念,形成良好的生活方式;遵守体育的道德规范和行为准则,塑造良好的体育品格,发扬体育精神。运动能力、健康行为和体育品德三个方面学科核心素养协调和全面发展,培养作为公民在未来发展中应具备的体育与健康的关键能力、必备品质与价值观念,形成乐观开朗、积极进取、充满活力的人生态度。

2.核心素养目标

①运动能力目标:通过本课程的学习,学生能够运用所学的运动知识、技能和方法,参加与组织体育展示和比赛活动,显著提高体能与运动技能水平,掌握和运用选学运动项目的裁判知识和规则,提高发现问题、分析问题和解决问题的能力;能够独立或合作制订和实施体能锻炼计划,并对练习效果作出合理的评价;了解和分析国内外的重大体育赛事和重大体育事件,具有运动欣赏能力。

②健康行为目标:通过本课程的学习,学生能够积极主动地参与校内外的体育锻炼,掌握科学锻炼方法,养成良好锻炼习惯,形成基本健康技能,学会自我健康管理;情绪稳定、包容豁达、乐观开朗,善于交往与合作,适应环境的能力强;关注健康,珍爱生命,热爱生活,养成良好的生活方式,改善身心健康状况,提高生存和生活的能力。

③体育品德目标:通过本课程的学习,学生能够自尊自强,主动克服内外困难,具有勇敢顽强、积极进取、挑战自我、追求卓越的精神;能够正确对待比赛的胜负,胜不骄、败不馁;胜任不同的运动角色,表现出负责任的行为;遵守规则、文明礼貌、尊重他人,具有公平竞争的意识和行为。

四、体育与健康课程内容要求

新课程改革伊始,《体育与健康课程标准》就强调在"目标引领内容"的思想下,选择和设计符合学生身心发展特点、运动兴趣与需求,适合教学实际条件,重视健康教育的教学内容。虽然它没有以法律条文进行规范,但其实质已规定了实施方向,是我们选择和设计体育与健康课程内容的总体要求。在此基础上,普通高中体育与健康课程在内容方面还做了具体要求,包括必修必学和必修选学两部分。必修必学包括体能和健康教育;必修选学包括球类运动、田径类运动、体操类运动、水上或冰雪类运动、武术与民族民间传统体育类运动、新兴体育类运动6个运动技能系列。运动技能系列模块可以根据自己的兴趣爱好选择1~3个运动项目进行学习,以满足学生个性化发展的要求。

需要特别指出,普通高中体育与健康课程必须要保证一定的运动负荷,每节体育与健康课学生运动时间占课堂总时间的比例,即运动密度应达到75%以上;单个学生的练习时间占总时间的比例,即练习密度应不低于50%;每节体育与健康课学生的平均心率即运动强度应达到140~160次/分钟。同时,为了确保体育与健康课的运动负荷,每节课都要安排10分钟左右的体能练习,包括一般体能和专项体能的练习内容。

体育与健康课程的实施

体育与健康课程的实施是一个复杂的系统工程,它是体育课程编制者与实施者之间相互影响和作用的过程,这涉及许多方面的广泛参与,不仅涉及体育教师和学生,还涉及学校领导、家长、专家学者、教育和体育行政部门及社会组织等。

一、体育与健康课程实施的内涵

课程实施是课程论和教学论研究领域的重要课题。从现有的两个研究观点来看,一种观点认为,课程实施是指课程计划付诸实践的过程。这种观点是将课程方案看作固定的、不可变更的,实施就是一个执行的过程。作为课程执行者的学校和教师,应当很好地理解和运用课程,忠实地执行课程方案中规定的项目。另一种观点认为,课程实施是作为一个动态的过程而存在的。课程实施是在其现实基础上,调和影响课程实施诸因素,平衡课程理想与实施情境的系列关系,创造性地完成课程方案。换句话说,它不只关注课程方案的落实,还要关注学校和教师在实施具体课程的过程中,是否按照实际的情况对课程作了调适,以及对影响课程改革的因素作了相应的调整。其实,这两种观点的初衷都是为了实现体育课程目标,如果实施方案合理、适用,两种观点就会合二为一,成为一种状态。

二、体育与健康课程实施的价值取向

(一)忠实取向

忠实取向实施过程主要是强调在实施过程中忠实地执行体育课程方案,预期体育课程方案的实现程度就是衡量体育课程实施成功与否的基本标准。体育课程方案实现程度高,则体育课程实施越成功;反之,体育课程方案实现程度低,则体育课程实施就受影响。显然,课程实施者只能将专家研制出的课程计划付诸实践,没有修改课程计划的权力,只能按照体育课程标准和体育教材,准确无误地将这些体育知识和运动技能传授给学生。在课程实施的忠实取向中,体育教师完全是课程的被动执行者。

(二)相互适应取向

相互适应取向的课程实施把体育课程实施看作一个连续的动态过程,课程实施是一个由课程设计者和实施者共同对体育课程进行调适的过程。也就是说,在实施的过程中,学校或实施者可以根据实际情境在体育课程目标、内容、方法、组织形式诸方面对体育课程方案进行调整和改革,它包括两个方面的内容,即体育课程计划为适应具体实践情境和学生特点而进行的调整、体育课程实际情境为适应体育课程计划而可能发生改变。因此,相互适应课程实施价值取向能更好地实现体育与健康课程的目标,更利于完成学校体育的任务。在国家制定的《体育与健康课程标准》中提出的"三级课程管理"体系体现了相互适应的价值取向,地方政府、学校和体育教师都在课程实施过程中发挥着重要作用,保证课程实施的顺利进行。

(三)创生取向

创生取向强调体育课程的实施是师生在具体情境中联合创生新的体育教育经验的过程。而已经设计好的体育课程方案仅仅是体育教师和学生进行或实现"再造"的材料或背景,是一种体育课程资源。目前,我国正在进行的基础教育课程改革所提出的校本课程,就其本质来说,是试图实现教师对课程设计与实施的创生取向转型。

可见,体育、教育和社会情境极其复杂,教育变革的需要多种多样,在不同的情境中三种取向的价值都可以得到不同程度的体现。实际上,在体育课程实施过程中,从体育课程实施者对待课程的态度、体育课程计划或体育课程方案在过程中的变革或变化程度、体育课程实施在不同情境中的实际效果,或者从课程实施过程中重"内容"或重"方法"等角度理解课程实施,均可以产生不同的实施取向。

三、体育与健康课程实施的途径

(一)体育教学

体育教学是体育课程实施最主要的途径,课堂教学是体育课程实施最有效的手段。第八次体育课程改革对中小学体育课时给予了较大力度的提高,如小学1—2年级体育课时已增加至4学时,3—9年级已增至3学时,调整之后的体育课时总量已接近于发达国家。但是,体育课程实施的效果还要取决于体育课时的落实和体育课堂教学的有效性。

(二)课外体育活动

课外体育活动也是体育课程实施的重要途径之一。运动参与、运动技能、身体健康、心理健康和社会适应四个方面目标的达成仅仅依靠体育课堂教学是远远不够的,如学生体育兴趣的培养、体育行为习惯的养成、社会适应能力的提高等,都需要借助课外体育活动才能得以实现。《中共中央国务院关于加强青少年体育增强青少年体质的意见》中也明确要求中小学校确保在校学生每天必须进行1小时的体育活动,丰富课外体育活动的内容和形式,使其充分发挥体育课的辅助功能。

(三)课余体育训练

课余体育训练是学校体育工作的重要内容,是利用课余时间,对部分在体育方面有一定基础和特长的学生进行的以增强体质、提高运动技术水平为主要目的的体育教育活动,是贯彻学校体育"普及"与"提高"原则的体现,是传承体育文化的重要措施,是实现学校目标的重要途径之一。

(四)课余体育竞赛

课余体育竞赛也是学校体育的重要组成部分,是实现学校体育目标的基本途径之一,目前学校课余体育竞赛已经成为学校文化的重要体现,是学生课余生活的重要内容,也是实施素质教育的重要途径,学生通过参与各种丰富多样的课余运动竞赛不仅可以增强体质、培养体育兴趣,而且更有利于学生道德品质与完满人格的发展,也是实现学校体育目标的途径之一。

(五)学校、家庭、社区"三结合"

体育课程实施既需要体育教育系统内部自身的努力,还需要来自体育教育系统外部的理解、支持和参与。家长及社区成员参与体育课程实施,可以为体育课程实施增添来自教育系统外部特定的支持和帮助。在一些发达国家,学校、家庭、社区"三结合"的模式已经具备一定的实践基础。在《中共中央国务院关于加强青少年体育增强青少年体质的意见》中也提出要努力建设学校、家庭、社区"三结合"模式,构建青少年体育服务体系。对体育课程实施来说,学校、家庭、社区"三结合"模式为校内外体育课程资源的整合提供了重要的平台。家长及社区成员参与体育课程实施,不仅可以为学校体育课程教学活动的开展献计献策,也为体育课程的实施提供支持性的环境,丰富体育教学内容资源,还会鼓励、支持、引导孩子们参与体育活动。

四、体育与健康课程实施的影响因素

体育与健康课程实施自身就是一个动态的过程,为此在实施的过程中必将受到其他因素的影响,综合一些学者的观点和研究,主要归为课程特点、外部特征、教师条件和教育理念四个因素。

(一)课程特点

体育课程不仅要向学生传授体育运动知识,增强学生体质,提高学生运动技能,还强调体育课程对学生心理健康和社会适应能力的作用。在第八次体育课程改革初期,人们一度错误地把"淡化运动技能"作为新课改的主题之一,从而导致了课程实施中出现了种种偏差。《课程标准》的实施之所以遇到不同程度的困境,与其自身的不完善也有着较大关系。如多元目标体系的建构采用了"运动"和"健康"双重线索进行目标分类,这显然违背了逻辑学的基本原则,因此导致不同领域、不同水平目标体系的逻辑交叉、混乱。同时,课改中提出的多元化目标体系、多元化学习评价、新型学习方式等,不分主次,不分应用条件,导致体育教师在实践中茫然无措,并由此对《课程标准》的实施产生消极情绪。可见,一项新的课程计划往往包含许多新理念、新概念和新的结构方式,如果人们对这些新内容难以理解和接受,就会给课程实施带来困难。

(二)外部特征

体育课程不同于其他学科课程,体育课程的顺利实施,还有赖于学校是否具备必要的物质条件,如体育场地、器材、设施等。缺乏这些必要的物质条件,体育课程就会难以实施。近年来,随着国家和社会各界对青少年体育重视程度的不断提升,我国学校体育场馆设施也有了较大幅度的发展,越来越多的中小学校拥有运动场地、室内体育馆、塑胶跑道以及各种体育器材。但是,城乡两极分化、西部地区资源短缺等现象依然较为严重,这对于体育课程实施来说无疑是一种障碍。再有,体育课程实施还需要学校外部环境的理解与支持。体育课程的实施不是学校单方孤立的行为,而是与学校外部环境共同作用的结果。在"应试教育"思想影响下,学校外部环境有时对体育课程存在或多或少的误解,体育课程因此也曾受到社会有些方面的冷落。为此,在体育课程实施时,要充分利用外部条件和发挥外部环境的作用,更好地保障体育课程的顺利进行。

(三)教师条件

教师是课程实施过程中最直接的参与者,教师的课程观、对课程的理解程度、实施的决策,以及对课程改革的态度等,关系到课程实施的成功与否。体育教师只有认同课程改革和课程计划才会表现出对课程实施的主体意愿和自觉行为,否则反之。而体育教师能否驾驭课程计划,能否依照课程改革目标和理念正确地实施课程,则依赖于教师自身的素质。为此,体育教师自身应更新观念,不断提升自我的理论素养,紧跟社会发展步伐。同时,学校及教育相关部门为体育教师提供进修培训的机会、沟通与交流的平台,使体育教师能够正确理解和驾驭课程计划。

(四)教育理念

这里所提到的教育理念,特指主管学校体育校长的教育理念。校长的教育理念及其对体育价值的理解决定着体育课程在学校中的地位,也决定着体育课程能否顺利实施。教育学家张伯苓说过:"不懂体育者,不可当校长。"可见,校长的教育理念在体育课程改革中无疑起着至关重要的作用。在体育课程实施中,关键要使校长理解、接受体育课程改革计划,并将其付诸实施。一般而言,如果校长能欣然接受体育课程改革计划,并能够为体育课程计划的实施提供支持性环境,那么学校的体育教师则会愿意承担一定的风险来完成体育新课程计划的推广和运行工作,否则,如果学校体育教师认为体育新课程计划的实施不能得到校长的支持,那么体育教师就很可能对体育新课程的实施失去信心。而且,如果校长重视体育课程,也势必会为体育课程实施提供必要的条件,如必要的制度建设、场地器材设施的配备、体育课时的保障、体育教师培训等,体育课程才不至于因过于"边缘化"而难于实施。

体育与健康课程资源及开发

学校体育课程资源的开发和利用是新一轮体育与健康课程改革中的重要问题,无论是实现国家课程、地方课程还是校本课程的建设,体育课程资源的开发和利用都是实现体育与健康课程目标的重要保障。

一、体育与健康课程资源的内涵

一般说来,课程资源也称教学资源,它有广义与狭义之分。广义的课程资源是指,一切有利于实现课程目标的各种因素,包括素材性资源如知识、技能、经验、生活方式与方法、情感态度、价值观、培养目标等,条件性资源如直接决定课程实施范围和水平的人力、物力、财力、时间、场地、器材、设备环境等,可以理解为围绕实现课程目标的各种内外因素和条件的总和。但是,从课程编制的角度而言,并不是所有的资源都是课程资源。只有那些真正进入课程、与教育教学活动联系起来的资源,才能称作现实的课程资源。为此,狭义的课程资源仅指形成课程与教学的直接因素来源。就体育与健康课程来讲,是指基于学校实际的、有利于体育与健康课程目标实现的各种资源的总和。这其中既包括物力的,也包括人力的;既有校内的,也有校外的;既包括传统的教科书和图书资料,又包括现代的网络和科技成果等。

课程资源可因不同的分类标准分成不同的种类,这些种类相互交叉、相互渗透。目前对课程资源类型常见的划分方式主要有三种:一是按存在的方式,将课程资源直截了当地分为有形资源和无形资源。前者指教材、教具、器材设施等,后者指知识和经验、态度、能力等;二是按功能特点,将课程资源划分为素材性资源和条件性资源两大类,前者如知识、技能、活动方式与方法、情感态度价值观等,后者如人力、物力、财力、场地设施等;三是按时间、空间分布的不同,将课程资源划分为课内外资源或校内资源(如教师、学生、教学挂图、教材、场地器材设施等)、校外资源(如公共图书馆、家长、其他学校的设施、社区场地设施、活动中心等社会和自然资源)和网络化资源(如多媒体、网络化的以网络技术为载体开发的校内外资源)。《体育与健康课程标准》综合以上几种分类方式,将体育课程资源划分为人力资源、体育设施和器材资源、课程内容资源、自然地理资源、信息资源和时间资源。明确课程资源的分类,有利于学校和教师建立起科学、合理的课程资源观念,有助于课程资源得到有效的拓展和整合,从而对体育与健康课程的实施产生实效。然而,无论何种分类,体育课程资源都具有如下特点:

(一)形式多样性

在实际的教育教学过程中,可以开发利用的体育课程资源是多种多样的,它不只是体育教材,也不只局限于学校内部。体育课程资源涉及学生学习与生活环境中所有有利于课程顺利实施、有利于达到课程标准和实现教育目的的因素。如不同的地域,可开发利用的体育课程资源不同;不同的文化背景下,人们的价值观念、道德意识、风俗习惯、宗教信仰具有各自的独特性,相应的体育课程资源亦各具特色;学校的性质、规模、办学条件等的不同,其可以开发利用的体育课程资源也不尽相同;学生个体的家庭背景、身心发展水平、生活经历的不同,可供开发利用的体育课程资源必然也是千差万别的。

(二)价值潜在性

一切可能的体育课程资源都具有价值潜在性的特点。有相当一部分体育课程资源在体育课程设计之前就已经存在,具有转化为体育课程实施的可能性,体现出一种潜在的价值,只有经过形式的开发、利用和转化,才能成为有利于体育课程实施的基本条件。

(三)功能多元性

同样的体育课程资源,具有不同的用途、价值与功能,可以用于实现体育课程的不同目标。如学校附近的山峦,既可用于对学生进行体育锻炼的场地,又可用于对学生进行野外生存教育等。教师要注意并善于挖掘体育课程资源的多种利用价值,变单一为多用,使体育课程资源的潜在价值得以充分发挥。

二、体育与健康课程资源开发和利用的原则

(一)开放性原则

学校体育与健康课程资源的开发和利用,必须以科学的思维观、价值观和方法论,按照体育课程资源形成和发展规律、资源价值的大小,进行科学有效地开发利用。同时,也要以开放的心态,吸纳不同区域、不同民族、不同文化背景下形成的有价值的体育课程资源。只要有利于丰富体育课程内容,有利于提高体育课程教育质量,有利于提高学生体质健康水平的体育与健康课程资源,都应该通过科学的方法和途径加以开发和利用。

(二)经济性原则

体育与健康课程资源开发和利用,是一项复杂的系统工程,涉及的领域广、范围大和问题多,必会牵涉一定人力、物力、财力和时间的投入。因此,在对体育与健康课程资源的开发和利用过程中,通过科学系统的方法进行规划,设计有效步骤,用经济学的方法,达到少投入多开发的目的,把体育与健康课程资源开发成本降到最小。这是当前体育与健康课程开发利用过程中必须遵循的原则。

(三)地方性和民族性原则

我国地域辽阔,民族众多,不同的地区,不同民族的文化背景差异较大,再加上不同的

学校性质、教育目标、教育对象、师资、条件等客观的差异性,体育与健康课程资源开发和利用的差异也客观存在。因此,体育与健康课程资源开发和利用过程中,必须结合区域特点、学校特点和民族特点,使体育与健康课程资源开发和利用在反映时代性的同时,更加注重地方性和民族性特色,这是教育部门、学校、教师在体育与健康课程资源开发和利用过程中必须注意的原则。

三、体育与健康课程资源开发和利用的步骤

目前,我国基础教育课程改革给学校和广大体育教师更多的体育课程资源开发和设计的权利与职责,鼓励学校和教师在认真实施国家、地方体育课程的基础上,开发各具特色的多样化的学校体育课程资源。这就需要广大体育教师和学校体育工作者对学校体育课程资源开发进行理论和实践的研究,开发出本地区、本学校、本课程适用的体育课程资源。在体育课程资源开发和利用上,建议从以下三个步骤来进行。

(一)体育课程资源状况的调查

采用问卷调查法、访谈法、实地调研法、文献资料法,从人力、物力、财力、民族(民俗)体育文化、体育信息等方面入手,对学校已有的或有待开发和利用的体育课程资源进行综合调查。如人力资源方面,可以对学生的体育兴趣、爱好、体育锻炼需求以及学习、锻炼的方式,学校体育教师的师资力量等方面进行调查,物力资源可以综合调查本校体育场地器材设施的情况,学校体育经费的开支,地域性民族传统体育活动等。在多方面调查的基础上,更能清楚地了解"学校都有哪些体育资源",以及为了实现课程目标和推动学校体育的发展,"还需要开发和利用哪些资源"。使学校体育课程资源的开发具有比较明确的方向,提高课程资源开发和利用的效益。

(二)体育课程资源状况的分析

根据第一步现状调查的数据,系统地分析学校内外环境中各类体育资源是否反映体育课程改革的目标;是否符合社会发展对学生成长的需要;是否符合学生身心发展特点,满足学生体育兴趣爱好和体育学习与发展的需求;是否有助于提高学生对体育知识、技能学习的主动性;是否有助于学生终身体育和健康意识的养成;是否与体育教师教学水平相适应;是否符合学校财力、物力等承受能力,进而进行综合评估。在评估结果的基础上,提出符合学校实际的体育课程资源开发和利用的策略或措施。

(三)体育课程资源的管理与规划

在调查、分析和研究的基础上,学校和体育教师有选择地将校内外各种体育课程资源纳入学校体育教学和体育课程管理的范围内,以促进资源的整合与共享。在资源管理与规划的过程中,应该注意以下几个问题:

首先,制度建设。为了更好地开发与利用体育课程资源,要对学校体育课程资源的组织结构、职能进行必要的重组和确定,制订出相应的学校体育课程资源管理制度,从制度上

给予保障。

其次,校内外体育课程资源的优化与整合。整合的过程中可以按照优先原则和适应的原则,如人力资源因素是学校体育课程实施的首要的基本条件,在课程资源的开发和利用中起着主导性和决定性的作用。在课程资源建设中,可以先对体育教师、其他学科教师、家长、班主任、学生体育骨干等人力资源进行开发。

再次,逐步建立以校为本的体育课程资源开发与利用机制。实践证明,没有科学的课程资源观,仅靠自身的力量进行学校体育课程资源的开发,很难做好科学、可行的学校体育课程资源开发建设工作。只有结合本校体育工作的实际,充分发挥体育教研组、其他学科教师以及学生、家长、社区等各方面力量,将国家、地方课程与校本课程融合,才能形成自己的特色。

最后,善于利用学校外部体育资源,形成对体育教育教学和课程改革的支持。为了学生的健康发展,要不断完善以校为本的体育课程资源开发与利用的机制,并辐射到周边社区体育和家庭体育,实现学校自身体育教育教学和课程改革与发展的良性循环。

四、体育与健康课程资源的开发和利用

课程资源既是学生获得知识、信息和经验的载体,也是课程实施的媒介。可以说,课程资源的合理开发和有效利用是任何课程目标顺利达成的必要条件。但是,并不是所有的资源都是课程资源。只有那些真正进入课程,与教育教学活动联系起来的资源,才是现实的课程资源。课程资源的开发,就是探寻一切有可能进入课程,能够与教育教学活动联系起来的资源;课程资源的利用,就是充分挖掘未被开发课程资源的教育教学价值。所以,课程资源的开发和利用是密切联系在一起的,开发是利用的前提,利用是开发的目的。

(一)人力资源的开发和利用

体育课程实施过程中应重视人力资源,人力资源是课程资源开发和利用最主要的资源。体育教师是体育课程中重要的人力资源,除了体育教师外,还应注意发挥班主任、有体育特长的教师、卫生保健教师和校医的作用,促进他们参与教学指导、教学评价、课外体育活动、运动会以及督促学生参加校外体育锻炼等。

1.体育教师

体育教师是最重要的体育与健康课程资源,对体育与健康教学具有决定性的影响。同样的课程,同样的学生,不同体育教师的教学效果可能不一样。课改后,凸显体育教师从一个"教书匠"转变为一个研究者、开发者的身份进入体育课程实施过程。体育教师应充分发挥自己的主观能动性,充分地挖掘并有效利用体育课程资源,最大限度地发挥体育课程资源的效益和价值。

2.学生

学生是体育课程学习活动的主体,学生参与活动的积极性是教学效果体现的首要条件。在教学过程中,首先,应重视发挥学生学习的主体作用,激发学生的积极创造性,以提

高体育课程实施的有效性。其次,充分发挥体育有特长的学生的重要作用,他们是体育教师教学中最有力的助手,让他们帮助、指导其他学生进行学习,能够提高体育学习效率。

3. 其他人力资源

为了更好地实现体育课程目标,需要更多的人参与指导与督促。我们可以充分发挥校内其他具有体育特长的教师的教学指导作用,可以争取校医的配合与支持,可以利用与开发有一定体育特长的家长、社区体育指导员、关心学校体育活动的社会团体、企业和俱乐部等校外的人力资源,这对体育与健康课程的教学起着积极的作用。

(二)场地设施资源的开发和利用

体育场地、器材是加强素质教育,提高体育教学质量,增进学生健康的物质保证。国家已制订了各级学校体育器材设施配备目录,各地学校应争取有计划、有步骤地逐步配齐,并在原有的基础上逐步改善。现有体育设施应充分发挥其应有的作用,同时要努力开发它的潜在功能。

1. 器材设备的开发和利用

体育器材一般都可以一物多用,如体操器材,除了用来学习体操之外,还可以用来培养学生的各种生存生活等能力;排球或足球,被用来作为"抢花炮"的器材;实心球,可以用作障碍物、标志物,还可以用来打保龄球;跳绳,可以用作绳操、跳移动绳、跳蛇绳、二人足跑、三人角力、拔河等;接力棒,可以用作体操轻器械、哑铃操等;栏架,可以用作跨栏,还可以用作钻越的障碍、小球门等;鞍马、跳箱等体操器械,可以做障碍物使用等。另外,体育教师可以根据教学需要,自身或带领学生动手自制一些简易的体育器械,如自制沙袋(图3-1、图3-2)、接力棒、毽子、滚铁环、呼啦圈、抽陀螺、体操轻器械等,不仅解决了上课时的器材问题,还培养了学生的动手能力。总之,要充分利用和发挥各种器械的多种功能,尽量开发一切可以使用的体育器材设施资源、克服学校器材设施缺乏的困难,丰富体育课的内容,激发学生学习体育的兴趣。

图3-1　自制沙袋　　　　图3-2　自制沙袋　　　　图3-3　自制篮球架

2. 场地设施的改造和利用

场地设施的改造和利用就是学校对已有的场地进行合理的调整和规划,重新部署适合多种运动项目进行的运动场地,为体育课程的教学提供有利条件。如将成人化的场地器材改造成适合学生活动的场地器材,降低篮球架高度(图3-3)、排球网高度,缩小足球门、场地大小,变化球的大小;利用篮球场地或网球场地进行小足球活动,缩小活动范围;综合性运动场区变成简易、小型的健身房;篮圈直接安在墙上,变成简易活动的篮架等。可见,学校可以根据各校的具体情况与特点、学生的实际情况,充分利用学校的空地和学校周边环境,最大限度地挖掘场地的使用空间和时间,合理规划,采取不同的措施对运动场地进行适当的改造。但是,学校运动场地无论怎么改造,必须保证学生运动的安全性,防止伤害事故的发生,处理好"利用"与"安全"的关系。

(三)教学内容资源的开发和利用

1.竞技运动项目的开发和利用

竞技运动即比赛性的体育活动,它不仅具有竞争性、挑战性、规则性、结果不确定性和娱乐性等特征,还具有教育、政治等多种功能,如田径、体操、球类、游泳等常见的运动项目,也是日常体育教学的主要学习内容。为此,为了适应和满足学生的实际需要,在开发竞技运动项目时,各地、各学校和教师应该根据学生身心发展特点和不同需求,体育课程目标,办学条件,学生体育基础等诸多因素,特别是要按照增强体能、增进健康的课程目标要求,对竞技运动进行科学的选择、引进和必要的加工改造,或进行有针对性的重新设计,使其转化为能面向全体学生并受到广大学生喜爱的,能让学生基本学会以及能收到多种效益的体育教材内容,同时成为增强体能、增进健康、提高素质的体育手段。这里所说的运动项目的改造,就是用整体健康观对运动项目进行课程设计,主要是指简化规则、简化技战术、降低难度、改造场地器材等,其基本方法为:

其一,简化技术结构,减小运动难度,使其既能增强体能、增进健康,又能减轻学生运动时的生理和心理负担。

其二,调整场地器材规格,修改竞技比赛规则,使其能适合学生的年龄、性别和身高的特点,更好地激发学生的学习兴趣,满足学生的学习需求。

其三,降低负荷要求,使运动负荷控制在最佳范围内,满足学生健身需求。

其四,在组织教材内容时,调整和转换竞技运动特点,充分挖掘运动项目的多种功能,不过分强调内容的系统性和完整性,更多地考虑内容对身、心、社会交往方面的功能。

总之,在竞技运动项目改造的具体操作中,要根据学校体育的目的和体育与健康课程标准的精神,遵循体育规律和健身原理,充分研究竞技运动项目的教育性、教师的可操作性和学生的可接受性,从竞技运动项目有关的方向、形式、路线、距离、顺序、节奏、场地器材规格、比赛规则要求。参加人数等方面,对竞技运动项目进行加工改造,使其成为确实有健身价值的、适合学生身心发展的体育教学内容。

2.民族民间体育项目的开发和利用

我国是一个多民族的国家,民族民间传统体育项目形式多样,具有鲜明的民族性、传统性和地域性,如蒙古族的摔跤、藏族的歌舞、维吾尔族的舞蹈、朝鲜族的荡秋千、白族的跳山羊、锡伯族的射箭、京族的跳竹竿、侗族的抢花炮、壮族的抛绣球、苗族的爬坡杆等,深受各族人民的喜爱。可见,民族民间体育项目是蕴藏着具有以闲暇消遣、健身娱乐、竞技比赛、文化传承等多种功能的体育项目资源。因此,各学校及体育教育工作者应将体育课程内容与学生的生活经验紧密相连,根据学校的地域特点、环境、学生情况、课程性质等进行选择,设计具有各地域特色的体育与健康课程内容,也可以对一些民族民间体育项目进行改造,使其适合学生的身心特点,满足发展体能,磨炼意志、陶冶情操、促进身心健康,培养民族自尊感和社会适应能力的需求。

3.新兴运动项目的利用和开发

随着社会的不断进步与发展,物质生活水平的提高以及大众体育的蓬勃开展,新兴的运动项目层出不穷,因其具有时尚、休闲、娱乐等特点,深受学生的喜爱。如果能够将这些项目引进学校,并进行适应性的改造,不仅能拓展体育课程内容,还能激发学生参与体育锻炼的兴趣和积极性。如郊游、远足、野营等野外活动,可以从城镇到郊外去开展,可以步行或骑车到风景地和公园游览,既增强了体质,又在广阔的大自然中陶冶情操,促进人文素养;旅游登山既能发展手臂、腿部力量,培养学生攀登高峰的毅力,提高学生的耐力和御寒能力,又能培养勇敢顽强、坚韧不拔的意志品质;攀岩运动不仅能使学生感受大自然博大的胸怀,还能体验到挑战自我、实现自我所带来的刺激、愉悦和成就感,还有轮滑、滑板、攀树、和球等新兴项目,均可以作为体育课程的教学内容,但在选择和引入时,应考虑学校实际情况、教师能力和学生身心特点等因素。

(四)自然地理资源的开发和利用

我国地域辽阔,资源丰富,有着千姿百态的地况地貌和气象万千的季节气候。江河、湖海、土地、田野、草原,以及四季变换都蕴藏着十分丰富的体育课程资源,如利用水域进行游泳、跳水、温泉浴等;利用山地,可以进行登山、攀岩;利用沟渠、田野进行越野跑、有氧耐力运动;利用草原进行骑马、练习武术;在春季,可以春游、远足;在夏季,可以游泳、沙滩排球;在秋季,可以秋游、爬山;在冬季,可以进行滑雪、滚雪球、打雪仗等。自然地理资源的内容与形式丰富多样,开发与利用应适合学生的年龄特征,能满足学生的兴趣和爱好,做到因地制宜和因时制宜;应选择空气清新、阳光明媚、水质良好、安全性高、没有污染的地方进行教学,让学生在大自然中享受阳光、空气、水的滋润,培养他们适应气候、地理环境的能力,促进身心健康发展,实现体育课程目标。

▌五、体育与健康课程资源开发和利用的建议

(一)注重安全

"健康第一"是体育与健康课程改革的指导思想,在利用和开发学校体育课程资源时,应"以人为本",遵循青少年学生身心发育发展的特点和规律,科学合理地加以筛选,确保学生在运用课程资源进行体育学习和锻炼时的安全性。如体育器材设施功能的挖掘、器材的布局和制作、新兴运动项目的引用、课外与校外体育活动的参与、学校周边自然地理资源的运用等,均应引导学生逐步养成安全活动的意识和行为。

（二）强调主体

在全新的课程资源观下，学生应成为利用课程资源的主人，教师应成为学生运用课程资源的主体。我们不能仅依靠少数的学科专家，应调动广大的一线体育教师。学校体育课程资源需要教师去组织、去利用、去开发，教师应当学会主动地、有创造性地利用一切可用资源，为体育教学服务。主动参与课程资源的开发，可以拓宽体育教师的视野，为体育教学准备更丰富的内容，帮助教师树立"健康第一"的观念，促进师生、同事以及社会各方面的交流。作为一种专业活动，体育教师作为学校体育课程资源的开发者拓展了自身专业活动范围，在开发和利用体育课程资源的过程中，体育教师也是受益的主体。

（三）科学筛选，考虑成本

在学校体育课程资源建设中，学校需要在财力、人力、物力等方面给予支持，既不能贪大求全，也不能照抄照搬，要结合当地经济、文化、教育发展水平，结合学校教育层次、师资结构水平、办学规模、校园环境空间和自然环境条件等，因地制宜，量力而行，要科学地把握体育课程资源开发的范畴、规模、策略和速度。同时，还要利用有限的学校体育经费，最大可能地进行体育课程资源的开发和利用，尽可能开发和利用那些对当前学校体育教学与体育课程建设及发展有现实意义的资源，不能一味地等待；充分开发现有体育器材设施的功能，避免现有体育器材设施的闲置和浪费，尽可能地开发和利用能够激发学生体育学习兴趣，有助于体育知识、技能学习和掌握的课程资源，以促进学生的主动参与。

（四）凸显特色

由于各地域特点、学校实际、学生身体素质、教师能力等不同，在开发和利用体育课程资源时会具有极大的差异。为此，在体育课程资源的开发和利用时，应从实际情况出发，实事求是，发挥地域优势、民族特性、学校特点和教师特点，强化学校的体育特色，展示体育教师的能力和风格，发展学生个性，扬长避短，努力实现"一校一品""一校多品"的校园文化氛围。

（五）科学处理"国家、地方和学校"三者关系

我国新一轮课程改革，提出了"国家、地方和学校"三位一体的课程管理的新理念。国家课程资源的开发，应主要为全国各地和各级学校开发更优质的体育课程教材、课程实施方案和法制、法规资源提供思想、理论、方法上的指导和参考论据；地方课程资源的开发，在依据国家课程资源开发的基本原则和要求下，进一步拓宽开发的范围和空间，把握当地丰富的体育课程资源特点、存量和开发价值，正确地组织和引导，创造良好的外部环境；学校课程资源开发，应依据国家和地方课程资源开发的目标要求，根据校内外体育课程资源分布的特点、功能和价值，经过科学的调查论证后，健康有序地开发利用。可见，国家、地方和学校三者的开发是相互支持、相互弥补、相互制约、相互依存的，正确地处理好三者的辩证关系才能贯彻和落实新课程改革提出的开发利用好体育课程资源的目标要求。

本章小结 —— 　　体育课程是学校课程体系的重要组成部分，是集身心和谐发展、思想品德教育、文化科学教育、生活与体育技能教育于身体活动并有机结合的教育过程，是实施素质教育、落实"立德树人"根本任务的重要途径和内容。《体育与健康课程标准》强调 "目标引领内容"，即在体育与健康课程目标体系指导下，选择和设计符合学生身心发展特点、运动兴趣与需求，适合教学实际条件，重视健康教育的教学内容。学校体育课程资源的开发和利用是新课程改革提出的重要概念，无论是实现国家课程、地方课程还是校本课程的建设，体育课程资源的开发和利用都是实现体育与健康课程目标的重要保障。

回顾与思考 —— 　　1.试比较"义务教育"与"普通高中"《体育与健康课程标准》中基本理念的异同。

　　2.试述体育与健康课程实施的几种价值取向。

　　3.请思考体育课程资源开发的原则和方法。

参考文献

[1] 中华人民共和国教育部.全日制义务教育普通高级中学体育(1—6年级)体育与健康(7—12年级)课程标准(实验稿)[S].北京:北京师范大学出版社,2001.

[2] 中华人民共和国教育部.义务教育体育与健康课程标准(2011年版)[S].北京:北京师范大学出版社,2012.

[3] 中华人民共和国教育部.普通高中体育与健康课程标准(2017年版)[S].北京:人民教育出版社,2018.

[4] 潘绍伟,于可红.学校体育学[M].北京:高等教育出版社,2008.

[5] 钟启泉,汪霞,王文静.课程与教学论[M].上海:华东师范大学出版社,2008.

[6] 杜光友.我国体育课程价值取向研究[D].武汉:华中师范大学,2014.

第四章
体育教学基本问题

【学习任务】

通过学习体育教学基本问题,对体育教学目标的设计、体育教学内容的选择、体育教学过程的实施、体育教学方法的运用等问题有一个深刻的理解和清晰的认识,从根本上提高体育课程实施能力和体育教育教学能力。

【学习目标】

- 知道如何制订体育教学目标。
- 理解体育教学过程的概念和各要素,掌握体育教学过程的规律特点。
- 清楚体育教学内容的选择与组织。
- 掌握常用的体育教学方法,并能在教学实践中灵活运用。

体育教学目标及制订

目标是想要达到的境地或标准。由此,体育教学目标应该是体育教学中师生预期达到的教学结果和标准。它是体育教学活动的起点和归宿,起点指的是体育教学设计过程中的预设目标;归宿指的是体育教学应达到的结果或标准,是评价其体育教学的标准。预期目标和达成标准越一致,体育教学目标越合理,越能实现终极目标。

一、常见的体育教学目标分类

目前,国内体育教学无论在实践还是理论研究中,教学目标都分类繁杂,各具风格。现简要介绍几种常见的体育教学目标分类:

(一)三项基本任务

中华人民共和国成立以后直到2000年,我国中小学体育教学大纲中一直沿用"目的任务"的说法,直到2000年修订的过渡性体育与健康教学大纲中才开始使用"教学目标"一词。我国使用时间最长的说法当属体育教学的"三项基本任务",即"全面锻炼学生的身体;掌握体育基础知识、基本技能和基本技术;向学生进行思想品德教育。"2000年修订的普通高中体育教学大纲把这3项基本任务正式改为3项教学总目标,和以前的3项基本任务相比,虽用词和表述不同,但基本含义和分类大体一致。

(二)认知、技能、情意

美国学者布卢姆在其《教育目标分类学:认知领域》中,将教育目标分为认知、技能和情意三个大的领域。这一观点刚开始并没有引起人们太大的注意,直到20世纪60年代初期,随着美国政府和公众对教育目标关注程度的提高,特别是克拉斯沃尔在出版了《教育目标分类学:情感领域》之后才开始受到重视,自此以后,认知、技能和情意领域的划分方法在美国教育界被广泛使用,并逐渐在全世界传播开来。目前,体育教师说课稿、优秀教案、评选参选教案和各级体育教学观摩课教案,超过半数采用"认知、技能、情意"这种目标分类方法。

(三)认知、情意、运动技能、增强体质

美国的海德洛特在布卢姆"认知、技能、情意"的分类基础上,把体育课程的学习目标明确划分为认知、情意、运动技能和增强体质四个方面。这一分类突出了体育课程的基本功

能,强调了体育课程与其他课程的根本区别,得到更多学者的赞同。但是,我国很多体育教师只知布卢姆,不知海德洛特,教学目标制订中往往缺失促进身体发展这个体育课程最基本的功能和目标取向。

(四)四个学习方面和三个核心素养

2001年开始的基础教育课程改革中,新制订的体育课程标准把课程内容划分为五个学习领域,即运动参与、运动技能、身体健康、心理健康、社会适应等,并制订了一套从课程、领域到不同水平的详尽的目标体系。目标侧重于从学生行为取向的角度加以表述,更加强调从社会需求向学生需求的重心偏移,突出了对学生情感、态度、价值观的高度关注。2011年新修订的体育课程标准把五个领域中的心理健康和社会适应合并,从运动参与、运动技能、身体健康、心理健康与社会适应四个学习方面突出强调体育课程的核心价值;2017年版高中体育课程标准则从运动能力、健康行为和体育品德三个核心素养方面强调体育课程的核心价值。

(五)知识与技能、过程与方法、情感态度与价值观三维目标

2011年体育新课标(修订版)中提出:"体育与健康课程以'健康第一'为指导思想,努力构建体育与健康的知识与技能、过程与方法、情感态度与价值观有机统一的课程目标和课程结构。"有的教师就将此三项内容"知识与技能、过程与方法、情感态度与价值观"作为目标维度。这三项内容是否可以作为教学目标进行阐述,有待商榷。然而,一定会出现这样的问题,在表述"过程与方法"目标时,常与其他两个目标混淆,难以区分。比如有节"耐久跑课",在"过程与方法"目标维度设置的具体内容是:"通过每次的定向找点,从中解决耐久跑技术,克服'极点'现象,逐渐形成正确的跑姿,体验成功的快乐。"但从中看不到任何有关"过程与方法"目标的内容表述,其中的"体验成功的快乐"倒是可以归到"情感态度与价值观"目标,剩余内容似乎更像是"知识与技能"目标的范围。

(六)知识与技能、体能、情意

在课改的实践中,出现了一些自创的教学目标,最为典型的是采用"知识与技能、体能、情意"的分类方式。陈明祥教授在《中小学体育课时教学目标撰写格式的思考》一文中对这一目标分类表示高度认同,认为这种分法内容全面,归类明确,符合体育学科的特点和教学规律,并认为每节体育实践课都要有发展体能的目标。这也正符合高中体育课标内所建议的"每节课最好安排10分钟左右的体能练习"。

■■ 二、体育教学目标的外部特征

(一)整体性

新修订的体育与健康课程标准中,已明确地提出课程总目标和具体的分目标内容。我们在制订各级体育教学目标时应时刻与其保持一致,认真分析教材,选择和设计教学内容,体现"目标引领内容"的思想,从而形成体育教学的各类目标彼此相连且又统一的教学格

局,为更好地促进体育与健康课程目标的达成奠定基础。

(二)系统性

各级体育教学目标既具有独立性又相互联系,有序地构成了促进学生全面发展的完整体育教学目标体系。这就要求我们在制订各学段体育教学目标时要从人的可持续发展和对学生的系统教育等角度出发,各有侧重,但又相互衔接。而且,不同学段的学生都有身体发展的最佳期,所以各学段的体育教学目标在内容上要有提高、有发展、有突破,各级体育教学目标既互为基础又相互发展,逐步提高学生的体育能力,最终实现学校体育的终极目标。

(三)可行性

影响体育教学目标实现的因素很多,如果教学内容相同,不同的体育教师或不同的教学对象或不同的学校,都会出现不同的教学效果;为了确保体育教学目标具有适应性和可行性,在制订教学目标时,必须从实际出发,充分考虑学校的客观条件和体育教学涉及的相关因素。

(四)灵活性

既然体育教学目标是预期达到的教学结果,那么,它也是一个理想化的目标。为了最大化地实现教学目标,需要我们根据教学实际现状进行调整。众所周知,我们在设计教学目标时,不可能将体育教学过程中错综复杂的所有问题或突如其来的问题都考虑周全,也不可能将不能实现的教学目标强加于学生,这不仅违背了体育教学的初衷,也影响了学生的身心发展。为此,体育教学制订的教学目标必须根据实际情况作出及时、适当的调整。

三、体育教学目标的内部结构

体育教学目标可划分为行为性与非行为性目标。行为性目标表述法是指需要精确陈述学习者学习结束后的结果,如"学过篮球投篮后,必须在规定的时间内 10 次投篮投中 5 次以上"。而非行为性的一般具体目标则是指态度或情感等一些无法运用量化表述的内容,如"学完篮球后,理解篮球的含义、篮球技术的种类、篮球明星、篮球比赛规则等"。可见,行为性目标更多倾向于技能和体能方面的目标,非行为性目标则更多倾向于情感、态度、价值观方面。从两种目标的表述形式看,除了行为主体学生以外,还包括三个基本要素:行为条件(环境)、行为动词(做什么)和行为表现(程度、标准)。

1.规定行为条件

条件是决定目标难度的因素之一。在设置目标时,可以改变条件因素来增加或减小目标难度,从而提高体育教学目标的达成度。例如,在排球垫球的教学中,其条件可以是自己抛球后垫起、接垫同伴在 3 米外的抛球、接垫同伴隔网抛来的球、接垫同伴隔网发来的球等。

2.准确使用动词

教学目标可以通过不同的行为动词来区分学习结果的层次性,即目标的难易程度。以知识、技能和情意目标为例,具体的动词使用层次要求参见表4-1。

表4-1　高中体育与健康课程学习目标的行为动词概览与简要说明

类　别	不同层次要求	行为动词	举　例
知识性目标行为动词	了解层次	阅读、了解、知道、描述、认识	描述有规律的体育锻炼对健康的益处
	理解层次	调查、收集、获取、讨论、比较、分析、理解、懂得	分析体育活动中成功与失败的原因
	应用层次	应用、利用、测试、安排、实施;提出、制订、写出、总结	应用简单的方法测试自己的体能
技能性目标行为动词	掌握层次	取得、展示、完成、达到、学会、掌握;改善、增进、发展、提高、增强	较好地掌握球类项目中某一或某些项目的技术与战术
	运用层次	组织、担任、进行;组合、选编、运用	自觉运用所掌握的运动技能参加课外体育活动
情意性目标行为动词	经历层次	参加、参与	利用余暇时间带动同伴经常参与体育锻炼
	反应层次	注意、关心、关注、明确、培养;获得、做出、评价、选择、劝说、带动、迁移、分担、处理、帮助、服务、促进;克服、遵守、抑制、服从、避免、调控、控制	帮助同伴选择调控情绪的适宜方法
	领悟层次	表现、做到、形成、具有、成为、对待、履行、坚持;尊重	尊重他人参与学校和社区体育与健康活动的权利和义务

3. 说明预期结果

无论什么样的目标都必须包括对学习结果或学习行为所达到的程度的规定。如在接同伴隔网抛过来的球,可以对其垫出的高度和垫球后的落点进行相关要求,垫出的球达到3米高,落到本方场地中;垫出的球达到4米高,落到本方场地的前半场;垫出的球达到5米高,落到本方场地后半场等。

但是,不是所有的体育教学目标的陈述都是一个格调,各级体育教学目标应措辞准确。从目标的层次关系看,体育课程目标是体育教学目标的上位目标,每一个下位目标都必须与上位的体育与健康课程目标有机衔接并与之保持一致,这就要求下位目标要更加具体、可操作,才能保证实施体育教学目标的人能理解目标制订者希望达到的效果并把握其核心,才能更有效地发挥各级体育教学目标的作用。在目标设置上,体育教学目标的上位目标是学校体育目标和体育课程目标,下位目标是模块体育教学目标和课时体育教学目标,而学校体育目标和体育课程目标由教育部按照教育计划确定,所以体育工作者主要设置的是模块和课时体育教学目标。而"模块目标"承上启下，相对于"课程目标"要具体些，但"模块目标"远不如"课时目标"具体；"课时目标"通常是相对某一节课而言，它直接指向课堂。课程完成得是否有效，最主要的评价视角就是要看目标的达成情况。基于此，课时目标更需要具有可操作性和可评价性。

第二节　体育教学过程及特点

恩格斯说过："世界不是一成不变的事物的集合体，而是过程的集合体。"体育教学活动的展开也必然表现为一个体育教学过程，体育教学的本质和规律也是存在于体育教学过程之中的，因此我们要开展有效的体育教学，要认识和把握体育教学的本质和内在规律，就必须了解体育教学的过程及其特点。

一、体育教学过程的概念及要素

体育教学过程，即体育教学的实施过程或完成体育教学目标的过程。它是指学生在体育教师有目的、有计划的指导下，锻炼身体、增强体质，积极主动地掌握系统的体育、卫生保健基础知识、基本技术、基本技能发展运动能力，形成良好的个性和思想品德的过程。体育教学过程存在于体育教学实践活动中，可以通过一部分教材或一个单元教材的教学活动来体现，也可以一节课或连续多节课来实现。它在一个学期、一个学年或小学、中学、大学的整个阶段内是螺旋式连续发展的。

一般认为组成体育教学过程的基本因素有教师、学生、体育教材（信息）和传播媒介（物质条件和手段方法等），如图 4-1 所示。

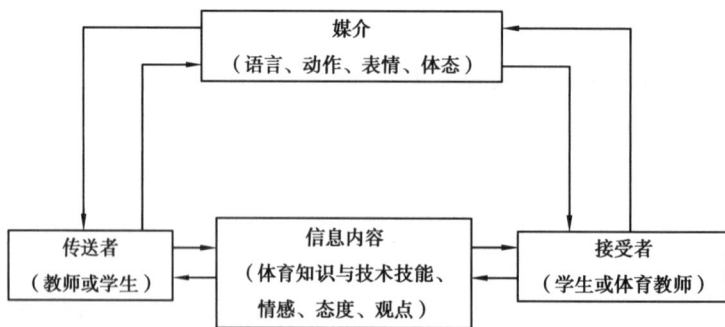

图 4-1　体育教学过程的循环系统

(一)体育教师

体育教师是教学的指导者和组织者,在教学过程中起主导作用。教师经过认真备课,通过物质条件和方法手段等传播媒介和自身的言行举止等表率作用,对学生施加影响,指导学生进行体育学习。

(二)学生

学生是教学的对象,又是学习的主体。新型的师生关系倡导体育教师不再是权威的课堂控制者,而是学生体育学习的合作者和引导者。体育学习是在师生之间、生生之间的平等交往、合作中实现的。为此,学生既是接受者,也是传送者,体育教师要充分调动和发挥学生的积极性,使他们主动地参与学习。

(三)体育教材

这里的体育教材指的是教学内容。在教学目标的引领下,体育教师根据自身特点,结合学生和学校的具体情况,认真挑选和设计教学内容,解决好教什么的问题,从而实现体育与健康课程总目标。

(四)传播媒介

传播媒介是师生互动时传递信息的中介物。具体地讲,是教学的物质条件和完成教学的手段和方法。它主要是传递师生间的信息,将师生的活动有机地联系在一起,成为同步活动,保证体育教学在一定的时间和空间中有序地进行。体育教学中传播的媒介很多,例如语言、教学方法、手段、组织形式以及场地器材等。

上述四种因素的协调运用,反映了体育教学过程的动态过程。在这四种基本因素中,体育教师和学生是最积极、最活跃的因素。教师的创造性劳动和教学艺术,学生主动积极地参与,会使体育教学成为一个有声有色、节奏鲜明、生动活泼和有序的教育过程。

二、体育教学过程的特征

(一)健身性

"健康第一"是体育与健康课程的指导思想。在体育教学过程中,学生主要从事各种身体练习进行运动学习。在练习的过程中,身体必将承受一定量的运动负荷,使机体各器官系统产生变化,从而起到一定的健身作用。如改善骨骼肌系统,促进生长发育,提高身体运动能力;改善人体内脏器官系统,增强机体能力;提高人体适应能力,增进健康水平;改善中枢神经系统的工作能力,促进智力发展;调节人的情绪,促进心理健康等。

(二)综合性

体育与健康课程的性质和特点决定了体育教学过程这一特征。体育与健康课程以体育与健康学习为主,渗透德育教育,同时融合健康行为与生活方式、生长发育与青春期保健、心理健康与社会适应、疾病预防、安全应急与避险等方面的知识和技能。在多种功能和体育教学目标的指引下,体育教学能对学生的身心产生较全面的综合教育作用。不仅促进学生掌握技能、发展身体、增强体质,对学生的思维方式和良好的心理品质的培养也具有特殊的价值。正如毛泽东同志在《体育之研究》中评价体育作用一样,"强筋骨,增知识,调感情,强意志"。

(三)开放性

体育教学的主要形式是体育实践课,在室外操场或体育馆内进行。它不同于室内课教学,只要考虑周全各方教学影响因素,提前做好教学设计,几乎可以按照计划实施。而整个体育教学过程的时空都具有一定的开放性。上课的位置、师生的距离、生生之间的距离、教学的结构顺序、组织形式等都处在不断变化的运动中。可见,体育教学的组织管理较为复杂。

三、体育教学过程的基本规律

体育教学过程的基本规律是体育教学过程中的内部联系或本质联系。它制约着体育教学原则、教学方法、组织形式和教学手段。体育教学过程的基本规律可分为一般教学规律和特殊教学规律两类。

(一)体育教学过程的一般教学规律

1. 社会制约性规律

体育教学归根到底是一种培养人的过程。它要受到一定社会的物质、文化条件和一定社会需要,特别是受一定社会教育目标及其内容的制约。所以,社会不同的发展时期,体育教学的目标和内容也不尽相同。同时,体育教学的条件和手段对社会经济发展水平、文化教育和科学技术的发展状况也具有一定的依赖性。体育教学也必须与社会发展的条件和需要相适应,并随着社会发展和需要的变化而变化。因为学校体育是学校教育的重要组成部分,而体育教学是学校体育的主要形式,并与其他学科教学一道成为实现学校教育目标的基本途径和重要手段。

2. 身心发展规律

体育教学的对象是学生,学生的身心发展具有一定的科学规律性。在体育教学中制订体育教学目标、安排教学内容、采用相应的教学组织形式、教学方法和措施等,都必须从不同年龄、不同性别学生的身心发展特点出发,符合他们的接受能力和体质状况。只有做到因材施教,才能促进学生身心发展水平的不断提高。

3. 认识事物的规律

教学过程是学生认识世界的一种特殊过程。学生在学习和掌握体育知识、技术与技能的过程中,必须遵循认识活动的规律。在体育教学中,教师要引导学生将感知、思维、实践三个环节紧密结合起来,缺一不可。感知是认识事物的开始,是形成表象的基础;思维是形成理性认识,掌握运动动作的关键;实践是巩固和运用知识、改进提高动作技术、发展身体、增强体质、培养良好思想品德和行为的必要途径。

4. 教育、教养和发展相统一的规律

教学过程是学生受教育的过程,教师应结合对学生知识、技术、技能的传播,向学生进行思想品德教育,发展学生的个性,使他们的思想感情、精神面貌、道德情操、意志品质等都得到熏陶和提高,这是体育教学的教育目标;教学过程又是学生的认识过程,要以一定的、系统的知识、技术、技能武装学生,这是体育教学的教养目标;教学过程也是学生的发展过程,必须充分发展学生的体力和智力,使他们掌握正确的学习方法,具有自学、自练、自评的能力,为终身体育打下良好的基础,这是体育教学的发展目标。教育、教养和发展是密切相关的统一整体,在体育教学实践中相互联系、相互促进、相互渗透,统一于体育教学的目标之中。

5. 教师的教与学生的学辩证统一的规律

教学过程是教与学的矛盾运动过程。为了全面提高教学质量,必须正确认识教与学的关系,既要充分发挥教师主导作用,又要十分重视学生的主体作用。教学就其本质意义而言,是由教师采取有效措施,引导学生由不知到知,由知到用的转化过程,这就是教师主导作用的实质所在。但是,教师的主导作用只是教与学关系的一个方面,是外部条件,即外因;而学生是学习的主体,是取得教学成功的内部根源,是内因。外因必须通过内因起作用,教学过程中没有学生主动感知、思维、实践,即没有对所学的知识、技术、技能反复练习、加工消化,单凭教师的灌输,学生的认识和发展是无法实现的。这说明,教师的主导作用与学生的主体作用是互相联系、互相制约的。教师是否发挥了主导作用及其程度如何,主要看学生学习的主动性和积极性是否被调动起来,只有教师的努力和学生的努力积极配合,协调一致,才能取得好的效果。

(二)体育教学过程的特殊教学规律

1. 动作技能形成规律

体育实践课主要以身体练习为主,促进学生掌握动作技能的教学过程。而掌握动作技能一般可分为粗略掌握动作阶段、改进和提高动作阶段以及巩固与运用自如阶段三个阶段,且这三个阶段是有机联系的。但由于教材的难易程度、教师的组织能力、方法的运用、学生的基础等因素不同,决定了三个阶段的划分只是相对而言的,没有具体、明确的界线。但在不同阶段中,动作技能的教学有其各自的教学目标、特点和要求。只有根据这些特点、目标和要求,采用不同的手段和方法,才能达到事半功倍的效果。

2. 人体机能适应性规律

人体进行运动时,体内会产生一系列的变化。机体对这些变化有一个适应的过程,有一定的规律性。当人体开始运动时,身体承受一定的生理负荷,体内异化作用加强,能量储备逐步下降,这一时期称为工作阶段。经过休息和调整,体内能量储备逐渐恢复到接近或达到运动前的水平,称为相对恢复阶段。再经过合理休息,机体的恢复功能,可以超过原来的水平,称为超量恢复阶段。根据这一规律,为了使学生达到增强体质的实效,必须合理安

排体育课的间隔时间,才能产生运动动作练习的效果积累,提高学生的机能水平。如果间隔时间过长,失去了负荷后的痕迹效应和最佳时间,机体工作能力就会降到原来水平,称为复原阶段,如图4-2所示。

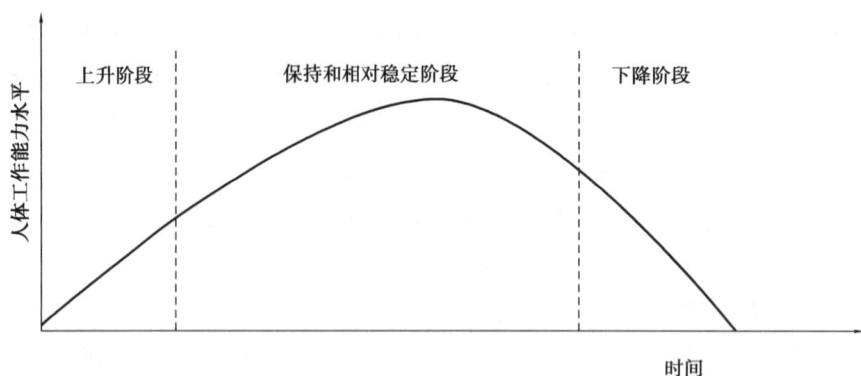

图4-2 人体生理机能变化示意图

3. 人体生理和心理活动规律

体育教学中学生的身心同时参加活动,在反复的练习和休息的交替过程中,学生的生理机能变化有一定的规律性。从一节体育课来看,呈上升—稳定—下降的趋势,如图4-3所示。

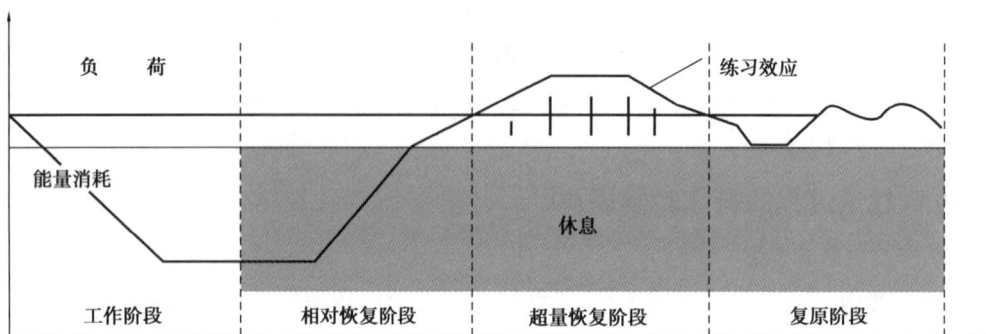

图4-3 机能适应过程示意图

由于学生年龄特点、健康状况及训练水平的不同,教师选择的教材和采用的组织教法的差异以及气候变化条件的差别,机能活动能力提高阶段所需要的时间,机能活动曲线上升的坡度和进入高峰阶段的高度及延续的时间等,也会有所不同。对少年儿童来说,机能活动能力曲线一般是上升的时间短而快,但维持高峰阶段的时间较短。身体训练水平较高的学生,机能活动能力提高的时间较短,达到和保持最高阶段的时间较长,并可承受较大的生理负荷。在体育教学中,练习与休息反复地、合理地交替进行,练习的负荷时有起伏,学生生理机能变化呈现出一种波浪式的曲线运动。与生理活动相适应,学生的心理活动(主要指注意、情绪、意志)也呈现出高低起伏的曲线图像,如图4-4所示。这种波浪式的曲线变化规律,形成了体育教学鲜明的节奏性,也是体育教学应遵循的规律。

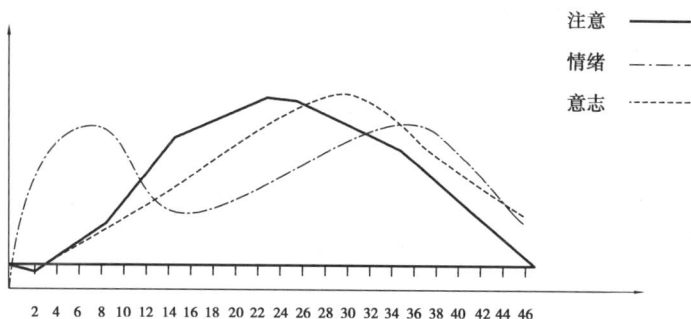

注意 ————
情绪 —·—·—
意志 --------

图 4-4　心理负荷变化趋势图

体育教学内容

　　体育教学内容是体育教学中学生所要学习和练习的内容。它不仅包括教学过程中教师传授给学生的基本知识、技术、技能，还包括教师指导练习的内容。可见，体育教学内容纷繁复杂，是上承教学目标，下接教学方法的中心环节。为此，了解体育教学内容的分类，掌握体育教学内容的编排显得尤为重要。

一、体育教学内容的分类

　　体育教学内容不同于一般的教学内容。体育教学内容是依据体育教学目标、学生发展需要、教学条件对运动项目进行加工，主要以大肌肉群的活动状态进行教育的内容。因此，体育教学内容远超其他学科，而且随着时代的发展、运动项目的增加，还会赋予不同的教学任务。当前，我国体育与健康课程主要是融合体育与健康的基础知识、运动技能与方法、体能、体育文化、健康教育等内容。从体育教学内容形式和特点看，实践教学是主要的类型和手段，为此，下面主要介绍实践教学内容的分类。

（一）按照基本活动能力分类

　　基本活动能力是指维持人体生存所必需的基本活动技能，它包括走、跑、跳、投、攀登、爬越、支撑等。2000 年《九年义务教育全日制小学体育与健康教学大纲》就是按照这种方法分类的。实践内容分为基本运动、游泳、韵律活动和舞蹈。其中，基本内容包括走和跑、跳跃、投掷、队列和体操队形、徒手体操和轻器械体操、跳绳、攀登、平衡和技巧等。其优点是不易受运动项目的限制，便于组合教学内容，有利于发展学生的各种身体动作和基本活动能力，比较适合低年级。相反，也正是由于与运动项目脱节，不利于对某一运动项目技能的培养,不易引起高年级学生对竞技运动的追求,使其缺乏运动的动机。

(二)按照教学目的分类

这种分类主要是以体育教学要达到的目的为依据进行分类。1994 年出版的原国家教委职教司和体卫司共同编写的《全国中专学校体育通用教学》[①]就采用根据教学目的对体育教学内容分类,将体育教学内容分为五类:一类,发展身体基本活动能力的手段与方法,如跑、跳、投等不同类型组合练习;二类,增强体质的体育手段与方法,如健身跑、健身走、广播操、肌肉练习方法等;三类,常见运动项目的内容与方法,如田径、篮球、排球、足球、体操、武术等;四类,余暇和交往中的体育手段与方法,如郊游远足、体育游戏、体育舞蹈、台球、羽毛球、网球等;五类,保健康复的体育手段与方法,如矫正体操、太极拳、保健气功等。这种分类的特点在于使教学内容的目的性和教学方法更加明确,避免教学内容的重叠,更好地保障学生系统地掌握竞技运动知识和技能。

(三)按照身体素质分类

这种分类主要是按照力量、速度、耐力、灵敏、柔韧等身体素质对有关体育教学内容进行分类。1992 年《九年义务教育全日制初级中学体育教学大纲》中体育教学内容次级分类就采用此分类方法,将实践内容分为田径、体操、提高身体素质练习、球类、韵律体操和舞蹈、民族传统体育等。其中,提高身体素质练习分为力量素质、速度素质、耐力素质、灵敏素质、柔韧素质。此种分类更有利于实现锻炼身体的目的和帮助学生认识各运动项目与身体发展之间的关系,但往往忽视体育教学内容的文化特性。

(四)按照"综合"分类

这种分类是采用基本部分与选用部分、理论与实践内容、各项运动的基本教学内容与提高身体素质练习教学内容等相互交叉的综合分类方法。1992 年《九年义务教育全日制初级中学体育教学大纲》就是采用了此分类方法,如图 4-5 所示。

显然,这种分类方法融合了不同分类方法的特点,将运动项目的技术和发展学生身体素质的练习相互配合,不仅反映学生不同年龄阶段的特点及对学生的基本要求,还有助于保持运动项目的固有特点和系统性,强化身体锻炼的实效性,很好地实现体育教学的综合效果。

(五)按照课程性质分类

2003 年《普通高中体育与健康课程标准》将高中体育与健康课程内容分为必修和选修两部分。其中,必修包括健康教育专题系列 11 学分;选修内容包括除了健康教育专题系列外,球类项目,体操类项目,水上或冰雪类项目,民族民间体育类项目,新兴运动项目六个运动技能系列选修 9 学分。允许学生自己选择运动项目进行学习,可安排学生每半个学期、每

---

① 毛振明.体育教学论[M].北京:高等教育出版社,2005:185.

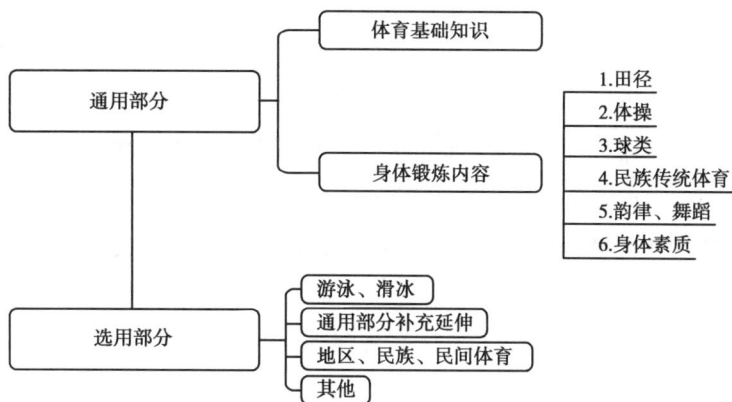

图 4-5 1992 年《九年义务教育全日制初级中学体育教学大纲》
初中体育教学内容的分类

学期或每学年选择一次。再次选择时,学生既可以选择相同的项目,也可以选择不同的项目,但总计不宜超过五项,以便加深运动体验和理解,发展运动爱好和专长。2017 年版《普通高中体育与健康课程标准》规定内容包括必修必学和必修选学两个部分。必修必学是对全体学生学习体育与健康的共同要求,课程内容包括体能和健康教育;必修选学是满足学生形成爱好和专长以及个性发展的需要,课程内容包括球类运动、田径类运动、体操类运动、水上或冰雪类运动、武术与民族民间传统体育类运动和新兴体育类运动 6 个运动技能系列。每个运动技能系列由若干运动项目组成,每个运动项目由包含相对完整内容的 10 个模块组成,以便学生对所选模块进行较为系统的学练。

二、体育教学内容的选编

体育内容众多,运动项目广泛,在体育教育教学有限的时间内,如何选编教学内容,同时还要通过学生的学习转化成教学和教育成果、实现体育教学的目标和任务、促进学生健康、全面地发展,是十分关键的问题。在我国新一轮课程改革中,强调"改变课程内容'繁、难、偏、旧'和过于注重书本知识的现状,加强课程内容与学生生活的联系,关注学生的学习兴趣和经验"。为此,在课程目标的引领下,除考虑教学内容的教育性、科学性等因素外,我们还要注意以下几点:

(一)保证基础、注重衔接

保证基础是指围绕促进学生体能、运动技能和健康教育知识、技能与方法的学习和提高,为终身体育和形成健康文明生活方式奠定基础。然而,保证基础不代表着不同学段教学内容基本类同、无差异。我们在保证基础的前提下,要兼顾各阶段的连续性和衔接性。衔接性是指课程不同层级之间的连续性,其重要之处在于减小不同学习层级之间的缝隙,让学习者顺利地从一个学习阶段过渡到另一个学习阶段。同样,体育课程内容的组织也应该强调各学段之间的区别,扩大不同学段课程内容之间的难度差异,在这个基础上再追求各学段课程内容的连续性和衔接性。对于运动项目为主要特征的课程内容,在考虑各阶段衔接时,一般是从小学到高中,学生学习的运动项目逐级递减,而运动项目的技能学习则遵循"基本身体活动能力的培养——基本运动技能的形成——运动项目技能的全面发展——专项运动技能的发展和提高——特长技能的获得和综合体育能力的形成"这样一个逻辑体系来构建。换句话说,在小学阶段学生应发展运动技能的概念和基本动作技能(如跑、跳、投、击等),在概念和动作技能结合的基础上,促进基本技能使用的成熟与完善;在初中阶段,进一步精熟、联合、改进基本技能以及由此发展而成的特殊技能的运动模式,并逐渐在更复杂的运动环境中应用;在高中阶段,学生有规律地参与活动,在兴趣和能力的基础上选择一两项活动,掌握更高级的运动技能。

(二)尊重选择、重视发展

尊重选择是指重视学生根据自己的兴趣和爱好选择运动项目进行学习,深刻体验运动中的成功感,提高自尊心和自信心,获得个性发展。兴趣与爱好是最好的教师,兴趣和爱好可以引导学生自主地参与体育活动,激发学生学习与探索体育知识和技术的热情。一味地强调体育课程内容的科学性、系统性,把学生当成掌握三基的"工具人"和传承运动文化的"载体人",忽视学生的兴趣和爱好,是对学生积极性、创造性的一种压抑。同时,要适应学生的实际运动水平,如果课程内容过于简单,学生会感到枯燥无味,产生厌烦情绪;如果课程内容过于繁杂和高难,又容易使学生望而生畏、丧失信心。只有课程内容适应学生的实际身体活动能力和运动技术基础,学生通过努力能够完成时,学生才有信心,有努力的动机和愿望,最终获得自身的发展。

(三)融合经验、强调运用

融合运用是指将体育与健康知识、体能、技能和方法与日常生活、锻炼、竞赛等方面有机结合,提高学生的体育与健康实践能力。换句话说,就是关注学生的生活经验,实现终身体育的诉求。所谓学生的生活经验,是指学生在现实生活中经历和体验过并能感兴趣的运动知识和技能。只有将学生的学习和生活经验相结合,体育教学内容才能更符合学生的心理需求和经验储备,知识才能与个体发生有意义的联系,对个体生命的构建发挥作用。教学内容与学生的生活经验联系得越紧密,学生就会学得越有趣、越轻松和越有效。反之,学生被动学习,课外自然不会自觉进行锻炼,何谈终身体育。终身体育要求学校要培养学生一生不间断地进行体育活动的能力。如果学生一旦走出校门,在外部条件具备的情况下,不能利用学校学习的体育课程内容参加体育活动的话,只能说明学校体育并没有很好地奠定学生终身体育活动的基础。

三、教学内容的组织形式

为使学生的体育学习能产生相互迁移和积累的效应,需要对选编出来的教学内容加以有效的组织。换言之,体育教学内容的编制不仅需要选编很多体育教学内容,还需要把它们有效地组织在一起,才能更有利于实现体育教学的目标,达到最佳的效果。为此,我们在对已选教学内容进行组织编排时,需要注意以下内容:

(一)教学内容的合理搭配

体育教学内容都有各自的价值和特点,在组织体育教学内容时,应时刻注意运动项目功能的多元性和局限性,以及各运动项目之间的关系。首先,注意身体素质全面练习的搭配。要考虑发展不同身体素质的两个项目进行搭配,以达到全面锻炼身体,正常发育的目的,如长跑与单杠、短跑与双杠等。其次,注意上下肢的搭配。既要考虑有上肢练习,又要有下肢活动,避免造成身体局部负担过重,有损身体健康,如铅球和短跑、跳跃与双杠等。再次,注意不同运动负荷项目的搭配。虽然各个项目都可以通过运动量、运动强度、练习密度和时间来调控运动负荷的大小,但各项目都有自身的运动特点,如长跑和接力游戏运动负荷就比较大,武术和韵律操相对负荷较小,不能把两个运动负荷较大或负荷较小的教材内容搭配在一起。最后,注意教材内容难易程度的合理搭配。一次课中不能将两个较难或较易的内容安排在一起进行教学,教材内容应有难有易,统筹安排,避免给教与学带来困难,如跳高与篮球、跨栏跑与排球等。除此之外,还要注意新授内容和复习内容的搭配、重点教材与一般教材的搭配,以便保证学生学习掌握练习方法,提高练习质量,更好地提高运动成绩。

(二)教学内容的排列方式

体育教学内容的排列方式从严格意义上讲有三种:一种是平行式,一种是直线式,另一种是螺旋式。平行式排列的教学内容包括体能和健康教育知识在内,与运动技能系列组成并列的教学形式;直线式排列的教学内容前后不重复、关系不密切,可以独立学习掌握;螺旋式排列的教学内容前后有部分重复、关系比较密切,而且前面学习内容是后面学习内容的基础,如篮球运动中的运球与行进间投篮。由此可知,不是同一运动项目的内容,特别是非同类项群的内容,如果前后内容之间的关系不是很密切,那么就应采用直线式排列。例如,武术步法练习与篮球的运球。

(三)教学内容的安排节奏

体育教学内容安排的节奏类型有集中排列和分散排列两种。为了较系统地呈现体育活动内容,有利于学生系统地掌握运动技术,教学内容的安排应采用集中排列。集中排列是将某部分体育教学内容在相对集中的时间内组织起来。其优点是能够在较短的时间内掌握学习内容,但不足的是不能恰当地体现学生身体、心理的特点。分散排列是将某部分体育教学内容分散在不同的教学时间里。其优点是能够体现学生身体、心理的特点,充分发挥教学内容促进身心发展的作用,但不足的是不利于运动技术水平的系统性提高。例如,篮球投篮练习,集中排列的话,有利于学生体验运动,积累运动经验,形成动作技能,但不利于发展学生的速度素质。总体来看,有些健身健心作用比较大的教学内容,可以采用分散排列,而技术性要求比较强的教学内容,应采用集中排列。

体育教学方法

体育教学方法是指在体育教学过程中,为了完成教学任务、实现教学目标,教师组织学生进行学习活动所采取的教与学方式的总称。理解教学方法包括三个方面的含义:第一,体育教学方法是师生共同的活动;第二,体育教学方法不仅是指教师的教学方法,还包括学生的学习方法;第三,体育教学方法最终要通过具体的技术和手段来实现。

教学方法选用是否正确,直接影响教学任务完成的质量。教学方法是多种多样的,并且随着社会的发展、现代教育信息技术的广泛运用,新的教学理念不断出现,体育教学方法也在不断更新与发展。本节主要介绍掌握体育与健康知识和学习运动技能的方法。

一、体育与健康知识的教学方法

(一)讲授法

1.讲授法的概念

讲授法是教师通过以学生能接受的简明语言,系统连贯地传授课程标准所规定的体育与健康知识的方法。讲授法有利于学生在较短时间内获得较为全面系统的体育与健康知识。

2.讲授法的分类

根据教学目标、教学内容、教学对象和教学条件,讲授法一般分为讲解、讲述、讲演三种。

①讲解法是叙述体育与健康知识的有关事实、现象、定理、定律的方法。讲解法要具体分析解释与理论有关的内容。

②讲述法是向学生叙述事实材料或描述事件、过程及其结果的方法。讲述法强调对事物、事件的陈述。

③讲演法是教师借助于语言或非语言的形式,完整系统地讲解事实,而且深入分析与讨论事实、事件、定理,并得出科学结论的方法。讲演法强调有理论、有事实、有分析、有结论。

3.运用讲授法应注意的事项

①保证正确的科学性与思想性。讲授要有明确、清晰、正确的论点,内容既符合科学性的要求,又具有正确的思想导向;运用论据应典型、准确、生动,论据要与论点相一致,并能证明论点的正确性;论证的过程应符合逻辑学的要求,基本概念要准确,讲授内容要前后

一致。

②提高运用语言的技巧与艺术性。讲授语言要精练、清晰、生动、形象,充分运用形容、描述、比喻、引证、反问等方式,注意语言的抑扬顿挫及讲授的语速,神态自然从容,目光巡视学生。

③充分调动学生的学习主动性。运用讲授法时,防止"满堂灌",注意将教师的讲授与学生的思维有机结合起来。

(二)谈话法

1. 谈话法的概念

谈话法是教师与学生以口头语言交流的方式,要求学生运用已有知识经验回答教师提出的问题,从而获取新知识的方法。谈话法有利于激发学生的思维活动,唤起和保持学生的注意力,激发学习兴趣,培养学生独立思考和语言表达能力,及时了解与掌握学生学习体育知识的情况,调控教学过程。

2. 谈话法的分类

①传授新知识谈话:教师依据学生已有知识经验引入新的有关问题,学生经过思考结合已有的知识经验回答问题的方法。

②巩固复习式谈话:教师依据学生已经学过的教学内容,检查学生掌握情况,巩固已学内容,学生回答问题的方法。

③指导总结式谈话:教师在结束一个课题或一部分教学前,引导学生提出问题,教师进行回答,或反之。

3. 运用谈话法应注意的事项

①正确选定提问的内容。依据教学目标围绕知识点,抓住教学的重点、难点,切合学生的实际水平,避免提问一些怪题、偏题。

②合理运用提问的方式。教师在提问时态度自然和蔼、循循善诱;所提问题简明扼要,尽量运用思考性问题,并依据问题的难易程度,给学生适当的准备和思考时间;设计好提问的程序,前后呼应,逐步深入。

要鼓励与激发学生积极思维。鼓励学生提出问题,讨论研究回答问题;善于运用设疑激疑的方法,利用学生已有的知识经验对所提的问题进行分析、思考与回答。

(三)演示法

1. 演示法的概念

演示法是教师通过展示实物、模具等直观教具,或利用幻灯、投影、录像等设备的演示,使学生获得或巩固体育知识的方法。演示法有利于学生获得体育方面的感性认识,加深对体育的理解,激发学习兴趣,提高注意力,发展观察力与思维能力。

2. 演示法的方式

①相关的实物、模型与标本等,以便获得体育与健康的感性知识。

②连续成套的模型、图片、幻灯、电影与录像、高速摄像机等,了解有关现象的发生和发展过程。

③教师讲授的同时进行实际的动作或操作示范等。

3. 运用演示法应注意的事项

①明确演示的目的与任务。教师运用演示法应明确为什么演示,怎样演示;让学生明确他们该怎样看,看什么,以便教师与学生都能主动积极地投入演示。

②做好物质准备。根据教学目标、教材性质、学生特点,做好实物、教育、投影录像等的准备,并考虑实际演示的过程,事前进行调试。

③选择合适的时机,采用合适的方法。演示要紧密配合教学内容,及时运用;演示过程中要及时提问,或进行适当的讲解;注意引导学生从对演示形式的注意,转移到演示内容及对这些内容的理解方面来。

④教具的设计与制作大小适当,以便能让学生清晰观看并引发思考。

(四)讲练法

讲练法是将体育的知识传授与技能培养结合在一起的方法。讲练法有利于学生更好地理解与掌握所讲的体育知识、形成技能和培养能力,运用时应注意以下方面:

①根据教学目标、内容选择讲练的具体形式,以讲为主、以练为辅,或反之,并做到讲练结合,相得益彰。

②做好教具准备。根据教学内容准备相应练习所需的教具,事前要进行示范并能熟练操作。

③注意加强对学生实际练习的指导。操作技能不仅要解决知与不知、懂与不懂的问题,更重要的是解决会与不会的问题。为此,要特别注意加强学生实际操作技能学习过程的指导。

二、运动技能的教学方法

(一)语言法

语言法是指在体育教学中,运用各种形式的语言,指导学生学习掌握内容,进行练习的方法。语言法能很经济地同时向多名学生传递有关信息,启发学生的思维,形成正确的认知,促进运动技能的形成,培养分析问题与解决问题的能力,激发学生学习锻炼的积极性,活跃课堂氛围。体育教学中常用的语言法的方式主要有讲解、口令与指示、口头评价、口头汇报、默念与自我暗示等。

1. 讲解

讲解是教师给学生讲明教学目标、动作名称、动作要领、动作方法、规则与要求等指导学生进行运动技能学习,掌握运动技能的方法。运用时应注意以下方面:

①要明确讲解的目的。体育教师的讲解必须根据教学目标、教学内容、学生特点具体

选择讲解内容、讲解方式,抓住重难点,有目的、有针对性地讲解。

②讲解内容要正确,符合学生的接受能力。讲解内容要符合科学技术原理,做到准确无误。讲解的广度和方式要符合学生的体育基础和已有的知识经验,能为学生所接受。

③讲解要生动形象,简明扼要。运动技术具有鲜明的动作性,教师要善于借助学生在生活中已经接触过的事物或已学过的运动技术,使之与所学运动技术产生联系,帮助学生更好地理解动作。另外,在运动技能教学中,要抓住重点,简洁明了地讲解所学内容。

④讲解要具有启发性。教师的讲解要能启发学生积极思维,注意采用对比、提问的方式,促其能举一反三,触类旁通,使学生将看、听、想、练、思有机结合起来。

⑤注意讲解的时机与效果。体育教师应注重在关键时候对学生进行点按和指导,善于抓住时机,并力求使讲解产生最大效果。

⑥讲解与提醒、点评相结合。讲解对于低年级学生来说,不是一次就够的,需要对讲解内容进一步强化,再次提醒,以加深印象。教师对讲解后学生的练习进行点评,使学生进一步对学习内容加深理解,促使学生对讲解内容起到再记忆、理解、巩固的作用。

2. 口令与指示

口令与指示是体育实践课特有的语言形式,也是体育教师必须熟练掌握的基本教学方法。口令是有一定的形式顺序,有确定的内容,并以命令的形式指导学生进行学习的语言方式。如队列队形练习、徒手操练习、队伍调动时等都需要相应的口令,口令应做到声音洪亮,准确、及时,同时,要控制好声音的大小、节奏等。指示是运用比较简明的语言,组织指导学生活动的语言方式。指示一般在组织教学中运用,如布置场地、收换器材等,或是在学生练习未能意识到关键的动作时用简洁的语言提示出来,应做到准确、及时、简洁,尽量用正面词语。

3. 口头评价

口头评价是指根据教学标准,对学生的表现、练习完成的情况以口头方式进行评价的方法。适时的、恰如其分的口头评价,对激发学生兴趣、提高学习信心、鼓励进取精神、提高练习效果、抑制不良行为、维持课堂秩序等都有重要作用。口头评价坚持以正面鼓励评价为主;否定的评价要注意分寸和口气;要能指明努力方向,提供改进提高的方法。

4. 口头汇报

口头汇报是教师要求学生根据教学目标和自身的体验,简明扼要地说明自己学习情况和见解的语言方式。口头汇报是教师及时了解学生理解掌握教学内容情况和达成教学目标情况的重要途径,帮助教师及时调整教学策略,促进学生积极思考,提高学生自评能力。运用口头汇报时教师应注意提前准备,同时做好总结。

5. 默念与自我暗示

默念是学生在运动技能学习和练习时,通过无声语言重现整个动作技术或动作技术的某些部分的方式,以提高学习效果的语言方式。自我暗示是学生在实际练习过程中默念某些指令性的词句,进行自我调控练习过程的语言方式。

(二)直观法

直观法是指在体育教学中教师通过实际的演示或外力帮助,借助学生的视觉、听觉、触觉、本体感觉器官来直接感知动作的方法。直观法具有鲜明的形象性、具体性、真实性。正确运用直观法有助于学生了解动作形象、结构、过程、时空关系等,建立正确的动作表象。常用的具体方式有动作示范、助力与阻力、定向与领先等。

1.动作示范

动作示范是教师或教师指定学生以具体动作为范例,使学生了解动作形象、结构、要领的方法。动作示范具有简便灵活、真实感强、针对性高等特点。运用时应注意以下方面:

①要有明确的目的。动作示范是为实现教学目标服务的,因此在运用示范时,教师一定要有明确的目的,并注意结合教学内容、学生特点、客观条件等,选择动作示范的次数、示范位置、示范方向、示范与讲解结合等方式。

②示范要正确。动作示范是学生建立正确动作表象的重要信息源,对于学生的运动技能学习具有重要影响。动作力求做到准确、熟练、轻快、优美,同时又不使学生望而生畏;示范要体现出教学内容的特点;运用正误对比示范时,要恰如其分,也可把动作"夸张化",有利于学生进行对比,激发学生学习热情,提高学习兴趣。

③正确选择动作示范的位置和方向。示范的位置与方向,对示范的效果会产生重要影响。示范的位置是示范者与观看者之间的距离与方位。示范的位置与方向要根据动作性质、场地器材布局、学生队形、要求观察的部位、安全要求等进行选择和使用。通常是动作幅度大、距离长、速度快的动作示范时要站位较远。示范方向有四种:正面示范、侧面示范、背面示范和镜面示范。正面示范一般用于显示左右动作,如篮球防守的脚步左右移动;侧面示范一般用于显示前后动作,如弓步压腿;背面示范一般用于动作方向与线路变化多、复杂的动作,如学习太极拳的动作;镜面示范一般用于动作相对简单,学生具备一定基础能模仿的动作,如复习健美操的动作。示范尽量避免学生面向阳光、大风、干扰物等。

④示范与讲解相结合。在体育教学中,示范与讲解的有机结合,有利于充分发挥学生的视觉、听觉功能,更好地感知动作、建立动作表象,提高示范与讲解的效果。体育教师应根据教学目标、教学内容、学生特点等具体选择示范与讲解结合的方式。

2.助力与阻力

这是指借助于外力的帮助,让学生通过触觉和肌肉本体感觉,体验正确的用力时机、大小、时空等特征,从而正确掌握动作的一种直观方法。

3.定向与领先

定向是以相对静止的具体视觉标志,如标志物、标志线、标志点,给学生指示动作方向、幅度、轨迹、用力点等的直观方式。领先是以相对动态的、超前的视觉信号,给学生以刺激与激励,以利于他们完成动作的直观方式。在运用定向与领先方法时,要根据教学内容、教学对象的特点合理设置视觉标志。

(三) 分解法与完整法

1. 分解法

分解法是将一个完整的动作技术,合理地分解成几个部分与段落,逐个进行教授,最后完整教授动作技术的方法。分解法的优点是降低难度,简化教授过程,有利于提高学生的自信心,掌握动作的困难环节。缺点是动作易割裂,破坏动作的完整结构,影响正确动作技能的形成。

分解法一般是在动作比较复杂、协调性要求高、方向线路变化较多、动作的各个段落与部分联系不是十分紧密,或学生运动技能储备较少,运动学习能力弱时采用。运用时应注意:

①根据动作技术的特点,采取合理的分解方式。任何动作都是在一定的时间、空间中完成的。因此,分解完整动作可以按时间的先后、空间的部位、时空的结合进行,具体分解有四种:

第一种:分进式,即将一个完整动作按一定顺序先后分成若干段落,一个一个分开教授,最后再完整教授。

第二种:连进式,将一个完整动作分成若干段落,在教授第一段落的基础上,将第一段落与第二段落组合起来进行教授,以此类推,最后完整教授。

第三种:递进式,将一个完整动作分成若干段落,在分别教授第一、第二段落的基础上组合进行教授;然后教授第三段落。第三段落学会后,再将第一、第二、第三段落组合起来教授,以此类推,直至最后完整教授。

②划分动作技术的段落与部分,应考虑各部分与段落之间的有机联系,不破坏动作的结构。

③明确各部分与段落在完整动作中的地位与作用,并为各部分与段落的组合做好准备。

④在建立完整动作概念的基础上分解,并及时向完整法过渡。运用分解法的目的是最终完整地教授、掌握动作技术。因此,在分解教授之前,首先使学生建立完整动作概念。其次,在学生初步掌握分解动作后,要及时向完整法过渡,并注意要有相当的完整教授时间,以保证完整地掌握与运用所学动作。

2. 完整法

完整法是指从动作开始到结束,不分部分与段落,完整连续地传授某种运动动作的方法。完整法的优点是保持动作的完整结构和环节的内在联系,有利于学生建立完整的动作概念,完整地掌握动作。缺点是学习难度较大时不利于掌握完整动作中较为困难的环节。完整法常用的教学方式有以下几种:

①直接运用。在教授一些简单、易于掌握的动作时,教师讲解示范,让学生掌握动作的

方向、路线、动作节奏、速度要素等,帮助学生对动作有完整的认识,学生直接进行完整动作的练习。

②强调重点。在教授一些较为复杂的动作时,教师要求学生完整练习时要注意动作学习的重点,甚至在完整练习中将某一环节单独练习,切忌不要一开始就拘泥动作的细节。

③降低难度。体育教师可通过如减轻投掷器械的重量、降低跳高架的高度、徒手投掷等方式降低难度,指导学生进行练习。

④改变条件。通过改变练习的条件,如在斜板上做仰卧起坐、在有坡度的垫子上做前滚翻等方式进行教学。

(四)预防与纠正错误动作法

1.预防与纠正错误动作法的概念

预防与纠正错误动作法是动作技能教授过程中,针对学生形成与掌握运动动作中产生的错误动作及其原因,预先在教授中及时采取有效的手段措施,防止出现或及时纠正学生错误动作的方法。在动作教授过程中,学生难免会产生一些错误的动作,如果不及时纠正就会形成错误的动力定型,这不但影响学生正确掌握技术,而且可能导致伤害事故,损害学生健康。预防与纠正是有机联系的,对于一个动作错误的预防措施,也可能是这一动作错误的纠正手段;对于前一个动作环节错误的纠正,实际上是为预防下一个动作环节错误和形成正确的动作技能奠定良好的基础。

预防具有超前性,即能预见学生可能出现的动作错误,准确找出可能的原因,主动积极地采取有效的手段与措施,"防患于未然"。纠正具有鲜明的针对性,能及时准确地发现学生的动作错误,并能正确分析产生错误动作的原因,采取有效的手段,尽快纠正。

2.产生错误动作的原因

学生在动作学习过程中产生的动作错误各不相同,造成的原因更是复杂多样。错误动作既有个性又有共性,产生的原因既有内因又有外因,既有主观因素又有客观因素。

①运动生物力学方面的原因:学生在完成动作时,动作概念不正确,完成动作的方法不符合生物力学的基本原理。

②生理方面的原因:身体素质与运动能力未达到完成动作所需的水平,肌体疲劳,生理机能下降,无意识的本能动作。

③教育心理方面的原因:师生关系紧张,教学内容安排不符合学生的身心基础,缺乏系统性,方法失当,学习目的性不明确,怕苦畏难,缺乏勇气与毅力。

④外部客观条件方面的原因:场地、器材、设备不符合学生的实际,外界环境的干扰,卫生安全条件不好等。

3.预防与纠正错误动作的方法

①强化概念法:在动作教学初期,动作概念不清楚,未能建立正确的动作表象是形成错误动作的重要原因。为此,要强化正确的动作概念,促进正确动作表象的形成;通过加强讲

解、示范,结合学生已有知识的对比,使学生明确正确与错误动作的最主要差异在哪里,主动避免并及时纠正错误。

②转移法:在学生因为恐惧或焦虑、旧动作影响新动作时,应采取变换练习内容,采用一些诱导性、辅助性练习,将学生从已经形成的动作错误中转移出来,在此基础上正确完成新的动作。

③降低难度法:在学生完成动作过程中,由于身体素质差或心理紧张而出现错误动作时,应运用改变练习条件、降低练习难度、分解教学等手段完成动作,以便学生能在相对比较简单容易的条件下完成动作。

④信号提示法:当学生在练习中由于用力时间或空间方向不清楚而出现错误动作时,可以用听觉信号,口头提示学生的发力时间、用力节奏,或用标志线、标志点、标志物等标明动作的方向或幅度。

⑤外力帮助法:在学生因用力的部位、大小、方向、幅度不清楚而出现错误动作时,教师可以运用推、顶、托、拨等外力,帮助学生建立正确动作的本体感觉,纠正错误动作。

(五)游戏法与竞赛法

1. 游戏法

游戏法是在规则许可的范围内,充分发挥个人主动性和创造性,完成预定教学任务的方法。游戏法的特点是根据形象或象征性的内容来组织学生的游戏活动,并在不断变化或突然变化的条件下,完成各种身体活动达到预定的目的。游戏只是规定了达到目的的基本行为要求,但不规定具体的活动方式,因此,学生的活动具有广泛的独立性,对发挥他们的主动性、创造性、积极性及提高自我控制的能力具有很好的促进作用。运用游戏法时应注意以下问题:

①根据教学目标,选择合适的活动内容与形式,采取相应的规则与要求。

②在教育学生遵循规则的同时,鼓励学生充分发挥主动性和创造性。

③认真做好游戏的评判工作,要客观公正地评价游戏的结果。

2. 竞赛法

竞赛法是指在教学比赛的条件下,组织学生进行练习的方法。竞赛法的特点是激烈的对抗性、竞争性,学生要承受很大的运动负荷,能促进学生最大限度地发挥机体的功能,有利于培养学生坚强的意志品质。运用竞赛法时应注意以下问题:

①明确运用竞赛法的目的:胜负本身不是目的,而是更好地完成教学任务。竞赛内容的确定、方式的选择都要服务、服从教学任务。

②合理配对、分组:为了充分调动所有学生练习的积极性,在运用竞赛法时,无论是个体比赛还是集体比赛,都要注意竞赛双方的实力应比较均衡。

③适时运用:竞赛时学生往往把注意力集中在竞赛结果上,而忽略了动作过程与要求,进而可能导致错误动作的产生,因此,竞赛法通常是在学生较为熟练地掌握动作技术的前

提下运用,并注意强调对学生完成动作质量的评价和要求。

三、学生的学习方法

1. 合作学习法

合作学习法是指学生在小组或团队中为了完成共同的任务,有明确责任分工的互助性学习的形式。它不仅是培养学生的团队精神和协作能力的有效方式,还有利于学生良好学习习惯的养成,在合作学习中由于有学习者的积极参与,高密度的交互作用,使教学过程远远不只是一个认知的过程,同时还是一个交往和审美的过程。运用合作学习法时应注意的事项有以下几点:

①合理分组。根据班级的规模、场地器材、学习内容,将学生分为若干组。每组人不能太多,以八人左右为宜,且每组的成员组间具有同质性,组内具有异质性。换句话说,小组的编排必须把能力不同的学生编在一起,更便于小组成员交流合作,互相学习,共同实现教学任务。

②要体现分工合作的关系。讨论不是形式,不是游戏,每位同学都要有明确的责任分工,每组内部要积极相互支持、配合,进行有效的沟通,建立并维护小组成员之间的相互信任。小组的成功取决于所有成员努力的氛围,如果成员没有明确的责任,就容易出现成员不参与群体活动,逃避工作的"责任扩散"现象。

③重视点评。只有教师点评具体、到位,才能有效地实现合作学习的意义。但是,我们在点评时要注意:一要简明扼要,突出解决学生在讨论中还没有明确的问题,对已解决的问题,进行必要的肯定。二要鼓励为主,有些疑难问题,教师讲解之后,也要允许学生保留自己的看法,充分肯定学生的热情,发现并彰显学生在讨论中闪现的思想火花。三要注重学习评价和行为评价结合,既要有方法的指导,也要有态度和行为方式的引导,还要评价学生在讨论过程中的行为,让学生懂得尊重别人的意见并得体地表达自己的意见。

④做好课后弥补。作为完整有效的分组合作学习,这一环节必不可少。毕竟课堂合作讨论的时间有限,而有些问题并不能讨论清楚,往往好多同学意犹未尽。因此,我们要鼓励学生在课外继续交流探讨,甚至可以找教师进行双向交流。

2. 探究式学习法

探究式学习是一种积极的学习过程,是指学生在学科学习中自己探索问题的一种学习方式。也就是说,在教学过程中教师创设一种类似科学研究的情境或途径,引导学生从学习活动及社会生活中选择和确定研究专题,用类似科学研究的方式,主动地探索问题,发现规律,体验成功和失败。其具有教学内容综合性与开放性,教学过程自主性与参与性,学习成果的创新性与多样性,教学评价的多元性与发展性等特点。运用探究式学习法时应注意的事项有以下几点:

①合理设置问题。托尔斯泰说过:"成功的教学所需要的不是强制,而是激发学生学习的欲望。"可见,体育教师在设置问题时,应充分考虑学生的基础与学习内容的特点,更好地

激发学生的探究动机。

②适时点拨,诱导探究方向。在探究教学中,教师是引导者,基本任务是启发诱导;学生是探究者,其任务是通过自己的探究,发现新事物。因此,必须正确处理教师的"引"和学生的"探"的关系,做到既不放任自流,让学生漫无边际去探究,也不能过多牵引。

3. 自主学习法

自主学习是为了实现教学目标,在体育教师指导下,学生根据自身条件和需要制订目标,选择内容,规划学习步骤,完成学习目标的教学模式。自主学习有利于确立学生的主体地位,激发学习体育的热情;有利于培养学生的体育学习能力,为终身体育奠定基础;有利于提高体育教学的学习效果。

自主学习的教学步骤如下:

①自定目标:依据学习目标,恰如其分地分析估计自己的能力,充分发挥潜能,自己确定"跳一跳,摘桃子"的学习目标。

②自主选择学习活动与学习方法:学生运用所学到的知识和已有的经验,合理地安排和选择达到目标的具体学习活动。

③自主评价:学生能依据体育学习目标,对自己的学习状况进行观察、分析、反思,看到进步与发展,找出不足及问题。

④自我调控:对照学习目标,分析学习情况,及时调整学习目标,改进学习策略与方法,及时"纠偏",以促进体育学习目标的达成。

4. 小群体学习法

小群体学习模式有时也称为"小集团教学模式",它强调在体育教学过程中,通过集体教育,提高学生的社会适应能力。与传统的分组学习相比,它更强调集体的教育作用。

(1)小群体学习模式的特点

①集体教育性。与传统学习方法相比,小群体学习更注重集体的教育作用,强调小组学生之间的相互帮助,强调学生的人际交往,通过集体教育提高学生的社会适应能力。

②异质分组性。小群体学习强调异质分组,小组内制订恰当的学习目标,通过同学之间的相互帮助共同完成学习目标。

③强调学生学习的主体性。在小群体学习方法运用过程中,更加强调学生学习的主体性,教师进行教学引导与指导,提高学生的学习能力。

(2)小群体学习模式的步骤

①进行异质分组。在学习方法运用时,根据学生的身体素质、兴趣爱好与技能掌握情况进行异质分组,然后强化组内凝聚力的培养,培养小组长。

②教师讲解学习内容及任务。在学习方法运用时,前半间课的时间,教师先采用简洁的语言向学生讲解学习过程及学习任务和要求,为学生制订学习目标提供依据。

③制订恰当的学习目标。依据教师讲解的学习内容及任务,结合本小组成员的实际情

况,让各小组讨论一下本组的练习目标,教师进行引导与指导。

④学生学习或练习。在学习的后半部分,是学生学习或者练习时间,小组内成员互相帮助、共同思考,教师进行指导和引导,帮助同学们完成学习目标。

⑤小组比赛或总结。在学习结束前,在教师的引导下,进行小组间的比赛,进行小组总结或发表自己的学习感想,最后教师进行总结与分析。

四、体育教学方法的选择与创新

随着社会的进步、信息技术的广泛运用,以及教学改革的不断深入,体育教学方法也在不断更新。同时,由于新课程标准的实施,在"健康第一""以人为本"指导思想的引领下,体育教学方法也与时俱进,不断创新。

(一)体育教学方法的选择

在实际教学过程中,体育教师选择教学方法受多种因素的制约和影响。虽然新课程要求不断更新教学理念,采用新的教学方法与手段,但现实教学中是"教无定方",要综合考虑下列各个因素进行选择。

1.体育课的教学内容特点与目标

教学方法就其本质而言,是为完成教学目标服务的。所以不管选择哪种教学方法,最终都受到教学内容和教学目标的制约,因此要依据不同的教学内容和目标选择不同的教学方法。例如,新授课的教学目标是使学生建立初步的动作定型,教师可以多运用讲解法、动作示范法以及完整法与分解法等方法进行有针对性的教学;而在复习课中,可以多选择比赛法和秤星练习法等。

同时,不同性质的教材内容,也要求采取不同的教学方法。例如,器械体操基本上要使用分解教学法;游泳、独轮车、滑冰建议使用分解教学法;跑步、跳跃、投掷的教学应该使用完整教学法;很多球类项目都建议使用"领会教学法"。另外,集体项目很适合用"小群体教学法";枯燥的项目很适合用"游戏教学法";锻炼性项目很适合用"循环练习法";含有重要科学原理的运动项目就很适合用"发现式教学法";等等。总之,体育教师应在仔细分析教材的基础上,根据教材的性质和具体内容的特点灵活而有创造性地选择适当的体育教学方法。

2.依据学生的基础和接受能力

教学的目的是让学生掌握教学内容,达到教学目标。教学方法的选择首先要考虑学生的基础和接受能力,根据学生年龄、性别、智力、学习方式、学习态度和身体素质情况及技术基础情况进行选择。如小学生体育课多采用游戏法进行教学,以提高学生的学习兴趣和学习质量。

3.体育教师的自身条件和学校的实际条件

体育教师的专业素养、教学水平、体育教师的个性特点等因素不同,会直接影响教学方法的使用效果。例如体育教师自身语言表达能力强,应多采用讲解法;如果体育教师肢体行为规范,则多采用示范法进行教学,应扬长避短,采取与自身条件相适应的教学方法。体育教学方法的选择也受学校实际场地器材情况的影响,依据学校的实际情况进行教学设计才能保证教学方法的正常进行。

4.根据各种体育教学方法的功能、适用范围和使用条件等来选用教学法

事实上,任何体育教学方法都不是万能的,都有各自的独特功能、适用范围和使用条件的限制等,有各自的优点和缺点。体育教学方法受各种因素的影响,可能有时有非常好的教学效果,使用不当也会有不好的效果出现。例如,有时多讲是循循善诱,有时多讲是繁缛啰唆;有时做游戏是生动活泼,有时则是无聊幼稚;有时用多个教学步骤是循序渐进,有时则是画蛇添足等,这些变化取决于体育教师对这些教学法的功能是否有深刻的理解,取决于体育教师使用这些教学法的时机是否合适,取决于体育教师对这些教学法功能的使用范围是否有了解和运用准确,取决于这些教学法使用的条件是否已经具备等,离开了上述的条件,用任何教学法都不会取得好的效果。因此,选择体育教学方法时,必须要认真分析教学法的功能、应用范围和条件。

同时,每种教学方法所需要的时间和工作效率也是不一样的,如发现法要比讲解法费时间,分解法要比完整法费时间等,所以在实际的教学中,选择某个教学方法时,也应考虑其所用教学时间和教学效率的高低。好的教学方法应该是高效低耗的,能保证在规定的时间内完成教学任务。但是我们还要注意"有价值的弯路",即看起来费时间但实际上很重要的步骤,比如,要使学生明白一个重要的原理,用点时间让他们探索和发现是很有意义的,是高效率的;但是要防止"无价值的弯路",即又费时间又没有实际意义的步骤。总之,体育教师应尽可能选用省时又有效的方法,以达到教学效果的最优化。

(二)体育教学方法的创新

1.体育教学方法的创新指导思想

(1)关注学生的主动性、社会性和创造性

随着新一轮课程改革的不断深化,关注学生学习的主动性和创新能力,提高学生社会适应能力等已越来越重要,因此,教学方法创新的重点由"教授知识"转向"引导学习",教学方式由"教授"向"引导"转变等。同时,关注每一个学生、让每一个学生受益是教师的责任,体育教学过程更加培养学生之间的合作,培养学生公平竞争、积极正义、乐于奉献的社会美德,提高学生的人际交往能力和社会适应能力等都是体育教学方法创新的指导思想。

(2)坚持针对性、可操作性,遵循实效性

针对性是指针对学生的实际情况和结合教学内容的类型和特点,选择相应的合理的教学方法。可操作性是指教学方法的创新应和学校实际情况相符,可以操作。实效性是指教学方法的运用要具有实际的效果。由于传统教学关注的是教师的教,注重教师教学任务的完成,忽略了学生学习的主体地位,把学生当成了被动的知识与技能接收的"容器",挫伤了学生的学习积极性,所以教学方法创新时,要考虑针对教学对象的实效性,结合学生的身体、心理特征,设计教学方法与手段。

(3)突出教学方法与手段的"新"和"异"

体育教学方法与手段的新颖程度决定着学生学习运动技能的兴趣和积极性。教学方法与手段单一是影响学生学习技术技能的重要因素。因此,体育教师在选用或创新体育教学方法与手段时,应注重对传统体育教学方法进行改造和加工,以激发学生学练的兴趣。多变、形式各异的体育教学方法与手段是有效完成教学任务、提高教学效率的保证。

(三)体育器材教具的开发与创新

体育教学方法的创新,主要体现在培养学生动手自制一些简易的体育器械,如自制沙袋、接力棒、毽子、呼啦圈、陀螺等。充分利用和发挥各种器械的多种功能,尽量开发一切可以使用的体育器材设施资源,克服学校器材设施匮乏的现状,丰富体育课的内容,激发学生学习体育的兴趣。例如体操器材除了被用来学习体操之外,还可以用来培养学生的各种生存生活能力等;各种球类也有可能被开发出其他特殊的功能,如排球或足球充当"抢花炮"游戏的器材;实心球可以用来投掷,也可以被当作障碍物、标志物,还可以用于打保龄球;跳绳可以用于跳绳、三人角力、拔河等;接力棒可以用于接力跑,也可用作体操轻器械、哑铃操等;栏架可以用来跨栏,还可以用作钻越的障物;"自制手榴弹"可以用来打保龄球等,这些都可以作为体育场地器材开发与创新的主要途径。

【学习案例 4-1】

妙用呼啦圈

(1)扔圈套物激兴趣。呼啦圈扔法多种多样,一般有单人扔、双人扔、多人扔及掷准、抛接等。通过多种形式的扔圈练习,有利于提高学生的投掷能力,改善其判断能力,培养耐心细致、沉着稳重的良好心理品质。

(2)推圈滚动比协调。呼啦圈高度适中,可直接用手在快跑中推动呼啦圈前进,通过手脚并用、左右手的交替练习,可以促进左右脑平衡发育,锻炼身体的灵活性和协调性。

(3)作为目标出奇效。呼啦圈色彩醒目,在圈上配上网兜悬挂在其他物体上,用它代替单调的粉笔盒、纸箱等作为投准目标,有利于吸引学生注意力,激发练习的兴趣。

(4)巧设障碍增能力。把两个呼啦圈合在一起,任取一处用橡皮筋系紧,再从系结处对面把两圈分开15～20厘米,用宽透明胶布将其固定在水泥地面上即可作钻、跳等练习,以此来锻炼学生的灵敏性。

【案例评析】

呼啦圈是学生常见的健身器材,可以发挥一种器材多种用途的功能。如扔圈套物、推圈滚动、巧设障碍等,关键在于体育教师对体育器材的开发与利用,实现教学手段的多样性,激发学生学习、锻炼的兴趣。

(四)体育设施的改造与创新

小学体育设施资源相对缺乏,为了弥补体育设施不足的现状,体育教师要善于对现有体育场地设施资源进行改造与开发,为体育课程的教学提供有利条件。首先,学校运动场地的改造必须保证学生运动的安全性,防止伤害事故的发生;其次,学校运动场地的改造应注意适当扩大学生实际使用的场地面积;再次,可以把学校正规的、成人化的场地器材改造成适合学生活动的场地器材,如降低篮球架高度、降低排球网、扩大足球门宽度等。实际教学过程中,对体育设施的改造与创新主要包括以下几个方面:

①利用篮球场地或排球场地进行小足球活动。

②降低排球网的高度,缩小排球场地,也可换成软式排球。

③合理利用小型羽毛球场地。

④雨天可以把课桌拼成乒乓球台。

⑤综合运用运动场区。

总之,体育教学方法的选择与创新是体育教学改革过程中的重要环节,对完成教学任务,达成教学目标起着重要的作用,科学、有效的教学方法能最大限度地调动学生的学习积极性,激发学生的兴趣,提高学生的学习效果,保证教学质量。同时,教学需要方法、需要创新,但是,教学又没有统一的、万能的方法,这就需要体育教师在教学实践中,结合教学实际,恰当设计,灵活运用,才能满足教学改革的需求。

本章小结 —— 　　体育教学目标应该是体育教学中师生预期达到的教学结果和标准。它是体育教学活动的起点和归宿。体育教学过程是指学生在体育教师有目的、有计划的指导下,锻炼身体、增强体质,积极主动地掌握系统的体育、卫生保健基础知识、基本技术、基本技能发展运动能力,形成良好的个性和思想品德的过程。体育教学方法,是体育教学过程中完成教学任务所采用的教学途径和手段。教学方法选用是否正确,直接影响教学任务完成的质量。

回顾与思考 —— 　　1.如何理解当前的体育与健康课程目标领域?

　　2.如何进行体育课程内容的选编和组织?

　　3.常见的体育教学方法有哪些? 举例说明在具体的体育教学情境中如何运用体育教学方法?

参考文献

［1］殷荣宾,季浏.基础教育体育课程内容改革的现实诉求与路径［J］.体育学刊,2015,22
（5）:75-80.

［2］季浏.《义务教育体育与健康课程标准》修订说明与分析(三)——课程内容［J］.中国学
校体育,2012(6):19-23.

［3］季浏.论面向学生的中国体育与健康新课程［J］.体育科学,2013,33(11):28-36,74.

［4］刘俊凯.论体育教学目标分类［J］.体育学刊,2013(5):79-82.

［5］林少琴.新课改背景下体育教学目标设置若干现象分析［J］.体育学刊,2013(4):
87-89.

［6］赵翼虎.体育实践教学内容体系研究［J］.体育学刊,2007,14(8):74-77.

［7］刘海元.学校体育教程［M］.北京:北京体育大学出版社,2011.

［8］潘绍伟,于可红.学校体育学［M］.2版.北京:高等教育出版社,2012.

［9］毛振明.体育教学论［M］.北京:高等教育出版社,2005.

［10］潘绍伟,于可红.学校体育学［M］.北京:高等教育出版社,2005.

［11］沈建华,陈融.学校体育学［M］.北京:高等教育出版社,2010.

游戏法视频　　　　　　比赛法视频　　　　　　分组合作学习　　　　　　探究式学习

第五章
体育教学设计

【学习任务】

通过从理论上对体育教学设计的学习与分析,结合实践掌握体育教学设计的方法与步骤,提高体育教学设计的实践能力。

【学习目标】

- 理解体育教学设计的概念。
- 知道体育教学设计的特点。
- 掌握学段、学年、学期、单元、体育课教学设计的方法与步骤。

　　教学设计是根据课程标准的要求和教学对象的特点,将教学诸要素有序安排,确定合适的教学方案的设想和计划。一般包括教学目标、教学重难点、教学方法、教学步骤与时间分配等环节。教学设计要从"为什么学"入手,确定学生的学习需要和学习目标;根据学习目标,进一步确定通过哪些具体的教学内容提升学习者的知识与技能、过程与方法、情感态度与价值观,从而满足学生的学习需要,即确定"学什么";要实现具体的学习目标,使学生掌握需要的教学内容,应采用什么策略,即"如何学";要对教学的效果进行全面的评价,根据评价的结果对以上各环节进行修改,以确保促进学生的学习,获得成功的教学。

一、体育教学设计

　　我国体育教育界对教学设计的原理和方法研究不多,对体育教学设计的研究开始于20世纪80年代中期,其教学设计的原理和方法越来越受到人们的重视,并开始在课程计划的制订、教学软件的开发以及课堂教学改革方面广泛应用。

　　根据教学设计的概念内涵和体育学科的特性和教学实际需要,我们认为体育教学设计是运用系统方法考虑体育教学的各种因素,分析体育教学可能出现的问题,规划体育教学过程,制订体育教学计划的过程及方法。从宏观来讲是解决整个水平学段的教学目标分解教学内容的选择,教学单元安排与重要问题。从微观来讲是指一个单元或者一节课的教学构思与组织。它既具有教学设计的一般性,又具有体育教学设计的特殊性。

二、体育教学设计的特点

(一)体育教学设计的超前性

　　体育教学设计是在进行体育教学之前对体育教学所作的一种安排和策划。也就是说,体育教学设计在前,体育教学活动的实施过程在后。

(二)体育教学设计的系统性

　　体育教学设计的系统性体现在进行教学设计时需要分析教学问题,设定教学目标,围绕教学目标设定各个环节,保证"目标、策略、评价"三者的一致性。体育教学设计的各方面内容不是按顺序进行,而是不断往复、相互补充,综合考虑教师、学生、教材、媒体、评价等各个方面的因素综合进行,达到体育教学最优化的过程。

(三)体育教学设计的探究性和创造性

新的课程改革和现代教育理念的转变,在实际的体育教学过程中体育教师处于主导地位,学生处于主体地位,面对学生群体,一切以学生为中心进行体育教学设计,使得原本处于既定程序的设计变得活跃起来,面对学生心理的不断变化和新出现的各种问题,面对教学过程的动态性和非确定性,考虑各种可能干扰体育教学过程的因素,需要不断探索才能得到最优的解决方案。

(四)体育教学设计的科学性

体育教学设计是一门科学,是在人体解剖学、体育保健学、体育心理学、体育教学论、人体生理学等各学科体育理论以及各教育理论评价的指导下,根据教与学的基本规律,建立起的教学目标、内容和方法体系,科学地运用了各体育教学要素及其联系。

(五)体育教学设计的艺术性

体育教学设计是一门艺术。一份好的体育教学设计方案,既新颖独特,又别具匠心,富有成效,给人以美的感受。

第二节 体育教学设计的过程

体育教学设计是一个涉及多种因素的研究和工作计划过程,它要从体育教学的基本目标出发,对体育教学过程的各要素进行科学合理的配置,以达到教学过程的最优化。

一、体育教学设计的内容

在体育教学中,从宏观方面来讲,体育教学设计是指解决各个水平阶段的教学目标的分解、教学内容选择、教学单元安排等重要问题的过程。从微观方面来讲,是指对一节课或一个单元的教学构思和组织的过程。从宏观方面来讲,一个完整的体育教学设计的制订,应包括学段教学计划制订,学年、学期教学计划制订,单元教学计划制订。其中学段教学计划又称水平教学计划,中小学学习计划一般分为六级水平,水平一至水平五分别相当于1—2年级、3—4年级、5—6年级、7—9年级和高中学段学生预期达到的学习结果。从微观方面来讲,体育教学设计是指体育课堂教学计划,也就是通常所说的教案。教案的设计主要包括体育教学目标、体育教学内容、体育教学方法和时间、步骤、场地、强度、组织等各种教学因素的设计。

无论是宏观教学设计,还是微观教学设计,在实际设计过程中,都包括体育教学内容设计、体育教学目标设计、体育教学方法设计、体育教学手段设计、体育教学媒体设计、体育教学策略设计等多个方面。体育教学设计的各种表现形式,通过具体的教学计划的制订来体现,学段教学计划、学年教学计划、学期教学计划、单元教学计划、课时教学计划是一种承上启下的关系。

二、体育教学设计的步骤

(一)对学生学习需要的分析

学习需要在教学设计中是指学习者目前水平与期望学习者达到的水平之间的差距。学习需要分析的实质就是分析教学设计的必要性和可行性。只有在客观分析学习者学习需要的基础上,才能提出合理的体育教学目标并进行科学的体育教学设计。所以,体育教学设计的第一个工作就是明确学生的体育学习需要。

(二)对体育教学内容的分析

体育教学设计者还要分析学习者需要学习哪些体育知识和技能,需要达到的程度和水平,以及在体育教学过程中需要形成的能力水平等方面。这个环节需要明确学生学习的内容。体育教学设计者需要结合学校体育工作实际选择合适的体育教学内容,设计出学期教学工作计划、单元教学工作计划和教案等。

(三)对学生的分析

体育教学设计的一切活动都是以学生的学习为中心进行的,对学生的了解和熟知是进行体育教学设计的前提条件。学生的分析包括对体育学习者一般特征的分析、对学习者体育学习风格的分析、对学习者初始能力和教学起点的确定三个方面。教师对学生知识技能的了解程度是教学成败的关键。

(四)对体育教学目标的设计

教学目标的设计是教学设计的重要环节,直接影响教学任务的完成。在对学生的体育需要、学习内容和学生自身情况等因素分析的基础上,结合体育与健康课程标准设计体育教学目标。目标设计力求全面、明确、具体、切实可行,教学目标为体育教学策略的制订和体育教学媒体选择确定了方向,同时也为体育教学评价提供了依据。

(五)体育教学策略的设计

教学策略是对实现特定的教学目标而采用的教学模式、方法、形式、媒体等因素的总体考虑。体育教学策略实际上就是确定体育教师"如何教"的问题。在进行体育教学时,只有选择和掌握多种不同的教学策略,才能制订出合理的体育教学方案,有效地进行体育教学。体育教学策略主要研究的问题有课程的类型和结构、教学的顺序和节奏、教与学的活动、教学的形式、教学的时空安排、教学活动实现对策等。

(六)对体育教学媒体的设计

现代科技发展得很快,各种新的教育科技产品应用于教学,现代教育形式和传统教学有着很大的区别。体育教学也不能完全摒弃现代教育形式而存在。各种体育教学媒体各有所长,在选择体育教学媒体并进行相关教学设计时,应遵循经济有效的原则,教学媒体选择以后,需要将教学内容和方法转化为书面或者视听的具体可操作的实施方案。

(七)对体育教学设计的评价

在体育教学设计完成之后,还需要对其进行评价,使教学设计能够进行修改并趋于完善。体育教学设计的评价包括形成性评价和总结性评价。一般的情况下采用形成性评价,就是在体育教学设计实施之前,先小范围地实施,了解体育教学设计的可行性、有效性、实用性等,了解体育教学目标的达成状态,并根据相关情况对体育教学设计进行相关修正和改进。

通过上述介绍,我们了解到体育教学设计过程基本包括七个方面的内容,集中体现了体育教学设计的基本要素和环节,具体步骤可用流程图表示,如图5-1所示。

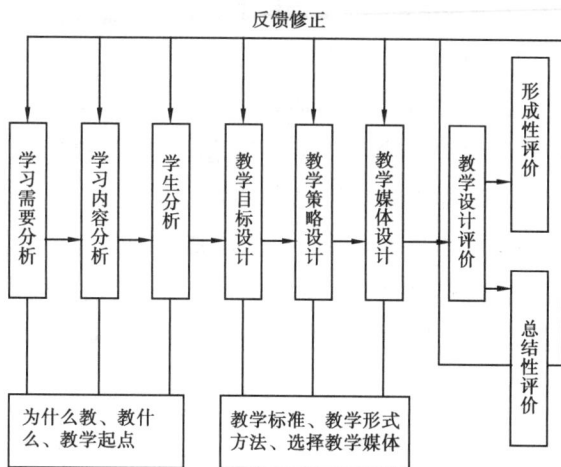

图 5-1　体育教学设计步骤图

体育教学设计的类型

一、学段体育教学设计

《体育与健康课程标准》根据学生身心发展的特征,将中、小学体育教学设计分为五个学段的设计,分别是小学低年级(1—2年级)学段体育教学设计,小学中年级(3—4年级)学段体育教学设计,小学高年级(5—6年级)学段体育教学设计,初中学段(7—9年级)体育教学设计和高中学段(10—12年级)体育教学设计。学段体育教学设计因不同水平处在不同的年级,又称水平体育教学设计。

(一)学段体育教学设计的特点

1.学生身心发育为主的特点

学生在不同的年龄段身心发育特点不一样,所以在教学内容和教学设计方面不同学段会有所区别,在制订学段体育教学设计时要充分考虑不同学段学生的身心发展特点进行设计。在教学内容选择方面,除球类项目作为主要学习内容外,中、小学将田径列为重点学习内容,高中侧重于健身操。在教学方面,小学培养学生体育兴趣,发展基本活动能力,促进身体正常发育。初中重点在于发展学生身体素质,掌握体育知识技术。高中重点根据学生的体育兴趣,在初中基础上继续培养学生1~2项体育特长,培养学生终身体育能力。在教学形式方面,小学、初中基本以合班教学为主,高中基本以分班教学为主。

2.学校体育的地域差异性特点

我国学校体育地域、季节差异很大,在进行学段教学设计时,应充分考虑地区之间的季节差异,选择适宜的目标集合和相应的教学内容。充分考虑季节因素,并有效利用校内、校外的课程资源,将有助于学生达成学习的目标。

3.不同学段的衔接性的特点

学段体育教学设计要服从整体的体育教学目标,学段体育教学设计要注意上、下的衔接性。最理想的学段体育教学设计应该是把整体的目标划分成若干个子目标集合,子目标集合的划分标准是根据目标的性质来确定的,它们相互之间存在着一定的联系。

(二)学段体育教学设计的基本要求

①要认真研读国家相关体育教学指导性文件,认真学习《体育与健康课程标准》。《体育与健康课程标准》是对体育与健康课程的教学指导思想、教学目的和内容体系的统一要求,也是对体育与健康课程教学质量的统一规定,是制订体育教学计划的重要指南。

②要考虑学生的实际情况。要考虑学生的年龄、兴趣爱好、参与体育活动的能力和差异等。并要考虑学校场地器材、师资力量等实际条件,考虑学校和当地体育传统。

③体育教学内容的选择和搭配要合理。合理安排教学内容,考虑好不同项目之间的逻辑性、连续性、统一性及学生的可接受性。难度大的运动项目教学时数可相应多安排一点,反之则少一点。从实际出发,进行科学、灵活的安排,有效促进学生进行体育学习。

(三)学段体育教学设计的方法与步骤

(1)确定不同学段体育教学设计的教学目标

根据《体育与健康课程标准》中的教学目标,制订各个不同学段的体育教学目标,如"精学一项运动技能""学习体育锻炼的运动原则和运动处方等"。根据学生的实际情况和特点,制订同一学段的运动参与、运动技能、身体健康、心理健康和社会适应五个学习领域的具体的教学目标。

(2)选择和确定教学时数和内容

计算学段教学总时间,按照教学行政部门有关规定和本校的实际情况,制订每周和每学期的教学时数。一般以多少周来确定,但是分配时数要留有余地。选择教学内容,预计教学时数比例。教学内容的选择根据学校的实际情况、教师的实际情况、学生的兴趣来选择,然后将整个学段的教学内容,按照项目、按照一定的排列理论分配到各个年级之中。根据选择教学内容的性质、难易以及目标达成的难易分配课时数。

（3）合理分配不同领域学习内容和教师自行选择内容的教学时数

保证不同学期之间的内容比例恰当，保证各教学目标能够达到。考虑学习内容的系统性和衔接性。根据季节、场地、学校实际资源等情况合理分配内容和教学时数。

二、学年体育教学设计

学年体育教学设计也称年度体育教学设计，是以年级为单位，依据国家规定的课程标准，结合学段体育教学设计、学校实际、学生身心发展特点和气候条件，将课程标准的目标、教材和教学时数及选修项目的时数，考核项目与标准，合理地分配到两个学期中去的教学文件。学年体育教学设计使学校的学年体育教学工作有了明确的方向，能实现学校对体育教学工作的科学管理。学年体育教学设计一般由学校体育部门进行具体制订。

（一）学年体育教学设计的特点

①学年体育教学设计处于学段体育教学设计和学期、单元、课时教学设计之中，不如学段体育教学设计宏观，比学期、单元、课时体育教学设计宏观，由学校体育部门直接承接国家指导文件进行设计，是学校有效执行体育教学的基础。

②学年体育教学设计主要根据学生身心发展特点来制订，要求对学生的身心发展特点有针对性的研究。

③制订学年体育教学设计与学校的体育教学工作紧密结合，与季节气候紧密相关。

（二）学年体育教学设计的基本要求

（1）系统全面

根据学年体育教学设计确定教材内容，安排学期，其中教学时数以及与教学内容的关系应重点考虑。注意不同教材内容的搭配。学年体育教学设计与学期体育教学设计衔接，计划表述应与学期教学设计一致。考虑学年教学设计与学期教学设计的关系，考虑教材的系统性，顺序和搭配遵循"从易到难，由简到繁"的原则。

（2）从实际出发

根据学生的年龄、兴趣和体育基础等实际情况，还有学校的场地器材，体育师资等条件，进行学年体育教学设计，也可以对规定的教材内容进行补充和调整。

（3）进行科学安排

考虑全面性、针对性及学生的可接受性对教材内容进行科学安排。注意不同教材内容的合理搭配，同时考虑学校的传统体育项目和本地区的实际情况。

（三）学年体育教学设计的方法与步骤

（1）分析学生的基本情况，制订学年体育教学目标

教师对学生的情况尽可能多地了解，从了解和研究学生入手，有助于教师根据教材的性质、特点和难易程度，对教材内容进行分配，提高体育教学设计的针对性。制订学年体育教学设计，需要研究领会课程的总目标，领域目标和水平目标之间的相互关系，再根据学生

的特点,结合学校场地器材的条件,确定学年体育教学目标。

(2)根据教材内容,分配教学时数

根据学年计划的要求和教材内容所占学期的时数比重,掌握好教材的性质、特点及目标属性,把全年的教材内容合理地分配到两个学期中去。

(3)制订年度考核标准和评价内容

教材内容选定后,根据学年教学设计确定学年和学期的教课时数和学期的考核项目及标准,并针对教学内容的实际情况提出相应的教学要求。

三、学期体育教学设计

学期体育教学设计也称教学进度。它是根据学年体育教学设计的内容安排和各项目教材的授课时数,合理搭配各项教材内容,并逐周逐课较均衡地安排在两个学期。它集中反映了每个学期工作的整体进程,是教师备课、编写教案的内容依据。学期体育教学设计一般由各学校的体育部门和体育教师共同制订。

(一)学期体育教学设计的特点

(1)教学进度的核心

学期体育教学设计是教学进度的核心,是教学编写模块、单元体育教学设计的依据。学期体育设计制订的好坏对教学质量有直接的影响。

(2)季节性特征

学期体育教学设计的教学内容安排直接受季节的影响,所有的内容安排时间确定主要根据季节特点确定。

(二)学期体育教学设计的基本要求

(1)教材的安排应考虑系统性和连贯性,处理好教材之间的关系

动作技术上有联系的教材,应该在有联系的旧教材的基础上安排新教材。动作技术上有干扰的教材内容,应适当地间隔一段时间。对教学内容的安排还要注意季节特点,对季节性较强的教材内容应安排在合适的季节进行,以有利于学生学习。如游泳应安排在夏季进行,耐力跑应安排在冬季进行。

(2)教材的安排应考虑学生的学习负担和生理负担,并注意学生的全面发展

每次课适当安排教学内容。考虑教材内容新旧程度、难易程度和强度进行合理搭配,考虑项目、锻炼素质和部位的不同进行合理搭配。

(3)确定各项教材的排列方法

教材的排列方法有连续排、间隔排和连续与间隔结合排三种。具体采用哪种排列方式,通常取决于教材的特点、学生的基础、季节气候以及考核等因素。通常情况下,对于较难的、较复杂的、技术连接性较强的、季节性强的教材适宜采用间隔排;对于课时较多的教材、技术性较强采用连续与间隔结合排,对于技术较复杂、身体条件要求高的教材采用先间

隔后连续排列。

（三）学期体育教学设计的方法与步骤

①以学年体育教学目标为依据，根据不同学期的教学内容和学生的情况，根据季节和学校的实际情况确定学期体育教学目标。

②计算各项教材内容在所在学期出现的次数，如果一次课安排两个教材内容，则该教材出现的课次 = 该教材的时数 ×2。根据教材规模和性质，决定教材的单元规模。

③根据学期教学设计的要求，制订学期考核项目和主要学习内容，按教材的课次进行系统的安排。

四、单元体育教学设计

单元体育教学设计是在学期体育教学设计的基础上，针对学期教学工作中的某一教学单元而进行的教学设计。单元教学设计的结果就是单元教学计划。单元教学计划的设计与制订对整个体育教学活动的开展，具有重要的作用和意义。通过单元教学计划的制订，教师可以抓住教材的重点、难点，避免某些教法手段的重复，使学生对所学教材内容不感觉枯燥无味。只有按照单元计划系统地、有计划地开展单元课时的教学活动，才能完整地构建一个系统的学习过程，只有制订了单元计划，在制订课时计划时才会有明确的目标和方向。

（一）单元体育教学设计的基本要求

（1）递进性原则

在教学内容和学习目标上，要考虑好目标与内容的有效衔接，如在侧手翻教学中，如果没有支撑、倒立的教材做铺垫，要想正确完成侧手翻教学是很困难的。

（2）连续性原则

在单元教学计划中，主教材内容的课次应该是连续的，辅助性的教材内容可以在多个单元教学中反复出现。

（3）概括性原则

制订单元教学计划时必须对课次的学习目标和学习内容做好基本的概括，概括性的表述课次要包括教学内容、达成的目标以及采用的教学手段等。由于学习目标是对普通学生通过体育与健康课的学习预期要达到的目标，因此，学习目标的表述形式应该与教学目标有所不同。教学目标是教师对于自己教与学过程的一种目标表述，学习目标是教师通过学境分析，从学生学习的角度，在上完一节课后学生能够达成目标的表述，是两种不同的思维方式。

（二）单元体育教学设计的方法与步骤

①根据单元教学设计的要求，确定教材的单元教学目标，并使教学目标具体化。在制订单元教学目标时，应该涵盖 5 个领域目标，根据教材内容的课次目标的功能和价值来制订

课次目标。

②对教材内容和课次进行具体安排。单元课次的安排是比较灵活的,需要考虑教学目标完成的实际效果,还要考虑教材的难易程度、学生的基础条件和各种限制因素等。

③根据每次课的目标,确定每次课的重点和难点。难点是指经过多次体验才能领会的教材内容,重点是指本次课主要学习和掌握的技能。

④选择合适的教学方法。根据课次的教学目标、重点和难点,结合学生的特点和学校的教学条件,有针对性地选择课次主要的教学方法。

⑤制订某项教材的考核方法和评分标准。评价是单元学习中不可缺少的部分,在单元教学设计中应有关于各种教学评价的表述,如教师对教学过程的评价,学生对学习过程的评价,学生对教学过程的评价等。

五、体育课教学设计

体育课教学设计是体育教师根据单元教学计划、学生情况及场地器材等实际教学条件,编制的课堂教学行动预案。体育课教学设计又称教案。体育课教学设计是教师在课前必须要做的一项重要工作,这项工作的好坏,将直接影响体育教学的效果和质量。

(一)体育课教案的分类

从体育课类型的角度出发,体育课教案可分为体育理论课教案和实践课教案;从体育课教案的形式进行分类,可以把体育课教案分为表格式教案、条目式教案;从教案的详尽程度,可以把体育课教案分为详细教案和简要教案。一般来讲,体育理论课经常使用条目式教案。表格式教案经常被体育实践课采用,也适合新教师使用。详细教案篇幅比较大,是新教师和年轻教师以及老教师在进行新课题教学时编制和使用的。简要教案一般为经验丰富的老教师使用。

(二)体育课教学设计的基本要求

1.明确设计思想

在体育课堂教学设计时要以教师为主导,学生为主体,以练习为主线,力求做到面向全体学生,促进学生全面发展,同时体现"健康第一"的指导思想。对一堂体育课进行全面设计,整体考虑,精心设计,抓住重点难点,考虑学生年龄、性别、生理和心理特点,精选教学内容,采取有效的教学方法和组织形式,合理安排生理负荷和心理负荷。

2.围绕整体思路展开设计

根据体育教学的规律编制教学程序和安排教学步骤,掌握好教学的节奏和体现各部分的教学特征,注重启发式教学和因材施教。

(三)体育课教学设计的方法与步骤

1.撰写设计说明

设计说明包括指导思想、教材内容分析、教学情境分析、教学重点和难点、体育教学过程和教学策略设计几个方面。

2. 撰写教案

教案现在主要有两种结构：一是"传统式"教案结构，一是"创新式"教案结构。"传统式"教案结构包括基本要素和核心要素，基本要素主要是教学年级、班级、人数、性别、课次、教学内容、教学目标、重难点、场地器材、练习密度预计、运动负荷曲线预计、课后小结等；核心要素包括课的内容、组织教法与要求、时间、次数等。"创新式"教案比"传统式"教案有所改动，"组织教法与要求"改为"教师的教""学生的学""组织与要求"；有的使用"教师的教法"和"学生的学法"；还有的使用"教师活动"和"学生活动"等，主要突出"教师的教"和"学生的学"，随着新课改的不断深化，需要突出学生在学习中的主体地位，改变过去只重视教法而轻学法的现象，从教案要素上作出适当的调整。

3. 检查、评价教案

教案写完之后，检查评价的内容包括理念、结构以及教案的基本要素和核心要素等方面的内容是否合理，是否遵循体育教学规律、教学原则、创新程度和是否具有可操作性等。

本章小结　　体育教学设计是运用系统方法考虑体育教学的各种因素，分析体育教学可能出现的问题，规划体育教学过程，制订体育教学计划的过程及方法。体育教学设计具有超前性、系统性、探究性、创造性、科学性和艺术性的特点。无论是宏观教学设计还是微观教学设计，体育教学设计在实际设计过程中，都包括体育教学内容设计、体育教学目标设计、体育教学方法设计、体育教学手段设计、体育教学媒体设计、体育教学策略设计等多个方面。

回顾与思考　　1.你对体育教学设计的概念是如何理解的？你认为哪种观点更合理？有何不同的看法？

2.体育教学设计包括的内容有哪些？

3.你认为本文提出的体育教学设计步骤包括的几个方面是否合理？请提出自己的观点。

4.理论联系实际：请根据本章的学段，学年，学期，单元，体育课教学设计的理论，联系实际设计科学合理的案例并进行应用。

参考文献

［1］周登嵩. 学校体育学［M］.北京:人民体育出版社,2012.

［2］姚蕾.体育教学论学程［M］.北京:北京体育大学出版社,2005.

［3］朱伟强.体育教学设计理论体系的构建［D］.上海:华东师范大学,2004.

［4］宋凯.试论体育"新课标"教学设计的特点和要求［J］.绵阳师范学院学报, 2005,24 （2）:100-104.

［5］舒盛芳,高学民.体育教学设计［M］.上海:复旦大学出版社,2013.

［6］彭健民.体育教学设计［M］.长沙:湖南教育出版社,2005.

［7］杜俊娟.体育教学设计［M］.北京:北京体育大学出版社,2007.

［8］佟晓东,刘铁.体育教学设计与实践［M］.沈阳:东北大学出版社,2009.

［9］沈建华,陈融.学校体育学［M］.北京:高等教育出版社,2010.

［10］范海荣,任继祖.学校体育学［M］.上海:复旦大学出版社,2009.

［11］杨文轩,张细谦,邓星华.学校体育学［M］.北京:高等教育出版社,2016.

第六章
体育课教学组织与实施

【学习任务】

通过本章的学习,对体育课教学组织与实施有一个全面、清晰的认识,能够掌握体育课教学组织与实施的具体方法和步骤,并能在实践中灵活运用,提高体育课教学组织与实施能力。

【学习目标】

- 知道体育课的类型。
- 掌握体育实践课教学组织的类型、阶段划分及基本特征。
- 熟悉体育实践课运动负荷的测量方法和调控方法。
- 掌握体育课突发事件的处理方法及应变措施。

第一节　体育课的类型及基本要求

体育课是一门以身体练习为主要手段,以学习体育与健康知识、技能和方法为主要内容,以增进学生健康,培养学生终身体育意识和能力,养成健全人格为主要目标的课。体育课以教学目标、教材性质和学生的特点等因素为依据,划分为不同的类型,以方便教学原则的运用和组织教法的实施。一般来说,中小学的体育课分为理论课和实践课两类。

一、理论课

中小学体育理论课一般是按照教学计划,在室内讲授体育与健康基本知识、体育比赛规则的课。体育理论课的时间可以固定,也可以随机。通常情况下,在室外因雨、雪、大风等天气不能正常上体育实践课的情况下可安排上室内体育理论课,可以讲些体育健康知识等方面的内容。如果有的地域学校体育课受天气影响情况较大,一年之中受影响的时间比较多,体育实践课的课时无法保证,就会影响学生正常进行体育锻炼,从而影响学生的体质健康水平,这样就要变通一下,在室内上些不需要占用多少场地器材的体育课程内容,比如"室内体能练习课"等。

二、实践课

实践课是指在体育相关场地进行的实际从事运动练习的课,体育实践课是体育课的主要形式。中小学体育实践课按体育教学目标划分,分为引导课、新授课、复习课、综合课和考核课五种类型。

(一)引导课

引导课通常是新学期开学的第一次课,教师需要向学生讲授本学期的教学目标、教学内容、考核标准、教学要求及课堂常规等内容,同时向学生讲授课外锻炼的项目内容和要求。引导课可以在体育场地进行,讲完既定内容后安排学生做一些身体素质练习,也可以选择在教室进行理论知识和体育健康知识传授等。

(二)新授课

新授课是以教授学生学习新的体育内容为主的课,为了使学生更快更好地掌握所学动作,在进行新授课时一般要注意以下几点:

①使学生对新学习的体育动作内容有完整、清晰的概念,建立正确的动作表象,教师遵循

动作技能形成规律,进行讲解、示范,并指导学生进行练习,学生知道练习和保护、帮助的方法。

②教师科学安排教学步骤,适当安排辅助练习内容,使学生逐步掌握技术动作,逐渐掌握技能学习中的重点,掌握技术动作的基本环节,通过反复练习、体验和即时纠正错误动作,逐渐改进、提高动作质量,逐渐掌握技术动作,完成技术动作的学习。

③在教学过程中要注意精讲多练。在课堂有限的时间里,尽可能多地增加练习次数和增大练习密度,安排合理的运动负荷。

(三)复习课

复习课是以学习已经学过的内容为主的课。复习课不是简单地重复所学的教材内容,而是通过完整的技术动作的练习,改进提高动作的质量。教师组织学生精讲多练,提出具体练习要求,通过合理加大运动量和运动负荷,合理安排学生的练习次数和练习密度,加大学生身体素质的练习,使学生在练习技术动作的同时,增强体质。在学生练习过程中,教师根据实际情况进行集体指导和个别指导,对部分基础差的学生,指出错误动作,并采取有效措施,帮助他们改进动作,对部分基础好的学生,适当提高练习要求。

(四)综合课

综合课是既学习新内容,又复习已经学习过的内容的课,是体育课最常见的一种类型。在进行综合课时,为了提高教学效果,在教学内容的安排上,要注意教材新旧内容合理搭配,合理安排教学顺序,合理分配运动负荷和运动时间。如对篮球的运球、传接球和投篮技术进行组合练习,提高运用技术的能力。

(五)考核课

考核课是以检查学生成绩为主的课,分为技能单元考核和期末考核,通常情况下是在某项教材基本结束之后,按照教学计划进行的。考核包括技评和达标考核。单元考核以技评为主,检测学生单元学习目标的实现程度,并在此基础上改进教学方法策略,促进学生更好地进行学习。在进行单元考核课时,除安排考核内容外,还要适当安排以后需要检测的复习教材内容,有利于学生身体素质的提高,还有利于巩固学生的运动技术的学习。达标考核往往用于国家学生体质健康标准测试,既用于对学生健康进行评定,也是锻炼标准的一部分,担负着引导学生进行体育锻炼的责任。

第二节 体育课组织教学的阶段划分及特征

体育课组织教学的阶段划分通常是指体育课的结构划分,体育课的结构是指构成一节课的几个部分和各部分的内容安排顺序、学习目标、教学流程、组织教法、时间分配等。体育课组织教学的阶段划分主要是根据课堂组织教学的需要和学生机体工作能力变化的规律为依据，受体育教学特点制约。根据体育教学的特点与规律，体育课一般分为准备部分、基本部分和结束部分，也可以分成开始部分、准备部分、基本部分、结束部分，无论是三个部分还是四个部分，在本质上并没有区别。随着人们认识的不断提高，体育课的结构还会发展变化。

一、准备部分

准备部分的内容，按性质和目标可分为课堂常规、一般性准备活动和专门性准备活动。组织教学必需的体育课堂常规内容有上课前的集合整队、清点人数、教师介绍课的学习目标和内容、安排见习生、检查服装等，教师还需要带领学生进行准备活动，主要进行身体各关节、肌肉群的充分活动和拉伸，让学生知道准备活动的重要性和方法。专门性准备活动主要是针对与课主要内容相关的肌肉群、韧带、关节的辅助练习和模仿练习。准备部分的活动尽量结合本次课教学的内容器材进行，如学习单手肩上投篮时，可以在满足每人一个篮球的情况下，尽可能地安排全场运球热身。准备活动的好坏，将直接影响基本部分目标的完成。中小学的体育课，一般负荷强度较小，教材内容难度也较低，一般不区分一般性准备活动和专门性准备活动。

二、基本部分

基本部分是教学过程中的主要环节，也是衡量学习目标完成与否的主要部分。进行基本部分的准备活动，应该注意以下几点：

(一)合理安排好主要教材的顺序

一般来讲，将新教材和比较复杂的教材放在前面，学生有饱满的精神和充沛的体力学习新内容。教师在讲解示范和每一个辅助练习时，应对练习时间、练习次数、练习距离进行科学的预设，精讲多练。一般容易引起兴奋的教材放到后面进行。从人体生理机能活动规律来看，发展速度和灵敏性的教材放到前面，发展力量和耐力的教材放到后面，发展身体不同部分的练习应交替进行。

(二)根据课的目标和教材性质与学生特点

有目的地多安排辅助性练习、诱导性练习和提高身体素质的练习，在进行这类练习时，应对练习的数量、质量、密度、强度和时间作出明确的要求，进行合理的安排，使学生更好地掌握教材内容和提高身体素质。安排好练习与休息的时间，合理安排运动负荷。

(三)根据学习目标、场地人数、教材内容、器材条件等实际情况

根据实际情况采用分组或者个人的形式进行练习。一般采用多分组的形式。体育教师在头脑中应有密度意识，充分利用场地器材，可以采用分组轮换的形式进行练习，及时调

整学生分组和教学组织措施,不能让学生出现闲站的情况。

三、结束部分

结束部分一般采用降低负荷的放松练习,也可以用舒缓的音乐和静态拉伸练习进行。比较重要的内容是教师对本次课学习和练习情况进行评价和总结,最后布置课外作业、回收器材、预告下一次课的学习内容。

以上三个部分为体育课的基本结构,在教学实践中要灵活运用,只要不违背学生身心发展规律和运动技能学习规律,可以运用多种结构模式。比如以心理调节为主线设计的体育课结构,活跃情绪、启发兴趣、发展运动能力、恢复身心。在体育课结构的运用上,应从实际出发,运用合理的体育课结构。

第三节 体育课的组织

体育课的组织在体育课实施过程中是将各项教学活动合理衔接的必要环节,科学合理的教学组织是体育课顺利实施、体育教学方法得以合理利用的有效保障。

一、体育课教学组织形式的选择与运用

体育课教学组织是课堂教学所必需的,良好的体育教学组织是体育教学质量的保证,也是教师业务工作的基本内容之一,更是体育教师教学能力的重要体现,对于发展学生的个性和情感的培养也具有重要的作用。体育教学组织形式是体育教学目标和教学内容得以实现的保证,科学地确定体育教学的组织形式,有助于提高学生体育学习的质量。

(一)体育课教学组织的类型

1.班级教学的基本形式

班级教学又称班级授课制,是体育教学的基本组织形式,在我国现阶段的学校体育教学中,班级教学是最常见和最基本的教学组织形式。

(1)行政班

以原有的教学行政班级为单位的教学组织形式。行政班的教学组织形式特点是固定性强,组织比较方便,学生之间比较了解。但是在促进学生个性发展和调动学生学习积极性方面存在不足之处。在一个行政班进行体育教学时,可采用分小班或分组的教学组织形式。

（2）男女分班

将男、女生从原有的行政班中进行分离，重新编成若干个男生班、女生班进行教学，这种教学形式有利于教师安排教学内容和运动量，被很多学校采用。随着学生年龄的增大，特别在高中可按年级男女生分班上课，因为随着年龄的增大，男女生在身心发展方面的差异越来越显著。根据学生的生理和心理发展特点，可以有针对性地组织进行教学，以方便提高体育教学的质量。

（3）按兴趣爱好分班

按兴趣爱好分班是尊重学生的兴趣和爱好，让学生选择自己喜欢的运动项目，重新编班后的教学组织形式。按兴趣爱好分班可以打破年级班级的界限，可以调动学生的学习积极性，促进学生自觉地从事体育活动，使学生获得更多的知识和技能。

2.分组教学的基本形式

分组教学是把一个班分成若干小组，教师以组进行指导的教学组织形式。无论班级上课人数多少，分组教学都是一种必要的组织形式，只有这样，才能实现因材施教、区别对待的原则，也容易发挥学生骨干的积极作用。

（1）随机分组

随机分组是按照某种特定的方法或标志，将学生随机分成若干组。例如，用报数的方法将全班分成若干个小组。随机分组具有一定的公平性，方便进行分组以及教学，实施简单迅速，但是没有考虑学生在爱好、能力上的差异。

（2）同质分组

同质分组是指分组后同一个小组内的学生在体能和运动技能上大致相同。同质分组的方法在教学中不自觉地会经常用到。例如，在体操的支撑跳跃教学中，通过设置高度不同的跳箱让学生有所选择，经过一段时间的练习，每个学生基本可以自己选择适合自己的高度进行练习。同质分组能够增强学生活动的竞争性，提高学生参与体育活动的兴趣，但是同质分组也有其不足之处，对体育弱势群体会产生一定的负面影响，同时也容易产生等级观念。所以，教师在运用同质分组方法进行教学时，一定要先向学生解释清楚这样分组的原因，消除体能和运动技能比较差的学生的自卑感，增强他们的学习信心。同时也避免体育技术好的学生产生骄傲自满的情绪。

（3）异质分组

分组后同一个小组内的学生在体能和运动技能方面均存在差异，各组之间在整体实力上差距不大。异质分组和随机分组有所区别，异质分组是人为地将不同体能和技能的学生分成一组，或者根据特殊需要进行分组，缩短组与组之间的差距，方便教学，利于开展竞赛或者游戏。例如，在进行接力跑时，教师需要将跑得快的和跑得慢的学生合理地分配在不同的小组里。异质分组可以促进小组内不同体能技术水平的学生互相帮助、学习，可以促进学生学会与人相处，理解和尊重他人。不足之处是学生之间的体育能力差异较大，很难根据教学需要进行区别对待。

（4）友伴型分组

友伴型分组是指让学生自主选择练习伙伴进行分组的形式。这种情况下，学生通常会选择与自己关系较为密切或者较为熟悉的人在一起进行练习。在友伴型分组中，学生之间的信任度高，依赖性强，思想一致。因此，在体育教学中进行友伴型分组，可以提高学生的学习热情，提高凝聚力。

（5）合作型分组

合作学习是课程和教学研究领域非常强调的一种学习方法，已经有人开始探索在体育教学中运用合作学习的模式。实际上，由于体育活动的特殊性，在体育教学中应用合作学习的机会比其他课程要多得多。由于合作学习能够培养学生的合作意识和集体主义精神，所以在体育教学中应用合作学习其意义远远超出活动本身。合作学习的关键在于考虑在什么情景中、在什么时候采用合作学习。

（6）帮教型分组

在合作型分组中，有时根据教学需要，可以组织部分体育技术好的学生对其他学生进行帮助，可以"一帮多"，也可以"一帮一"，就形成了帮教型分组。用帮教型分组的形式进行教学的效果远比教师一个人对所有学生进行教学指导的效果要好得多。

（二）课内教学组织形式

1. 全班集体教学

全班集体教学是指全班同学在教师统一指挥下，同时或依次完成练习的教学组织形式。其优点是便于统一调动指挥，全面照顾学生，有较高的练习密度；但不利于区别对待、个别辅导。这种教学形式一般是在场地器材条件充足的情况下采用，多用于队列队形、基本体操、徒手模仿学练习、武术、舞蹈、健美操和发展体能练习等内容的教学。

2. 班内分组

班内分组教学是根据课的教学目标和要求将全班学生分成若干小组分别进行练习，以实现教学目标的教学组织形式。一般可分为分组不轮换与分组轮换两种形式。

（1）分组不轮换

分组不轮换是将学生分成若干组，各组按教材内容安排顺序，在教师统一指导下，依次进行学习，完成教学目标。其优点是便于教师统一调动指导学生，能够合理安排各组的教学内容、学习顺序和运动负荷。凡是场地器材条件充足的学校，应多采用这种教学形式，以便提高教学效果。

（2）分组轮换

分组轮换是将学生分成若干组，在教师的指导和小组长的协助下，各组分别学习不同性质的教材内容，按预定的时间轮换学习内容的教学组织形式。目前，中、小学校大班额体育教学较多采用这种教学组织形式。其优点是在班级人数较多、场地器材较少的情况下，能使学生获得较多的实际练习机会，提高练习密度；有利于培养学生独立学习的能力；有利于学生之间开展互帮互学,培养学生自学、自练、自评的能力。其不足之处是教师不易全面指导学生,不易合理安排教学顺序和灵活掌握教学时间,不能保证各组的运动负荷都做到合理安排。

分组轮换通常采用以下几种形式:

①两组一次等时轮换:在学生人数不多,新授内容有较大难度,复习内容也比较复杂的情况下,可采用这种教学组织形式。即上课时一组学习新内容,另一组复习旧内容,如基本部分时间为30分钟,到15分钟时互相轮换一次(图6-1)。

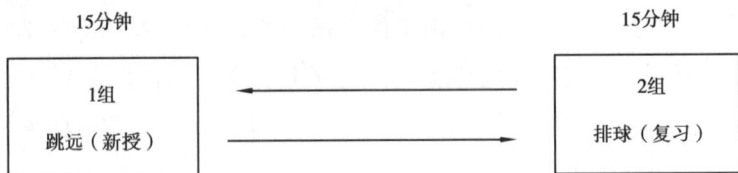

图 6-1　两组一次等时轮换示意图

②三组两次等时轮换:在教学班级学生人数较多,器材较少,新内容或复习内容比较容易时,以及考核前的复习课都可采用这种形式。将全班学生分为三组,分别学习或复习不同的内容,到基本部分1/3的时间,三组依次轮换,到基本部分2/3的时间,三组再依次轮换一次(图6-2)。这种形式有利于提高练习的密度,发展体能,巩固学习效果,但教师难以同时照顾三个组的练习,对教师的组织管理水平要求较高,要求体育骨干能力强,学生守纪律,自觉性高。

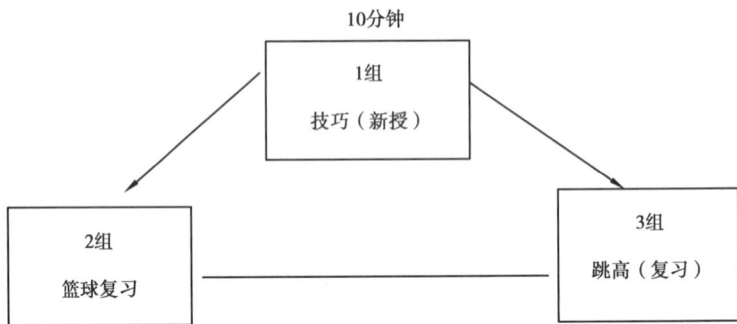

图 6-2　三组两次等时轮换示意图

③先合(分)组,后分(合)组:课中先全班集中练习同一内容,然后分组练习不同的内容,并按时轮换。先分组后合组,或反之。如课的内容不易分开练习,如武术、舞蹈、耐力跑,或不易集中练习时,可采用这种形式(图6-3)。

在具体选择上述各分组轮换的教学组织形式时,应注意处理以下几方面的问题:

第一,在班级人数少、场地器材条件充足的情况下,尽量不采用分组轮换的形式。

第二,分组轮换教学时,教师应重点指导学习新内容的小组,兼顾复习内容的小组。如果都是复习内容,应重点照顾教材难度较大的或带有危险性的内容,如单杠、双杠等。

第三,在安排内容顺序和生理负荷时要先照顾体弱组、基础水平差组和女生组。

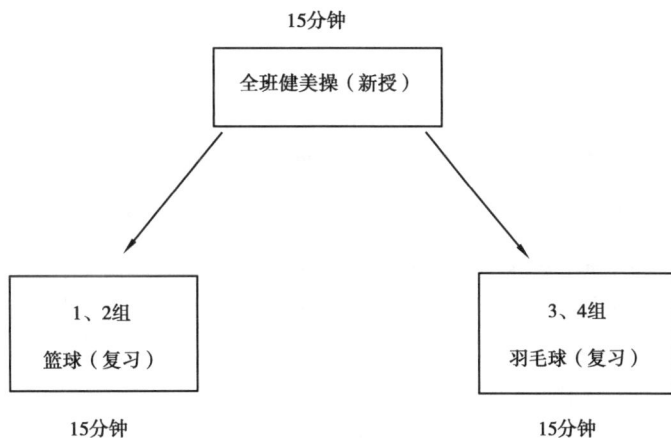

图 6-3　先合后分示意图

第四，重视体育骨干的培养和发挥他们的作用，协助教师做好分组教学组织和队伍调动工作，并要求全体学生守纪律，服从指挥，以便迅速有序地进行轮换。

（三）体育教学组织形式的选择

影响体育教学组织形式的选择因素很多，主要有师生数量、体育场地器材、体育教学目标和内容、学生个体差异等。各种体育教学组织所考虑和设计的角度不同，所适用的范围也不一样，所以，在实践中，要从实际出发，考虑各种影响因素和适用范围，合理地选择适合的教学组织形式进行有效教学。

学校体育条件好的学校，在以班级为教学基本组织形式的基础上，可以采取更灵活、更多样的组织形式，使教学组织形式更加灵活，运用更加广泛。如班级人数较少的可采用小班化教学，小班教学由于教学方式多样化，能够提高学生的积极性，有利于营造良好的课堂氛围，有利于建立和谐的师生关系。学校体育条件差的学校，班级教学的重点是把学生组织起来，使教学活动能够有计划地实施。

就具体的体育教学活动来说，根据教学需要解决的问题形式采用不同的教学组织形式。一般来说，解决共性问题，进行班级教学；解决不同层次问题，进行分组教学；解决个性问题，采用个别教学；教师需要根据教学过程和学生的练习过程采用适宜的形式。就学生的年龄特征来讲，小学、初中阶段课可采用行政班上课的形式，高中阶段可采用分班教学形式，也可考虑合班教学。有条件的学校，在高中阶段可按照学生的兴趣爱好分班。

总之，在体育教学中，应根据学生的年龄特点、教学内容、教学目标等多方面的条件因素选择合适的体育教学组织形式或者结合几种教学组织形式开展教学，只有这样，才能发挥最大的教学效益，力求取得最好的教学效果。

（四）现代体育教学组织的发展趋势

从现代体育教学组织的发展趋势来看，主要有以下几个方面的发展趋势：①班级教学仍然是体育课教学的基本组织形式。班级教学效率高，有利于学生之间的学习、交流和合作,在很长一段时间内仍然是体育课教学的基本组织形式。②体育教学组织形式向个性化方向发展。现代教育技术的发展,使得个性化教学有了很大的发展空间,多媒体的恰当运用,有效提高了教学效果。③针对学生的差异采用分组教学。《体育与健康课程标准》要求注重学生的地区差异和个性差异,根据学生的个性差异进行分组教学,有效进行因材施教。④各种教学组织形式的综合运用。每种教学组织形式都具有自己的特点和适用范围,在教学中,可以将几种教学组织形式综合起来运用,进行优化组合,以取得好的教学效果。⑤体育教学组织由"重教"向"重学"方向发展。新课程提出要转变教师的角色,在教学中坚持以教师为主导,保证学生学习的主体性。强调学生在教学活动中的积极性、能动性和探索性,注重学生在教学中的主体作用,提倡学生自主学习。

二、体育教学场地、器材的布置

体育场地器材是进行体育教学的前提条件,场地器材的布置是体育教学特有的组织教学工作,做好场地器材的布置工作是顺利完成教学目标的物质保证。场地器材的合理布置能够提高场地器材的使用效率,提高学生的练习次数和练习密度,提高学生练习的积极性。在进行场地器材布置时应注意的事项有以下几点:

①对现有场地器材的布置和使用要合理,能够移动的器材要向固定器材靠拢。

②布置场地器材时要注意卫生和安全,对器材做好安全防控,认真检查,严防伤害事故的发生。

③场地器材的布置应有利于队伍调动,方便分组轮换,有利于学生的练习。

④做好场地器材使用的统筹安排要求,场地、器材布置应方便教师对课堂的调控,尽量做到统筹安排。

三、体育课队伍的安排与调动

体育课教学从开始到结束都离不开队伍的安排与调动,科学合理地安排调动队伍不仅可以严密教学组织过程,提高教学效果,而且方便师生交流和学生练习,提高教学效果和质量。体育课调动学生队伍主要就是队列队形。在教学中常见的队形有四列横队队形、四路纵队队形、双排对面站立队形、八字形队形、弧线形队形、圆形队形、方形队形、散点式队形等,在教学中根据场地器材、教学内容、学生人数等因素灵活运用,关于队形的安排不拘泥于一种形式。但是,不管在什么时候使用队列队形,都应该注意以下几点:

(一)简洁高效

队列队形的运用要力求科学合理,要做到在最短的时间内,用最简捷的队列队形变换,最有效地为教学服务。

(二)方便学生学习

学生是体育教学的主体,队伍的调整要有利于学生学习。根据教学内容的特点,应有利于学生的观察,应方便学生听讲解、看示范和做练习,应方便学生互相观察、帮助和保护。

（三）合理利用口令

准确利用口令是保证教学顺利进行的重要条件。准确、合理的口令在调动队列队形中起着非常重要的作用，所以，体育教师在调动队伍时，一定要注意运用科学、合理、准确的口令进行组织教学。

（四）注意安全

在进行学生队伍调动时，要注意安全。队形、站位不合理，很容易导致伤害事故的发生，所以，一定要注意学生的安全，保证课堂教学顺利进行。

第四节 体育课运动负荷的安排与调控

体育实践课最大的特点是学生要从事身体练习，承担一定的运动负荷。体育教师不但要在课前认真设计和安排好课的练习密度和运动负荷，而且要根据课的实际情况，及时灵活地调控练习时间和强度。

一、体育实践课的练习密度

（一）体育实践课练习密度的概念

练习密度是指课中学生练习所用时间与课的总时间的比例。从课的教学目标和要求来看，学生的练习密度是一项重要的指标，它反映学生实际身体活动的时间比例。注重安排好和合理增大课的练习密度，有利于学生更好掌握锻炼身体的技能与方法，发展体能，实现课的教学目标。

（二）练习密度的测定与评价

测定练习密度是从上课开始到下课为止，记下学生实际练习（身体活动）的时间，逐一填写在体育课练习密度登记表上（表6-1），然后再作详细的分析。

表6-1　体育课练习密度登记表

课的部分与时间	练习名称	练习数量	练习强度	练习质量	练习时间	百分比	备　注
总　　计							

1. 练习时间计算方法

由于课的各项活动形式有所不同,课练习密度要根据不同活动项目的特点测定,其练习时间计算方法大体如下:

基本体操:包括徒手操、棍棒(绳)操、武术操、一般发展练习等,如先讲后做,做练习算练习时间;若边讲边做,整个过程算练习时间。跳绳、攀登和爬越、负重搬运和角力,从动作开始到结束算练习时间,中断等待练习的时间不算。

技巧、支撑跳跃、单杠和双杆:从开始姿势到结束姿势算练习时间,如用跑步、正步出入队列,也算练习时间。

跑:从预备姿势(各种起跑姿势)开始,到终点缓冲过程算练习时间。由终点回队,如要求跑(或慢跑)回,或走跑交替,也算练习时间。

跳跃:从开始姿势到落入沙坑(或垫子)算练习时间。归队算法同"跑"一致,如在平地上跳(无沙坑或垫子),酌情计算。

投掷:从开始姿势到投出器材后,身体恢复正常姿势为练习时间,出入队同"跑"一致。拾回投掷器材时,如要求跑步也算练习时间。

球类、游戏、比赛:单个运动教学,一般只算从动作开始到结束为练习时间。集体活动、游戏比赛,原则上整个过程都算练习时间:若因犯规、学生不积极、站着不动,或中断时间,应扣除或不算练习时间。接力游戏和接力比赛,等待接力的时间不算练习时间。

武术:从动作开始到结束算练习时间。

各种静止用力的动作均算练习的时间。如基本体操中的静止用力动作,单、双杠的悬垂支撑动作,武术中的静止用力动作等。

采用循环练习法时,原则上整个练习过程都算练习时间,除非是中断或停顿。

2. 练习密度的计算

①统计时先把学生合理练习的时间相加,例如:20 秒 + 1 分 30 秒 + 2 分 10 秒 + ⋯ = 18 分钟。

②确定一节课实际上课时间,例如:45 分钟。

③计算练习密度:

$$\frac{\text{学生合理练习时间}}{\text{实际上课时间}} = \frac{18}{45} \times 100\% = 40\%$$

按照同样的方法,可以计算出各部分的练习密度。

3. 练习密度测定结果的分析

课的练习密度和课中各部分练习密度的比例是否适当?分析产生不合理练习时间的原因,总结意见和提出合理改进建议。

课的练习密度一般是在 30% ~ 50%。在分析课的练习密度时,应根据教学的目标、教材内容的性质、学生的特点、场地器材设备及气候条件等来进行。例如,复习课练习密度相对要大于新授课,篮球课练习密度相对要大于跳高课。离开上述具体条件,就不可能对课的练习密度作出正确的分析。

二、体育实践课运动负荷的安排与调控

（一）体育实践课运动负荷的概念

体育实践课运动负荷是指学生在课中从事身体练习时所承担的量与强度对机体的刺激程度。它反映了练习过程中学生机体的生理功能的一系列变化。体育课中的运动负荷安排是否合理,是否符合学生的身体特点,不仅关系到学生的体质与健康,而且直接影响学生学习锻炼身体知识、动作方法、技能的效果。所以,科学、合理地安排课的运动负荷对增强学生体质、增进健康、掌握锻炼身体的技能与方法,提高动作技术水平,防止伤害事故,都具有重要的意义。

（二）体育实践课运动负荷的安排

根据学生身心特征和教学过程的规律,每次体育课的运动负荷的合理安排,一般应由小到大,逐渐增加,大中小强度的负荷合理交替,到课快结束时,应逐渐降低运动负荷,促使学生机体较快地恢复到相对安静的状态。而从整个学期体育教学过程来考虑时,学期开始的几节课的运动负荷适当小些,以后根据学生身体机能水平的提高,有节奏地逐渐加大。总之,体育课运动负荷的安排,要遵循合理的运动负荷原则的基本要求,应符合学生机体生理机能活动变化规律和技能适应性规律,有利于发展学生体能,增强体质,增进身心健康。体育课运动负荷过程若用课的心率曲线表示,其变化趋势过程一般有高峰偏后型、高峰偏前型、中峰型、双峰型、齿峰型五种(图6-4)。

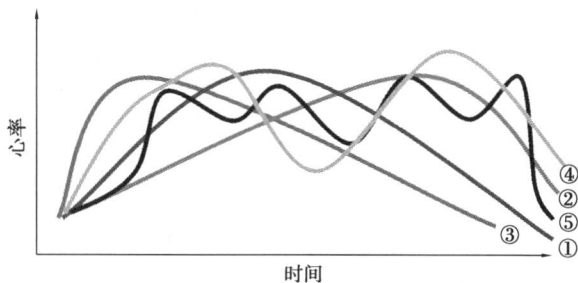

图6-4　体育实践课运动负荷五种曲线变化模式(示意图)
①—高峰偏后型;②—高峰偏前型;③—中峰型;④—双峰型;⑤—齿峰型

在具体安排体育实践课的运动负荷时,应处理好如下几方面的问题:

①运动负荷的量与强度的安排,应符合学生的身心发育水平。应全面考虑学生性别、身体体能、基础水平、体质强弱等方面因素,合理地安排好课的生理负荷,并加以区别对待。

②根据课型和组织教学形式的要求安排运动负荷。复习课、考核课的生理负荷一般比新授课要大一些。不同的组织教学形式的生理负荷安排也有所不同。

③要考虑教材内容的性质、结构、难易程度、练习强度及气候环境等条件来安排运动负荷。

④合理安排课的运动负荷,要依照负荷强度大小,适当地安排间歇时间,使练习与休息

交替进行,结合有效的卫生措施来促进学生体能的提高。

(三)体育实践课运动负荷的调控

1.体育实践课运动负荷的判断与测定

(1)学生自我感觉法

学生自我感觉法是学生以自身的主观感觉判断运动负荷大小是否适宜的一种方法。学生在身体练习过程中,对自身的生理活动变化感受最深。所以,通过学生的主观感觉判断运动负荷的大小,可以为调控运动负荷提供重要的依据。在体育课中教师要注重向学生传授判断与评价生理负荷的知识与方法,如运动负荷适宜时,自我感觉是精力旺盛,动作反应灵敏、协调;如运动负荷过大,则会全身疲倦、乏力,较严重的可能出现头痛、头昏、恶心、肌肉抽筋,更严重的甚至会出现虚脱、昏厥等,以及针对这种情况又如何进行自我调整和互救等,培养学生自我判断运动负荷的能力。教师在课中或课后注意听取学生的反映,并与其他评价方法相结合进行分析研究,及时调整课的运动负荷。

(2)观察法

观察法是课中教师或学生之间,从学生完成身体练习的质量、准确性、协调性和控制能力、呼吸、出汗量与部位、脸色、注意力和积极性等方面来判断运动负荷大小是否适宜的一种方法(表6-2)。

表6-2　观察疲劳程度对照参考表

内　容	轻度疲劳	中度疲劳	非常疲劳
自我感觉	无任何不舒服	疲乏、疼痛、心悸	除疲乏、腿疼、心悸外,有头疼、胸疼、恶心甚至呕吐征象,征象持续时间相当长
面色	稍红	相当红	十分苍白,有时呈紫蓝色
排汗量	不多	较多、特别是肩带部位	非常多,尤其是整个躯干部分,在汗衫、衬衣上有白色盐迹
呼吸	中等速度	显著加快	显著加快,且表浅,有时呼吸节律紊乱
动作	步态轻稳	步伐摆摇不稳	步态不稳、动作失调、用力颤抖
注意力	比较好,能正确执行要求	执行要求不准确、改变方向时发生错误	反应迟钝,只有大声要求才能接收

(3)生理测定法

生理测定法是测定判断运动负荷大小的客观方法,主要采用科学仪器的方法测量心率、血压、吸气量、呼吸频率、肺活量、吸氧量、尿蛋白、血成分(白细胞、红细胞、血小板)、体温、视觉、心电图、肌电图等生理、生化指标,来判断生理负荷的大小。上述有些测定过程较为复杂,操作水平要求较高,难于普及应用。所以,目前学校体育课的生理负荷的测定,一般是采用较为简易的测定脉搏方法来判断课的运动负荷,即心率测定法。

心率测定法是一次课中按时间间隔多次测定学生的心率次数,以便掌握和分析课中心率变化的情况,判断分析运动负荷是否合理的方法。心率测定法一般由两人操作,有心率遥测仪检测和手测脉搏两种方式,具体测定操作步骤如下:

①准备工作:了解教学过程,明确分工(一人测脉搏,一人记录),选定一名中等体能水平学生作为测定对象,并向被测者说明目的和要求,准备、调试好必要的测试用具,如计时器(秒表)或心率遥测仪、记录表(表6-3)。

表6-3 体育课心率测定记录表(示例)

学校:_____ 年级:_____ 班级:_____

受测者:_____ 性别:_____ 年龄:_____

测定时间:_____ 气候:_____ 上课教师:_____ 测定者:_____ 记录者:_____

课的部分或顺序	测定时间/分钟	测定时的活动内容	脉搏/10秒	备注
课前课中准备部分	2	走到集中地点	12	
	2	走步队列	15	
	4	跑步后	20	
	6	篮球操后	18	
	8	游戏中	20	
	10	游戏后	22	
课中基本部分	12	篮球行进间投篮徒手练习前	15	
	14	徒手练习中	18	
	17	徒手练习后	20	
	19	接固定球行进间投篮前	19	
	23	接固定球行进间投篮5次后	24	
	24	自抛球行进间投篮前	21	
	27	自抛球行进间投篮5次后	26	
	29	运球1次行进间投篮前	21	
	33	运球1次行进间投篮6次后	28	
	35	运球3次行进间投篮2次后	28	
	37	中场运球行进间投篮比赛前	20	
	40	比赛后	30	
课中结束部分课后	41	放松练习前	24	
	43	放松练习后	18	
	45	下课时	16	
	3	课后	15	
	5	课后	13	

②测试:课前2分钟测出相对安静的脉搏数;可开始进行测定,准备部分和结束部分一般采用定时测(间隔2分钟为宜),基本部分一般采用练习前测和练习后测的方法,尽量不打断学生的练习;课结束后3分钟或5分钟时测,观察心率恢复情况。用手测方法时每次测定时间为10秒。用心率遥测仪测试,需要做好监测登记工作。通常情况下,一节45分钟的课需要测20次左右。

③统计绘图:将所测得心率数据换算成每分钟心率,然后绘制成心率变化曲线图(图6-5)。

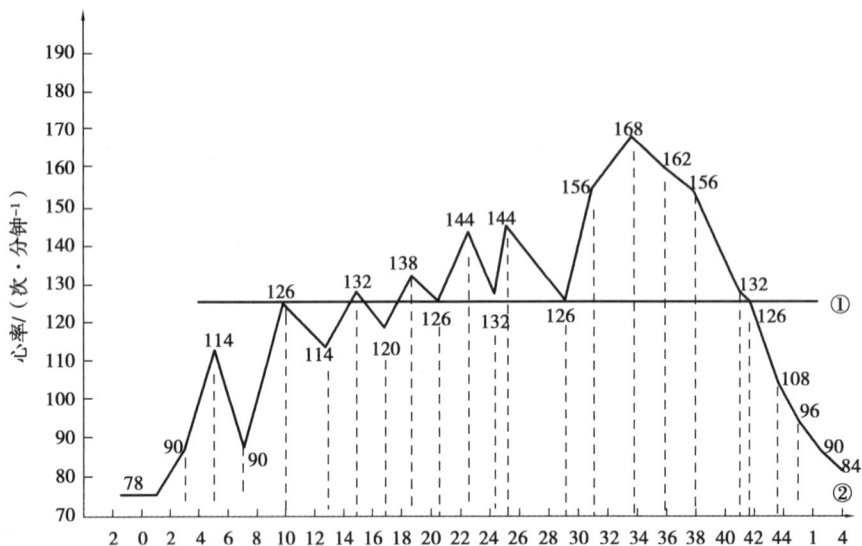

图6-5 体育课心率变化测定表(示例)
①—平均心率;②—心率变化曲线

平均心率计算方法通常有两种:第一种是简便计算法,这种方法简便易操作,即将课中每次测定的心率相加,除以测定次数得出平均心率数;第二种是面积计算法,通过计算曲线面积包含的心率求平均心率。它将连接所测得的各次脉搏次数在坐标表中所占的各个点,由各个点向坐标表上课的延续时间线作一垂直线,形成若干梯形,并求出每个梯形面积的总和,再除以课的总时间,即得出该课的平均心率。

我国有关学者研究提出的平均心率参照标准为:小学生120~130次/分钟;初中生120~140次/分钟;高中女生120~140次/分钟;高中男生130~150次/分钟。由于在实际教学中所用的课型、教材内容、组织教学形式等的不同,所以得出课的平均心率也有差异,因而在判断评价课的运动负荷是否合理时应依照具体情况而定。通过分析课的心率曲线变化规律,可知活动的强度大小。

判断课的运动负荷是否合理,还可采用心率指数法进行评价(表6-4),其公式为:

$$心率指数 = \frac{课中平均心率}{课前安静心率}$$

表 6-4　心率指数评价表

指 数	1.2 以下	1.2 ~ 1.49	1.5 ~ 1.79	1.8 ~ 1.99	2.0 以上
强 度	最小	小	中	大	最大

2. 体育实践课运动负荷的调控

体育教师不仅要在课前认真备课,周密地设计安排课的运动负荷,还应懂得观察和分析课中学生运动负荷的变化情况,及时地采用合理措施进行调控,使课的运动负荷达到预定的要求,合理调控课的运动负荷可采用下列方法:

①改变练习的某些基本要素,如速度、速率、幅度等。

②改变练习的顺序和组合,安排合理间歇、练习与休息合理交替。

③改变练习内容的性质,如将原来的 50 米中速跑改为 30 米加速跑。

④改变练习的重复次数,延长或缩短练习中的间歇时间。

⑤改变练习的限制条件,如场地的大小、器材的重量、附加条件等。

⑥改变课的组织教法与形式,如循环练习法、竞赛法或分组练习等。

⑦调整课中各项活动的时间比例以调节运动负荷,如教师指导、组织措施,学生观察与休息等。

第五节　体育课中突发事件的处理

体育课堂教学是一个动态的教学过程,上课前虽然教师精心预设了可能出现的问题,设计了教法手段,但学生在整个学习与练习的过程中仍然会产生许多新问题。体育教学虽然不像竞技赛场上那样变幻莫测,但课堂教学中还是不断地有突发事件的发生,体育教师在遇到这些突发事件时能够果断、敏捷、准确、恰到好处地处理问题是一种教学艺术和责任感。

突发事件是指由于某种具体的或者综合的因素,在体育教学中突然发生并且可能影响教学秩序的事件。由于体育教学课堂的开放性、教学的动态性、方法手段的多样性,所以课堂教学易受外来因素的干扰。例如,学生可能会由于技术动作不正确,或教师的教学安排不合理,教学过程中的组织教法不够严密,学生自我保护意识不强或保护帮助的手法不正确等因素导致动作失误甚至发生伤害事故。面对突发的教学情景,教师需即刻调整既定的教学程序,对突发问题进行有效的处理,否则课堂就会出现失控的局面,要做到这一点,教师只有具备良好的应变能力,才能恰当地采取有效措施,维持教学过程的动态平衡,使教学顺利进行并取得预期效果。

一、体育实践课突发事件处理的原则

体育教师在处理课堂突发事件时,要认识体育课教学中各种基本矛盾关系,遵循一定的原则,这样教师在处理课堂突发事件时就会游刃有余,保证体育课顺利进行。

(一)教育性原则

在体育教学过程中,教师必须抱着教育为本的目的和心态对待每一件突发事件,应公平、公正地对待每一位学生。由于体育课本身的特殊性,学生在练习和游戏过程中难免出现口头或肢体上的摩擦,甚至会出现一些伤害事故,此时教师应先了解事件发生的原因和过程,然后对有过错的学生进行批评和教育,使其认识到自己存在的问题,并以此教育全体学生,避免以后再出现类似事件,绝不能只凭自己的感觉和肉眼看到的情况就断然判定是非,这样就难免出现误判,对学生的心灵造成无法弥补的伤害。

(二)公平性原则

每个学生都有自己的优点和不足,有着个性的差异。在体育教学过程中,教师要努力了解每一位学生,客观地分析、评价每一位学生。处理相同或相似问题时要公正、公平,对待不同的学生也要公正、一致,这样不仅有利于我们更好地因材施教,还能避免当课上出现突发事件时因受到对学生的"思维定势"的影响,以致凭自己的主观臆断导致问题处理不公,从而影响学生的心理和发展,使其在情感上失去对教师的信任。

(三)有效性原则

对于体育课上发生的突发事件,教师应在弄清事件的原因和性质后,再着手解决问题,要注意所采取的方法,既不能简单粗暴,也不能用一种模式或方法去解决所有问题,更不能简单问题复杂化,随意占用很多的课堂教学时间去解决问题。处理和教育重要的是看效果,采取灵活有效的方式,往往行之有效,事半功倍。

(四)启发性原则

处理突发事件的一条原则就是要随时注意启发学生改正错误的自觉性,学生接受教育不是消极被动的,而是积极主动的。在体育教学过程中出现的问题,不能只凭教师去批评教育,简单地判断谁是谁非,要善于循循善诱,调动学生进行"自我教育",让学生真正从内心有改正错误的愿望和决心。

(五)冷处理原则

一堂体育课,教师要在有限的时间内完成课堂教学任务,因而不可能花很多的时间去处理课堂上出现的问题,有些突发事件处理不能急于表态和下结论,过于草率和盲目,不仅不利于解决问题,还往往容易使自己陷于被动。当出现了突发事件和问题时,教师的一个眼神和一两句话常常会起到震慑作用,学生往往会有所收敛或停止相互之间的摩擦和冲突,等课后学生的情绪冷静下来以后,教师再去处理这些问题,学生能更快地发现自己存在的错误,也能心平气和地解决问题,接受老师的批评与教育。

二、体育实践课突发事件引发的因素和处理

（一）教师因素

1. 示范失误引起学生取笑和起哄

体育教师在给学生讲解和做动作示范时,难免会偶尔出现一些技术上的失误。此时,学生对教师出现的失误,可能会表现出多种不同的反应。有为教师表示担心的学生可能会对动作产生恐惧感,有的则不以为然,还有的可能会取笑和起哄。出现这种情况时,教师可以采用以下方法:

①教师应该保持冷静,克制自己的情绪,不可意气用事,也不要惊慌失措,要在尽可能短的时间内积极思考对策,力求变被动为主动。

②教师坦诚承认自己示范失误,不要一味地批评学生的嘲笑,应诚恳地说明教师的失误是一个典型的错误动作,也可以请学生试着回答造成动作失误的主要原因是什么,教师要解释如何防止或纠正这个错误动作的方法等,然后再次给学生以正确的示范。这样不仅消除了学生的恐惧心理还会更有利于学生加深对正确动作的印象和理解。

③教师对自己实际能力要有一个正确的认识,在上课前做好各种准备工作,包括热身活动和对所要做的示范动作进行反复练习;保持良好的体能和身体素质。

④当教师因年龄及身体素质下降或临时有病等无法完成示范动作时,可以由学生代做示范。要求教师课前要培训体育骨干或小组长进行反复的演练,并在课上坦率说明原因。

⑤有些动作可以借助其他教学工具,如挂图、模型、幻灯片等方法进行演示和讲解。

2. 讲解口误或被学生问倒

随着社会的发展,学生获取体育信息的途径越来越多元和便捷,看到或接触到的运动项目越来越多,学生的兴趣也是多方面的,经常会问一些和教学无关的问题,教师有时会回答困难。遇到这种情况如果处理不当则会降低教师威信,影响教学效果。出现这种情况时,教师可以采用以下方法:

①实事求是地回答,知道就说知道,不要不懂装懂,回答不出也不要紧,可以请了解的同学回答。

②或者说"由于时间关系这个问题我们到课下讨论好吗?"。

③教师要不断加强对新知识、新技术的学习和掌握,增加知识储备,了解本学科或相关学科的发展动向,更新知识、更新观念,提高整体素质,增强应变能力。

3. 保护与帮助时失误

保护与帮助的失误一般发生在技巧和器械体操教学中,造成失误的原因很多。如疏忽大意,判断失误,保护与帮助方法不当等。出现失误后,可以采取以下措施:

①保护与帮助时注意力高度集中,万一发生意外应当机立断,采取急救措施,切不可犹豫、不知所措。

②指出失误的原因,再次讲解示范正确的保护与帮助的方法和手段,可以让动作完成较差的学生试做,教师演示正确的保护与帮助的方法,让学生充分相信教师的保护帮助能力。给予正面引导后,消除学生的紧张、恐惧心理,克服学生的心理障碍,鼓励培养学生勇敢、顽强的拼搏精神。

③为了预防保护与帮助的失误,教师应认真备课,反复练习保护与帮助的手法,熟悉动作过程,掌握动作的用力顺序,了解动作的重点、难点,预计容易发生危险的环节。

(二)学生因素

1. 违反课堂常规

根据课堂常规要求,学生迟到、早退、擅自离开课堂等都是教学中常见的现象。出现这种情况时,教师课前要建立课堂常规,不盲目批评,在了解情况、问清原委的情况下,严格执行课堂常规,对待错误不姑息迁就,让学生养成良好的遵守课堂常规的习惯。

2. 动作失误

动作失误在体育教学中比较常见,并带有一定的危险性。学生在课上做准备活动时敷衍了事,在教师讲解、示范动作要领、练习要求和保护帮助时没有认真听讲,练习时可能会造成比较严重的失误,甚至造成身体的伤害。当遇到学生动作失误时,教师可以采取以下措施:

①教师应该沉着冷静。学生出现小的失误可以分析原因,鼓励学生再次尝试,提高学生的自信心,不能置之不理。由于动作失误,学生的紧张心理一时无法消除时,教师则可以变换教学手段和条件,例如,降低难度、加强保护、提供帮助、使用诱导练习或辅助练习引导等让学生在低难度下完成动作,体验成功,建立自信,必要时教师可以改变教学内容或采取风趣、幽默的语言来转移学生的注意力,缓和紧张的课堂气氛。若出现伤害事故,教师要对学生的心理进行疏导,阐明运动损伤的发生原因,消除其他同学的恐惧心理。

②当出现比较严重的伤害事故时,教师应立即采取必要的救护措施。第一,停止练习,检查受伤同学的伤势情况,轻者可由同学陪伴到校医室进行处理,必要时马上送医院救治。第二,要继续组织和安排好其余同学的内容,妥善地消除或控制意外事态的发生和发展。如果需要长时间离开课堂,则要向有关领导讲清事情的原委,请其他老师代理管理,防止再次出现问题,切不可放任不管。第三,教师要掌握必要的运动损伤急救知识,了解皮肤擦伤、手指挫伤、肌肉拉伤、关节扭伤、骨折、中暑、低血糖、重力休克等损伤的急救处理方法,防止由于处理不当而带来的严重后果。体育教研室最好能配备一些物品,以备不时之需,例如,创可贴、冷喷剂、绷带、砂糖等。

3. 争强好胜而产生矛盾冲突

在教学过程中,由于学生争强好胜产生矛盾冲突是常见现象。尤其是处在生长发育期的男生更容易出现这种情况。为预防这种情况的出现,教师应注意观察学生的行为,发现问题及时制止,合理安排学生的练习,维持正常的教学秩序。

(三)场地、器材因素

器材与教具不当、破损、松动以及器材的规格不符合安全要求。例如,跳箱、山羊、肋木、单杠、双杠、栏架、健身器等器材维护不力,年久失修,开焊、螺丝松动丢失,造成学生练习时摔倒、滑落等事故。为预防这种情况的出现,体育教研室与学校后勤部门要定期检查器材,对破损的体育器械、设施、教具要及时修护,不能修复的要及时更换,确保教学中学生的安全。临时发现问题要善于应变,决不能凑合练习。

(四)气候、环境因素

气候的突然变化,如风、雨、雪等恶劣天气使体育课实践不能正常进行。例如,原定在室外进行的教学内容,由于突然下起了大雨而无法正常进行,这时就要求教师在制订学期教学计划时准备若干个风雨课的教案。教学环境引发体育课突发事件的主要原因是学校管理不善。例如,小贩的叫卖声、学校外响起锣鼓或鞭炮声、过路行人的奇装异服等,都会吸引学生的注意力,可能会引起课堂的混乱,学生也会因突然走神导致动作失误出现伤害事故。出现外界噪声时,教师可以用哨声提醒学生集中注意力,干扰过大时教师可以停止练习,等事件过后教师要根据具体情况对学生进行教育,防患于未然。

本章小结 —— 体育课教学组织与实施是学校体育的重要工作之一,也是体育教师应该掌握的基本教学技能。本章通过对体育课类型及其特征的描述,详细分析了体育课组织教学的阶段划分和每一阶段的特征,介绍了体育课练习密度的测量方法,强调了体育课的运动负荷的调控方法与途径,总结了体育课突发事件的预防与处理方法,结合实践,介绍了体育课组织与实施的具体方法,对提高教师体育教学实践能力具有重要意义。

回顾与思考 —— 1.体育的类型是如何划分的? 上好新授课、复习课、综合课的基本要求是什么?

2.什么是体育实践课的结构? 简述体育实践课教学阶段的划分及特征。

3.体育实践课教学有哪些组织形式?

4.如何安排与调控体育实践课运动负荷?

5.结合你体育课学习的经历,谈谈你的体育老师在教学中曾经遇到过的突发事件,并对他(她)的处理方法进行评价。

参考文献

［1］杨文轩,张细谦,邓星华.学校体育学[M].北京:高等教育出版社,2016.

［2］刘善言.学校体育学[M].济南:山东大学出版社,2001.

［3］沈建华,陈融.学校体育学[M].北京:高等教育出版社,2010.

［4］谢祥,叶志远,李燕玲.体育课突发事件的类别及应对策略[J].体育教学,2012,32 (12):40-41.

［5］于素梅.突发事件的处理从"因""果"谈起[J].体育教学,2012,32(12):36-38.

［6］于素梅.谈"如何评突发事件"[J].体育教学,2015,35(12):39-41.

第七章
体育课的备课、说课与模拟上课

【学习任务】

通过本章的学习，从理论上认识体育课备课、说课和模拟上课，结合案例和实践，掌握体育课备课、说课和模拟上课的基本方法，提高体育课备课、说课和模拟上课的实践能力。

【学习目标】

- 熟悉体育课备课、说课和模拟上课的基本内容与要求。
- 掌握体育课备课、说课和模拟上课的基本方法与步骤。

备课是指教师根据学科课程标准的要求和本门课程的特点,结合学生的具体情况,选择最合适的表达方法和顺序,保证学生有效地学习所做的准备工作。备课是教师提高教学水平,保证教学质量的有效措施,体育课的备课包括理论课备课和实践课备课。

一、体育实践课备课的内容

(一)备学生

学生是教学对象,教师制订安排的教学计划和教学内容必须由学生来承担,因此,了解学生是实习备课必须掌握的主要问题之一,备学生主要包括了解学生基本情况、培养体育骨干的能力和预计适宜的运动负荷三个方面。备学生就是要全面仔细地了解学生。通过交谈,查看学生过往的体育运动及成绩记录,全面了解学生的体育基础、健康状况、对体育的兴趣,尤其对有体育特长的学生和处于体质弱势不能很好运动的学生的了解,唯其如此,教师在课堂教学中才能真正突出"以学生为主体",因人施教,掌握主动,使每节体育课的教学既环环相扣又生动活泼,而不是生搬硬套,千篇一律,根据他们的情况制订合理的运动处方。培养体育骨干的能力就是课前教师向体育骨干说明本次课的教学目标、内容、要求、组织教法等事项,征求他们的意见并改进体育教学工作,也可以课前简单地布置任务让他们体会动作,学会保护与帮助的方法,明确在课中担任的角色和职责。预计适宜的运动负荷就是设计练习密度、强度和脉搏曲线,应该以班级中等水平的学生为据,不能过高和过低,若采用分组教学时,也可以采用不同的指标。

(二)备场地器材

场地器材是上体育课的硬件保障,体育教师需要充分了解场地器材情况,根据场地器材数量、大小,是否合理等情况,进行体育课的活动布局,调动学生和安排运动量,以方便对场地的充分有效利用和对学生进行有效切合实地情况的教学。场地器材的布置主要有两个方面:一是课前教师要根据本校实际,遵循安全、美观、便于管理等原则,精心布置场地,做到节节有新,周周不同。二是要有利于运动负荷的安排和卫生。

(三)备教材教法

体育教师需要对教材内容进行认真的专研,根据教材内容的重点难点选择合适的教学方法,现代的教学是以学生为主体,教师为主导的教学,在备教材教法时要结合现代教育理念和技术,及时更新自己的知识储备、教学方法和手段,全面增强学生的体质,提高运动技术水平和体育兴趣,关键还在于培养学生形成良好的运动习惯。备教材包括专研体育教材、确定教材的重点难点、充分挖掘教材中的隐含资源三个方面。备教法包括备组织过程、备教学方法、注重"学法"指导三个方面。

(四)编写教案

教案是备课结果的书面呈现,也是体育教学设计的归宿。教师对每一堂课的构思都可以在教案中体现出来。通过编写教案可以体现教学计划性,防止教学的随意性,是教师上好课的基本前提。编写教案是教师的基本功,每一位教师都必须认真编写教案。现代科学体育的教案写法,是由它的内容决定的,有了新的内容就会有新的写法,目前还没有现成的写法,还需要我们去不断地进行探索。教师需要不断学习,更新教学观念,写好教案。

二、体育理论课备课的内容

(一)备教材

体育理论课教学内容可以分为三类:一是体育健身知识类:主要有体育健身的安全知识,青春期健身知识,运动项目的健身价值、作用,运动项目的锻炼特点和方法等。二是卫生健康知识类:主要有不同年龄阶段身心特点,营养保健、心理健康等。三是体育文化知识类:主要有体育运动的起源与发展,奥林匹克知识,各竞技运动项目规则、竞技运动比赛欣赏等。在上体育理论课内容时,对体育理论课内容的选择要根据国内、国际重大体育活动和季节特点来选择;密切联系学生体育课学习的实际情况,渗透民族精神教育和生命教育;联系本校体育传统项目和实践课的教学实际安排内容。在初步选择体育理论内容的基础上,还要对内容进行加工改造,符合学生的特点和实际接受情况。

(二)备学生

体育理论课要考虑学生各阶段的身心发展规律和认知特征,了解学生的生活经验和知识背景,喜欢的听课方式和感兴趣的内容,有针对性地进行设计和教学,提高教学效率和效果。如对刚进校的学生要进行体育常规教育,对初三的学生要进行青春期锻炼知识教育等。

(三)备教法

体育理论课教学方法的设计要考虑学生的认知发展特点,要考虑突出重点、突出兴趣,如何理论联系实际,组织语言,板书设计以及使用多媒体等。选择的教学案例要生动、有趣、现实、积极向上,富有知识性。讲授的语言要幽默、生动形象、富有感染力,激发学生的体育知识兴趣和热情,尽量避免照本宣科,板书设计布局合理,结构均衡,体现教学要求。

三、备课的形式

备课的形式主要包括个人备课和集体备课。集体备课通常是由不同体育项目的教研组同组内的体育教师在学年、学期或者进行某项教学内容之前,组织教师共同进行学习,研讨有效的教学方法更好地进行教学的过程。在集体备课中有一个重要环节就是技术备课，在集体备课过程中，相互学习、相互指导，使动作示范做到正确、规范、优美。提示应改进和应注意的地方，相互交流体验。注意掌握好技术动作的尺度，做好示错动作的预习，做好镜面动作的预习，做好配合动作的预习，做好较复杂动作的预习。个人备课是指体育教师个人对体育教学课的思考、设计、准备的过程。个人备课是体育课备课的主要形式。个人备课一般有两种：一是事先备课，是体育教师研究所教课程的体育教学大纲、体育教材、体育教学方法等方面的资料和主客观环境，结合本校实际制订的学年、学期、单元的教学计划等。二是直接备课，是体育教师根据某堂体育课所做的各种准备，包括理论课和实践课。

第二节　体育课的说课与模拟上课

说课和模拟上课作为一项基本教学技能，是考验教师教学能力，评价教师综合素质的一个重要手段，最近几年，说课和模拟上课在体育教师培养与选拔过程中起着重要的作用，是有效评价与提高教师教育教学能力和综合素质的有效途径。

一、体育课的说课

说课是一种教学教研手段，始于20世纪80年代，通常是教师面对同行教师、专家或其他听众进行说课，然后由听者进行评说，以此来促进教师之间相互交流、共同提高。经过多年的实践证明，说课可以有效地调动教师专研教学，进行教学改革的积极性。同时，也是促进教师专业化发展的有效途径之一。目前，说课已成为教师资格证考试和教师招聘考试中必需的环节，一般要求在规定的时间内完成整个说课过程。

（一）说课的准备

1.材料的收集与选用

第一，要熟悉《体育与健康课程标准》以及地方和学校制订的《课程实施方案》《课程教学大纲》，掌握大纲所规定的教学任务、教学目标及各水平、各年级的教学要求，教学中应遵循的原则，根据课堂教学内容，细化教学目标。

第二，钻研教材，熟悉所说教材的编写意图和教学目标。了解知识的承接性和延续性所处的地位和作用，明确重点难点。

第三，涉猎边缘学科的知识，扩展知识视野，从中选出与说课内容有联系的内容。还可以通过网络搜集与课题有关的素材、说课教案等。另外，还要准备说课所用的教具，如多媒体设备、图片、小黑板、音频、视频等。

2. 说课稿的撰写

确定说课思路后,要根据说课要求,按照说课的步骤将说课的内容写下来。撰写说课稿时应注意:突出新课程标准理念和体育学科特点,同时,教学用语要规范、明确,用词要准确,在文字表述上尽量做到言简意赅。除此之外,说课稿的撰写不应拘泥于格式,只要教师能够准确把握说课的要素和要点,透彻分析体育教学设计的理论依据,可以采用不同的表述方式。

3. 说课课件的制作

说课前可以根据说课的需要准备课件,应充分利用课件形象生动、高容量的特点,以简洁实用的形式反映教学过程和教学设计的过程,但要注意处理好说课与课件的关系。

(二)说课的步骤

1. 点明课题

点明课题即说课的开场白,一般是要简明扼要地表述出说课内容。要求做到主题明确、针对性强、语言简练。例如,"今天我说的是全日制普通高级中学教科书《体育与健康》第二册中篮球——急停投篮的教学设计及其分析",或"我今天说课的内容是河南省编教材初一篮球教材中的运球教学设计及其分析"。

2. 教学目标分析与定位

分析教学目标时要参照《体育与健康课程标准》中规定的 4 个学习方面的目标要求,结合教学内容,列出体育教学在运动参与、运动技能、身体健康、心理健康与社会适应等方面应达到的目标,同时阐明目标之间的相互渗透以及德育与能力的结合点。确定教学目标时,要注意以下几点:

①集体目标和个人目标相结合。即在确定集体目标的基础上,根据个别学生的原有知识或技能基础、兴趣、能力倾向和发展方向等确定适合其个人特点的目标,即要面向全体又兼顾个体。

②难度适中。无论是集体目标还是个人目标,都要难度适中,应尽量把教学目标确定适中,既不会使能力强的学生失去动力,也不会使能力差的学生产生畏惧心理,挫伤学生的学习积极性,这样才能最大限度地激发每个学生的学习兴趣,提高学习效果与学习质量。

③便于检测。即提出的教学目标要明确、具体,教师应明确表述学习的课题、条件和规格,让学生明白学习的内容及应努力的目标。

3. 教学过程分析

教学过程是说课的重点部分。通过教学过程的分析,能够看到说课者独具匠心的教学安排,它反映了教师的教学思想、教学个性与风格。教学过程应该从以下三个方面展开分析:整个教学过程中体现的教学思想、教学过程中怎样处理好教师、学生与教材的关系以及怎样组织好教学过程等。

4. 教学效果预测与反思

教学效果预测出现在上课之前,预测内容可以是本节课的教学目标达成情况、课堂氛围等,也可以简单概述一下这节课设计的整体情况,如这节课的教学特色或创新点等。反思出现在上课之后,反思内容可以是教学结果与预期目标的比较,也可以是总结经验教训,还可以是对原有设计的改进建议等。

(三)说课的内容

1.说指导思想

在体育课说课时,需要把课中落实的新课程理念进行具体的落实,比如"健康第一""终身体育"等思想,在说课时,不要流于表面形式,泛泛而谈,要具有较强的针对性和可行性。

2.说学情

现代教学理念是以学生为主体,以学生的发展为中心,所以在体育课说课的时候应该从介绍学生的具体情况说起,有利于评判说课的针对性。学生情况可以从学生的年级情况进行分析,也可以从学生的班级情况进行分析,具体分析学生的兴趣爱好、身体基础、学习态度等方面。

3.说教材

教材是课程的载体,能否准确而深刻地理解教材,高屋建瓴地驾驭教材,合乎实际地处理教材,科学合理地组织教材,是说好课的前提。说教材就是要教师说出自己对教材中教学内容的分析,主要包括教材中教学内容的地位和作用,教学内容结构和特征,教材所涉及的技能和能力,教材的重点、难点等。

4.说目标

在说课时要说明本次课的学习目标是什么,并对学习目标进行具体的展开和分析,说明具体要达到的效果。在阐明学习时,要注意学习目标的可操作性和可观测性。

5.说教法

说教法即说明该课在教学过程中将采用的教学方法及依据。说教法可以从三个方面来展开:选用什么样的教学方法、使用什么样的教学手段,如录像带、多媒体课件、教具等辅助手段以及选择教学方法的理论依据是什么等。具体介绍教学方法时要说清两点:一是介绍其操作过程,二是介绍其理论依据。在阐述使用什么样的教学手段时,可以向大家简明扼要地说明各种教学手段使用的目的和作用。

6.说学法

说学法主要阐述学法指导及其依据,即说明在体育教学过程中,针对授课内容的难易程度结合学生的实际情况,如何实施学法指导。新课程改革倡导以"主动参与,乐于研究,交流与合作"为主要特征的学习方式,因此,说学法要注重对某方法指导过程的阐述。

7.说教学过程

说教学过程是体育课说课的重点,就是要说清楚本次课的教学过程,为什么要这样安排,一般来说,要把体育课的结构、教学过程用口头语言表达出来及体育课的三个基本部分(准备部分、基本部分和结束部分)的教学目标、采用的教学组织形式、教法和学法等方面的内容。在这个过程中,要特别注意把教学设计的依据讲清楚,分析本次设计的特点和亮点,特别讲清楚有助于培养学生哪方面的能力。

8. 说场地器材

说场地器材主要是说明本次课需要的体育场地和器材情况,并说明场地布置情况。

9. 说运动负荷和本节课预期目标

运动负荷主要说明本次课预计的平均心率和练习密度,说明本节课预计的负荷量和强度,以及本节课预期达到的其他目标。

(四) 说课时需要注意的问题

1. 应体现《体育与健康课程标准》的设计理念

说课从准备到具体操作,都应在《体育与健康课程标准》设计理念的指导下进行,体现课程的时代要求。

2. 应体现可操作性

说课是为课堂教学实践服务的,说课中的一招一式,每一环节都应具有可操作性,既要有明确的教学要求,又要有落实的措施。

3. 说课时避免再现上课过程

说课与上课过程不同,说课重点应该放在"怎么教""为什么这么教"的问题上,而不是对上课过程的重复描述,这样既浪费了时间,又是被扣分的直接原因。

4. 应具有一定的预见性

对课堂教学实施过程中可能会出现的情况和可能出现的有利或不利因素等要有一定的预见性,并设想好解决方法,以便在评课环节成功回答听课者提出的问题,顺利完成说课。

5. 要体现教师自身个性与风度相统一

说课时即要体现教师的个性,展示自己的教学风格,同时又要有风度,体现教师内在和外在素质,做到仪表大方、举止端庄、教态亲切,神形合一。

6. 语言表达要条理清楚、层次分明、重点突出

说课时要把主要时间段放在说重点、难点的突破和教学设计上,让人听明白,犹如实地看课一样。尽量做到语言准确、简练、生动,使说话富有感染力。语言表达能力强,不必华丽词汇点缀。一般说课为 10～15 分钟。

(五) 说课的评价

根据不同的说课类型,说课的评价方式与标准会有所不同。一般来说,按评价主体来说,说课的评价方式可分为自评、同行评价和专家评价三种形式。按评价形式来说,可分为定性评价、定量评价、定性评价和定量评价相结合三种形式。不管是哪种说课都要求教学整体设计能渗透现代体育教学思想、观念和理论,在理论与实践有机统一的基础上体现说课的艺术性。

二、体育课模拟上课

模拟上课是指在规定的时间内,体育教师在没有学生参与的情况下模拟上课,通过口语、形体语言和各种教学技能与组织形式的展示而进行的一种教学形式。

体育课模拟上课时教师在上实践课之前的语言,能够帮助教师更好地进行体育实践课的教学,有利于教师提高备课质量,提前熟练课堂教学;有利于提高教研活动的时效性,有利于更好地体现教师的综合素质和实践能力。

(一)模拟上课的准备

1.熟悉教材、理解教材

认真钻研教材,充分理解教材各知识点以及各知识点之间的联系。搜集与上课内容相关的素材,如一些经典的课堂教学案例和设计、优秀的教案以及相关课件等。

2.设计上课内容

重点是设计出各个环节的主要内容以及教师的导入语、过渡语和结束语,可以采用列提纲的方式。

3.试讲调整

根据设计的内容进行试讲,对不恰当的步骤进行调整或对个别环节进一步完善。

4.撰写讲稿

根据完善后的教学设计,尽量详细地写出具体模拟上课中的每一个环节。

5.调整心态

课前要调整好心态,正确理解模拟上课的作用和意义,充满自信地完成模拟上课过程。

(二)体育课模拟上课的内容

体育课模拟上课的内容涉及体育课上课内容的方方面面。具体需要做的是:一是教学组织要恰当,教学方法和教学手段选择合理,模拟保护帮助措施要落实。二是在模拟上课过程中要以学生为主体,做好示范动作,重难点讲解要清楚准确。三是教学步骤设计要合理,练习时间与次数安排要得当,场地利用要合理,身体练习部位全面。四是要指出易犯错误及纠正错误的方法。具体包括如下内容:

1.导入语

开场白或导入语要注意高效、实用,一般用时2~3分钟。可创设情境引入课题,也可以直接说出课题名称。

2.模拟课的基本部分

引入后就马上进入模拟课的内容,可以选择完整教学中的某一部分进行模拟上课,如开始部分、准备部分、基本部分、结束部分等,体育教师可以根据自己的特长加以选择。在模拟上课的过程中,体育教师应着重展示各种教学技能,如口令、讲解、示范、队伍调动、保护帮助、教师指导与表扬等。同时,还要注意师生互动环节,重要的内容还可以进行角色换位,扮演学生角色,处理好各环节的过渡。这部分一般是8~10分钟。

3. 小结延伸

最后用1~2分钟的时间对模拟上课的内容进行小结，并对相关的拓展学习提出要求和建议。

（三）模拟上课需注意的问题

①迅速进入角色，找准身份，自导自演。

②语言流畅，教态自然，可以配合手势、姿态等身体语言进行模拟。

③注意各部分时间的分配，在规定的时间内完成模拟上课过程，设计时可以预留2~3分钟的机动时间。

本章小结

本章节主要介绍了体育课备课、说课和模拟上课的基本方法与步骤。具体来说，体育课备课的形式有个人备课和集体备课两种。体育实践课备课的内容包括备学生、备场地器材、备教材教法、编写教案四个方面；体育理论课备课的内容包括备教材、备学生、备教法三个方面。体育课说课的内容包括说学生、说指导思想、说学习目标、说教材、说教学方法、说教学过程、说场地器材、说运动负荷八个方面。体育课模拟上课的内容主要包括四个方面：一是教学组织要恰当，二是模拟上课过程要以学生为主体，三是教学步骤设计合理，四是要指出易犯错误及纠正错误的方法。通过本章的学习，提高学生的备课、说课和模拟上课的理论水平和实践能力。

回顾与思考

1.体育实践课备课的内容包括几个方面？具体内容是什么？

2.体育课说课的内容包括哪些方面？并进行详细阐述。

3.体育课模拟上课的主要内容是什么？

4.理论付诸实践活动：

（1）根据体育课说课内容包含的方面联系实际设计一份说课案例，并进行实际练习。

（2）根据体育课模拟上课内容设计一份体育课模拟上课教案，并进行实际模拟演练。

参考文献

[1] 周明.浅析体育模拟上课[J].中学教学参考,2013(3):86.

[2] 陈志明.体育课说课方法和技巧的研究[J].体育教学,2011,31(1):54-55.

[3] 石强.如何备好体育课中的说课[J].现代妇女:理论版,2013(9):207-208.

[4] 李长占.体育说课理论与实践探索[D].曲阜师范大学,2011.

[5] 黄嘉富.简议体育课备课中的"备学生"[J].青少年体育,2014(6):78,18.

[6] 郜艳青.浅谈如何备好体育课[J].新课程学习(基础教育),2009(10):71.

[7] 周登嵩.学校体育学[M].北京:人民体育出版社,2005.

[8] 周志雄,周云,李海燕.新课程理念与体育说课[M].北京:人民体育出版社,2009.

[9] 王丹.体育教学中备课环节对教学质量的重要性[J].中国科教创新导刊,2013(35):204.

第八章
体育教学评价

【学习任务】

通过本章的学习,理解体育教学评价在体育教学过程中的重要地位和作用,在实际教学中能够灵活运用多种评价方法进行体育教学评价,提高体育教学评价能力。

【学习目标】

- 理解体育教学评价的含义和特征。
- 掌握体育教学评价的基本方法与步骤。
- 在实际教学实践中,能够运用科学的评价方法进行体育教学评价。

体育教学评价概述

　　评价是一种价值判断的过程,体育教学评价是对体育教学整个过程的一种价值的判断和量化过程。不同时期,不同学者对于体育教学评价有着不同的理解,但究其实质,它是以体育教学目标和原则为依据,以体育教育的价值观为标准,通过测量与分析、数理统计及相关资料的收集,对体育教学活动的要素设计、教学过程和效果进行客观衡量和价值判断,并针对问题调整教学活动的系统性工作。体育教学评价是课程实施过程中的一个重要环节,是学校体育工作的重要内容,也是课程改革过程中的一个热点问题。

一、体育教学评价的概念

　　体育教学评价也是教育评价的重要组成部分,是一般评价活动在教育领域的具体表现,是按照一定的评价标准,运用科学的方法和手段,对体育教学的要素、过程和效益进行价值评判的活动①。

　　在这个评价活动中,评价的两个核心环节也同样包括对体育教师教学工作的评价和对学生学习效果的评价两个方面。评价的主体是实施教育的社会群体及其组成的组织机构。如学校的领导班子,各级教育行政部门直至国家等,客体是指体育教学的实践对象,可以是体育教学过程中的各种要素,如教学内容、教学方法与手段、教学环境等。理解体育教学评价应注意以下三点:

　　①体育教学评价是"依据体育教学目标和体育教学原则"来进行的。体育教学目标是对体育教学"是否获得了预先设定的成果"、是否完成任务的评判依据;而体育教学原则是对教学"是否做得合理"、是否合乎体育教学基本要求的评判依据。两个评价依据都具有客观性和规范性,也都具有教育评价的效度和信度。

　　②体育教学评价的对象是"体育教师的'教'与学生'学'的过程和结果"。体育教学评价的重点对象是作为受教育者的学生的"学习",包括学生的学习水平和品德行为;体育教学评价也对教师的"教授"进行评价,包括教师的教学水平和师德行为。

　　③体育教学评价的工作内容是"价值判断和量评工作"。"价值判断"是定性的评价,主要是评价教学方向的正误、教学方法的是否恰当等;"量评工作"是定量性的评价,主要是评

---

　　① 姚蕾,闻勇.对我国体育教学评价的理论思考[J].北京体育大学学报,2002,25(1):92-94.

价可以量化的学习效果，如身体素质的增长和技能掌握的数量等。体育教学评价贯穿教学目标确定、内容选择、组织实施的各个环节；评价的目的是及时修正体育教学目标、解决体育教学中出现的问题以及实现体育教学资源的合理配置与组合，追求最佳效果和目标的达成，是一项实践性与操作性较强的工作。

二、"立德树人"任务下体育教学评价的特征

1. 体育与健康课程目标是体育教学评价的唯一依据

《体育与健康课程标准》指出"教学评价是通过系统地收集课程实施过程中学生的学习成绩、体育教师的教学情况等信息，依据一定的标准和方法进行价值判断的活动。教学评价的主要目的是对课程的教与学进行诊断，并确定课程目标的达成程度，它是不断完善课程建设的重要依据和途径。"所以任何评价工作，任何方式的教学评价都是以课程目标的达成度作为唯一的依据，而不是其他。课程目标是课程改革的出发点和归宿，制约着课程内容的选择、实施和评价等每一个环节。《基础教育课程改革纲要》(试行)也要求建立全新的体育与健康课程评价体系，要"建立促进课程不断发展的评价体系"，所以，课程的目标达成度，是否能促进课程的发展是体育教学评价的唯一依据。

2. 评价主体与被评价主体的多元化是体育教学评价发展的必然趋势

体育教学评价包括体育教师教学质量评价和学生体育学业评价两个部分，不管是体育教师教学质量评价还是学生体育学业评价，评价的主体和被评价的主体都不是唯一的，而是多元化的，这是新的课程评价体系发展的必然趋势。基础教育课程改革之前，在评价主体上往往是以教师评价最为普遍，学生基本上不参与评价。这样，学生对自己的学习情况缺少主体性的认识，对自己学习中存在的问题与取得的进步缺乏了解，不能有效调动学生的积极性，也不利于学生终身体育习惯与能力的培养。所以新课程要求体育教学评价主体和被评价主体都不是单一的，而是多元化、多层面的。比如，在体育教师教学质量评价过程中评价的主体除了教师自身的自我评价外，还有同行专家及同学们的评价，被评价的主体更是包括了教学方法、教学设计、教学内容等多方面。

3. 评价内容的综合性是体育教学评价的内在要求

体育教学评价内容的综合性是新课程改革要求下体育教学评价的内在要求。整个体育教学的过程和结果，体育教学过程中的各个要素与教学效果都是体育教学评价的内容。

新的评价体系要求体育教学学评价的内容，不仅要有身体素质、运动能力的评价，更要有运动参与、运动兴趣的评价，不仅包括身体机能的评价，更要有心理健康和社会交往能力的评价，不仅要有对学生的评价，更要有对体育教师的评价，整个教学过程中教学目标的达成度如何、学生的满意度如何等都是评价的内容。

4. 评价手段方法的多样性是体育教学评价的外在特征

随着课程改革的深入推进，体育教学评价领域也经历了脱胎换骨的变化过程。在评价方法上大多数学校通常采用的评价方法是在学期末或学年末采用统一评定的方式进行终

结性评价,评价一结束课程也就随之结束。这种评价方法缺少信息反馈过程,忽略学生学习的情感、态度、能力等非智力因素的积极评价。在评价形式上,老师们往往采用横向相对性评价而纵向相对性评价采用的较少。这些现象与素质教育和终身体育思想显然是不符的,与课程改革的目标是不一致的。新的课程评价体系要求在评价的内容上要与课程目标高度一致,与终身体育的思想高度一致,要以"健康第一"为指导思想,不仅要重视对学生的身体素质、机能的评价,而且要重视对学生的学习态度、运动参与、运动行为、运动习惯、心理品质、社会适应等方面的评价,建立起多元化评价观念与体系,不管是评价手段还是评价的方法都要做到形式多样、方法科学,这是课程改革后体育教学评价的外在特征之一。

5."健康第一"是体育教学评价必须遵循的指导思想

体育与健康课程改革要求建立"立足过程,促进发展"的课程评价体系,强调建立促进学生全面发展的教学评价,在评价中要重视评价的激励与引导功能,淡化甄别与选拔功能,强调参与、互动、自评与他评相结合,在综合评价的基础上,更加关注学生个体的进步和全面的发展潜能,注重定性与定量相结合,过程与结果评价相结合,绝对评价与相对评价相结合的评价方式,以实现评价主体的多元化和评价方法的多样化。所以,体现出"健康第一"是新的课程评价必须遵守的指导思想。

6.评价的良性引导功能是体育教学评价的根本基点

好的教学评价应该能够促进和激励学生更努力、更积极地投入学习中,取得更好的学习效果,得到更健康的全面发展。好的教学评价能帮助教师不断地反思和改进其教学活动,促进教师在专业上不断地成长与进步。这是新时期体育教学评价最根本的基点。

以对学生的学业评价为例,好的教学评价应以促进学生全面发展为根本目的。比如,在评价中充分考虑学生的努力与进步程度,将那些在学习中取得明显进步或进步最大的学生重点记录,予以表彰或奖励;在学习中,经常采用鼓励性即时评价,提高学生学习的积极性,通过恰当的方法,让学生自己发现自己的错误并及时纠正自己的错误;引导学生参与评价标准的制定,学会对自己的动作进行自我评价,不断提高自我评价的技能等,这些评价措施,都会对学生的发展具有正面的引导与激励作用。这样的评价真正地起到了良性的引导功能,这才是教学评价最根本的基点。

三、体育教学评价的类型

1.相对评价、绝对评价和个体内差异评价、常模参照评价与标准参照评价

在教育评价中,由于评价基准不同,解释也就不同,常将它们分为目标参照评价和常模参照评价,又称绝对评价和相对评价。

目标参照评价又称为绝对评价,是以预先设定的课程目标为评价基准,来衡量评价对象达成目标程度的一种评价。有人也称它为标准参照评价。在体育教学活动中,关心的是每一个学生的发展,因此也叫作到达成度评价,学校中教学评价多属于此类。

常模参照评价又称为相对评价,是在某一个班级或学校,甚至地区中,以这个团体的平均状况为基准,评价每个被评对象在这个团体中所处的相对位置的一种评价方式。这种评价方式的客观性很强,并且已经有了近百年的发展,有一套非常成熟的测量和统计方法,它适用于选拔性考试,比如各个地区的体育加试。它是以正态分布的理论为基础,所表示的是学生之间的比较,而与教育目标无直接的关系。相对于一个团体来说,这种评价方式是比较准确的,有利于人才的选拔。

2. 诊断性评价、形成性评价、总结性评价

诊断性评价指在体育教学中对评价对象的现状及存在的问题和产生的原因所进行的价值判断。在体育教学活动过程中进行的诊断性评价,其主要目的是分析出现某种现象的原因,以便体育教师对症下药采取相应的整改措施和改进手段。良好的诊断评价有助于体育教师把学生恰当地进行分组教学,正确找出妨碍学生学习的原因,从而保证教与学的成功,提高教学质量。

形成性评价指对正在进行的教学活动作出的价值判断,也称为过程性评价,其特点是通过及时地揭示问题、及时地反馈信息以促进教学工作的改进。形成性评价一般以反馈调控和改进完善为主要目的。如在教学过程中开展形成性评价,往往是通过诊断教学方案、教学计划、教学过程、教学进展情况和存在的问题,并及时反馈,及时改进、调控、校正,以达到提高教学质量的目的。

总结性评价指对评价对象在一定时期内的全面状况所进行的价值判断,也称为终结性评价。总结性评价旨在对评价对象作出总结性的结论,常和甄别优劣、鉴定分等一起进行,也是传统体育教学中常用的评价方式。

3. 整体评价和单项评价、群体评价和个体评价

依据评价对象的范畴,体育教学评价又可分为整体评价和单项评价、群体评价和个体评价。

整体评价指的是对评价对象进行全面的、多元的评价方式。整体评价不仅包括对学生的身体素质、机能的评价,而且要包括对学生的学习态度、运动参与、运动习惯、意志品质、情绪状态、自信心等心理状态和学生合作精神及交往能力等方面的评价。

而单项评价则指的是对评价对象的某一方面进行的评价,比如对身体素质的评价或者对运动技能的评价等。

根据新的体育与健康课程目标以及健康新概念,要求新世纪对健康的评价不仅包括医学、生物学范畴,它同时也包括心理学和社会学的领域。所以,只对学生进行身体素质、技能、生理机能以及生长发育的单项评价是很不全面的,要对学生进行整体评价和全面评价。只有建立起多元化的评价观念与体系,才能培养出真正意义上健康的学生。

4. 自我评价与他人评价

自我评价是指评价主体自己依据评价原理对照一定的评价标准主动对自身所做的价

值判断。广义的自我评价包括学生个体或教师个体对自己的学习或工作进行的自我总结。狭义的自我评价特指那些严格按照与他人评价相同的标准所进行的评价。课程改革以后，体育教学评价中更加重视自我评价的实施，这是因为自我评价本身也很受欢迎。它不受时间和场合的限制，简便易行，既省时又省力。可以在整个教学过程中随机应用，非常灵活。同时，虽然自我评价的实施有利于激发被评价者的积极性，但其客观性不足，因而自我评价不能独立使用，不能成为评价的主体。自我评价一般在他人评价之前，或者穿插在他人评价中进行，用以证实或者完善他人评价的结果。应该和他人评价结合在一起进行。

他人评价是指评价对象自身以外任何客体对评价者实施的评价，也称"外部评价"。它包括除"自我评价"以外的所有评价，如教师评价、同学评价、家长评价、领导评价等。他人评价的特点第一是客观性强，用他人的新角度审视同一事物可以避免主观片面性。第二是真实性强，可避免对自己评价过低或者评价过高的现象。第三要求严格，参与评价和组织评价的人员都会按照统一的标准对客体进行评价，因而能够比较认真、比较严格。他人评价的主要缺点是组织繁杂，标准过于统一。

5. 量化评价与非量化评价

量化评价是指在教学活动中采用定量计算的方法，即收集数据资料，用一定的数学模型或数学方法，采取统计处理的手段进行评价。它比较适合体能和运动技能的评价，但对学习态度、运动兴趣、意志力、自信心和合作精神等方面进行评价就很难。这种评价方法表面上看是准确的、公正的。

非量化评价也称为质性评价，是指不通过定量计算的方法，而是采用定性描述、解释的方法作出的价值判断。但质性评价也必须有评价的标准和依据，也必须在取得有关资料的基础上才能作出科学判断。质性评价通常表现为书面的"鉴定"或"评语"，一般用在小学阶段或对学生的综合素质所做的评价。一般来讲，书面的评语通常比简单的分数或等级更清晰地传达出被评价者的优点与缺点，但这种评价方法不够精确，且主观性较强。所以新的评价体系要求要从课程目标出发，把量化评价和非量化评价结合在一起，建立以促进学生健康成长为最终目标的新的评价体系。

四、体育教学评价的功能

对于任何一件事来说，评价本身就很关键、很重要。如果不能评价，就很难控制事情的发展；如果不能控制事情的发展，就不能管理；如果不能管理，事件本身就很难提高。所以评价对于一件事来说，是很重要的，它的意义毋庸置疑。它的功能主要表现在以下几个方面。

(一) 鉴定功能

体育教学评价的鉴定功能是它的本质功能，有评价就有鉴定，与评价活动本身同时出现并始终伴随。因为评价本身就是依据一定的标准进行的，这就决定了教学评价具有对评价对象鉴定优劣、区分等级、排列名次、评选先进、资格审查等鉴定功能。鉴定功能又是教育评价的基本功能,评价的其他功能是在科学鉴定的基础上实现的,只有认识对象才能改变对象。"鉴定"首先是"鉴",即认真仔细审查评价的对象,对评价对象做以全面而科学的认识,然后才是"定"出结论。体育教学评价的鉴定功能,既能依据评价标准对评价对象做出科学的结论,在体育教学中发挥积极的促进作用;同时,也会对学生的心理产生一定的负担,起到一定的消极作用。目前,体育教学评价改革中,正是逐渐淡化了体育教学评价的选拔、甄别功能,重视体育教学评价的其他功能,如激励和发展功能等。但鉴定功能依然是体育教学评价的本质功能,有评价就有鉴定,就有区别,它是最基本的功能,不可以忽视。因为只有通过评价才能确切地了解评价对象与目标之间的差距,才能让评价对象明确努力的方向,其他功能才得以实现。

(二)导向功能

体育教学评价的导向功能是指教学评价本身具有引导评价对象朝着理想目标前进的功效和能力。因为任何评价都是根据一定的评价目标、评价标准进行的,而评价的导向功能就是由评价目标、评价标准的方向性决定的。这些评价的目标、标准、指标及其权重,对被评价对象来说,起着"指挥棒"的作用,为他们的努力指定方向。被评价对象必须按目标努力才能达到合格标准,否则就达不到合格标准,得不到好的评价。目前,体育课中出现的考什么学生课上就练习什么的现象就是这个原因。课程改革以后,评价的内容更加多元化,评价标准是新的课程目标,这样就给体育教师和同学们带来了新的导向,体育教学要让学生朝着身体健康、心理健康,努力培养体育兴趣与爱好,形成积极向上的生活态度。体育教师也明确了自己工作的方向,有了更清晰的课程理念。

(三)激励功能

体育教学评价的激励功能是指在体育教学中能合理有效运用评价,这样能够激发和维持评价对象的内在动力,调动被评价者的内部潜力,提高其工作或学习的积极性和创造性,从而达到教学目标。评价的激励功能是分等级鉴定的必然结果,它也包括对后进者的督促作用。这是因为在被评价对象比较多的情况下,这种不同的等级会使个人与个人之间进行不自觉的比较。这对被评价对象来说,是一个积极的刺激和有力的推动。因为在一般情况下,被评价对象都会有获得较高评价和实现自身价值的愿望,这是人类普遍存在的一种心理趋向。恰如其分的评价结果能给人以心理上的满足感,从而激励人们不断进取。对于优秀者来说,评价的结果是对自己过去成绩的肯定与表扬,会对成功的经验起到强化作用,使被评价者更加努力、更加主动,以保持或取得更好的成绩;对于落后者来说则是一种有力的鞭策,如果他仍不努力就会被拉得更远。值得注意的是,要发挥体育教学评价的激励功能,必须保证评价的公平、合理、客观和科学,才能真正起到激励作用。那种一刀切的评价,在某种意义上抹杀了比较差的评价对象的积极性。新课程要求评价过程注意动态化,以充分发挥体育教学评价的激励功能。

(四)诊断功能

体育教学评价的诊断功能是指对评价对象达成课程目标的效果或存在的问题作出判断的功效和能力。诊断功能是体育教学评价的基础功能,评价者利用观察、问卷、测验等手段,搜集被评价者的有关资料并进行严格分析,它能够根据评价标准作出价值判断,分析出或者说出、诊断出教学活动中哪些部分或环节做得好,应加以保持和提高,同时也能指出哪些地方存在着问题,找出原因,再针对这些原因提供改进途径和措施。教学评价的诊断如同看病就医一样,只有经过科学的诊断才能"对症下药"。只有通过诊断才可以了解体育教学过程中各个方面的发展情况,从而判断出体育教学的成效和不足、矛盾和问题。具体表现在:可以诊断学生整体或个体存在的学习问题,从而使体育教师在教学中有目的地调整自己的教学策略;可以诊断教学中的不足,以便体育教师有针对性地修正有关内容,改进不足,提高教学水平;此外,在学期、学年前予以诊断,还可帮助教师进行分组教学。

(五)调控功能

体育教学评价的调控功能是它的衍生功能。通过诊断确定被评价对象是否已经达到了预期的目标,是否具有达到目标的可能性,若目标已经达到且还有达到更高目标的可能,或者达到预期目标的可能性极小,甚至几乎就没有可能,在这种情况下都需要我们对目标进行必要的调整。具体来说表现在:通过诊断体育教学过程中存在的问题为体育教学活动内容、教学方法及组织形式等各个方面的调整提供依据。或者为体育教师对教学计划调整提供依据,以期为以后教学工作的圆满完成,教学目标的顺利达成提供有力保障。

第二节 体育教师教学质量评价

随着教育评价研究成为当代教育科学研究的三大领域之一,教学评价研究也越来越为大家所关注。教师教学质量评价是教学评价的重要内容,也是改进和提高教学质量的有效途径与措施,尤其是基础教育课程改革深入贯彻执行以后,教师教学质量评价已成为一个非常重要的课题。

一、体育教师教学质量评价的概念

体育教师教学质量评价是教师教学评价的重要组成部分,依据体育教学质量的构成要素进行的综合评价。对学生学习效果及教师教学效果的评价实质上都是对教学质量的评价,它包括的要素因时代、地域和专业不同而有所不同,也是目前教育研究领域中的重要课题。

教学效果是教师与学生进行教与学活动产生的结果,是教学目标、教学内容、教学策略与方法、教学能力的综合表现。教学效果是教学质量的直接表现形式,是对教师实际教学情况的直接反映和对教师教学活动的检测及反馈。教学效果通常是由课堂教学气氛、师生双方活动状态、教学目标达成度及学生学习效果等内容所组成。教学效果反映教师教学使学生的学习状况发生变化的方向、程度和大小,即教师的行为与学生的学习效果。学生的学习效果,不仅是指学生考试成绩的高低,还包括情感、个性等非智力因素的发展。学习效果是教师教学效果的评价指标之一,但不是唯一的指标,更不能以学生的考试成绩为最终依据。

二、体育教师教学质量评价的过程

(一)评估指标体系的设置

1. 体育教学质量评价指标设置应该注意的问题

体育教学质量评价进行得是否顺利,评价指标体系的选择非常重要。评价指标设置的科学、合理性直接关系到评估结果的有效性。因此,在评价指标的设置上,必须进行科学的研究与分析,着重注意如下几点:

①将教师教学质量的评价内容进行分解,因素涵盖的内容要尽量全面,但避免因素之间存在重叠和因果关系。如有的学校将教师教学质量分解为教学态度、教学内容、教学方法、教学手段、教学组织和教学效果等因素,对教师作出较为全面的评价。

②准确确定不同类别评价人员对评价内容的评价范围。目前,一般学校都会以学生评教、专家同行评价和教师自评三种形式进行评价,不同的评价主体使用的评价内容存在较大的差异,从而提高了评价结果的效度和准确性。

③根据不同的学科特点和课程性质,设置不同的指标体系。体育教学质量评价中有对技术实践课的教学评价,还有对理论知识课的教学评价。不同类型课的评价指标有一定的区别,管理部门应做好调整。

④评价指标的内容要符合教学形势的要求。高校的教学环境在不断发生变化,评价的内容也应随之改进,否则评价结果将失去其原有的作用。比如,近年来随着社会的发展教学手段和方式也在不断地发生变化,多媒体设备的普及、双语教学的出现等都让体育教学方式发生了改变,相应的教学评价指标也应该随着时代的发展而改变。还有教学思想、新课程标准理念的改变也对新课程评价指标体系的变化提出了新的要求。

2. 体育教学质量评价指标设置应遵循的原则

基于以上这些要求,我们认为选择体育教学评价指标时应该遵循以下原则:

(1)导向性原则

开展课堂教学质量评价,最终目的是规范教学活动,促进教学质量的提高。评价指标体系不但是评价教师目前课堂教学质量的标准,更要成为教师教学工作的努力方向。因此,对教师教学质量的评价不但应体现当前教育发展的趋势,还要与课程改革方向一致,与体育新课标的目标导向保持一致,才能真正发挥评价的导向作用。

（2）科学性原则

评价指标体系的建立要符合学校的教学规律和特点,要能准确反映评价对象的基本特征、现实过程中的实际水平和效果,各项指标要有明确的内涵。

（3）可行性原则

体育教师教学质量评价是一个复杂的过程,指标体系的确定非常重要,指标体系的确定直接影响着评价效力,所以评价指标要经过认真分析,抓住主要矛盾,既要保证指标体系的完整性,又要使指标要素尽可能简化和易于操作。

（4）全面性原则

教师教学质量评价应防止过分地强调一方面的因素而将教学工作引向片面性,甚至适得其反,防止一种倾向掩盖另一种倾向,要全面收集教师教学过程和环境中各方面的信息。要对教学活动的三个基本要素,即教师、学生和中间媒介进行全面的分析。

（5）激励性原则

教师教学质量评价不是单纯的教学情况描述,而是对照目标和先进标准对教师教学工作进行测度和判断,达到总结经验、肯定成绩、诊断问题、挖掘潜力、明确方向、推动工作和不断提高育人质量的目的。因此,要有配套的管理和奖励政策,将不同程度的评价结果,与一定时期内的个人利益相结合,激励教师在教学工作中精益求精。

3. 体育教学质量评价指标体系

教学质量评价是一个复杂的过程,受到多种因素的制约。体育教学质量评价指标体系的设置也是随着教育理念的发展变化而有所区别。根据评价主体和被评价主体的不同,不同类型的评价指标设置不同。不同地区的不同学校对体育教学质量评价体系中各指标的权重分配也有所区别。比如在周登嵩老师编著的《学校体育学》里把专家进行教学质量评价时的体系指标分为一级指标和二级指标。一级指标分别是教学准备、教学过程和教学效果三个部分,其中每个一级指标又包括若干个二级指标,具体情况见表8-1。

表 8-1　体育教学质量评价指标量表

评估指标		指标包含内容	评估等级				满分值	加权分
一级指标	二级指标		优 1.0	良 0.8	中 0.6	差 0.4	（100分）	
教学准备 15%	课前准备	提前10~20分钟到场,器材准备充分,场地布局合理,整洁美观,现有条件利用率高					5	
	教案准备	教案规范工整,目的任务明确,符合教学大纲、计划规定要求及学生实际,重点突出,教学内容安排合理,方法、手段适当,符合预计准备,时间分配合理					10	

评估指标		指标包含内容	评估等级				满分值 (100分)	加权分
一级指标	二级指标		优 1.0	良 0.8	中 0.6	差 0.4		
教学过程 55%	教学组织	仪表端正,精神饱满,组织严密,安全有序,调动合理,教师的主导性和学生的主动性充分发挥,达到严而不死、活而不乱					15	
	教学方法	讲解清楚,启发思维,示范准确,重点突出,方法灵活多样,时机掌握恰当,保护与帮助得当,关注培养学生的体育兴趣,发展学生的个性,重视组织指挥能力、运动能力的培养					15	
	练习密度	全体学生都能得到充分的活动,练习测定值符合课的类型和教材特点,各单项练习密度合理、科学,课的总体练习密度一般控制在45%左右					10	
	生理负荷	根据课的任务和学生实际安排运动量和运动强度,且符合学生情感、意志和心理过程的客观规律,课的最高心率不超过180次/分,全课平均心率为135次/分左右					6	
	心理负荷	气氛活动活跃,张弛得当,注意力集中,师生关系融洽,学生的自觉性和兴趣充分被调动,全课有节奏、有高潮、有竞争、有协作,加强学生情绪控制和心理调节					5	
	教学创新	教学内容搭配、练习方法和手段有新意,并能汲取本学科的先进理论、技术和方法,对学科前沿科研成果加以传授,达到良好效果					4	
教学效果 30%	掌握技术	学生能理解教学内容的基本要领,并基本掌握所学的技术、技能,其合格率、新授内容在70%以上,复习内容在85%以上					12	
	健身意识	学生能主动参与,自觉锻炼,互帮互助,能动性、主动性充分发挥,使教学方法趣味化,真正有利健身方法的掌握,健身意识的增强,终身体育习惯的养成					10	

续表

评估指标		指标包含内容	评估等级				满分值 (100分)	加权分
一级指标	二级指标		优 1.0	良 0.8	中 0.6	差 0.4		
教学效果 30%	思想教育	老师能挖掘思想教育的各种因素,做到言传身教、为人师表、关心学生、发展个性、塑造品行、教育育人、严格要求,并取得良好效果					8	

量表说明:1. 等级栏目内打"√"对应的等级系数乘以加权系数为各指标加权分,累计 11 个指标的加权分为最后得分,满分 100 分。

2. 在评估时采用去掉最高分和最低分,再取平均值,为任课教师的最后得分。

(二)评价组织过程

1. 合理确定评价主体

教育评价的主体有个体评价和社会评价两种类型。根据评价个体人群性质不同,将教师教学质量评价分为教师自我评价、学生评价和同行专家评价三种类型。

(1)教师自我评价

自我评价是自我意识的一种形式,是主体对自己思想、愿望、行为和个性特点的判断和评价,是自我意识发展的产物。在体育教学中,教师通过课后反思来认真审视、肯定经验、分析问题与不足,并及时进行总结的过程就是教师自我评价过程。教师自我评价属于一种内部评价机制。它在培养教师的自我意识和创新精神,更新教师自身观念,提高教师能力,使教师主动参与评价,实现教师内在发展等方面具有重要意义。

体育教师自我评价方式有两种:一是以课后小结的方式写在自己的教案本里,即每节课结束后都要对本节课进行简要评述,对照教案中写的教学目标,确定目标的达成度。二是每学期、每学年的某个阶段所进行的阶段性自我评价,根据评价的结果,及时调整自己的教学进度并对自己提出新的要求,以便不断进步,提高教学质量。

(2)学生评价

学生是教学的对象,是教师教学的直接感受者和受益者,他们是学习的主体,是教学效果的直接体验者,对老师的教学方法、教学态度、教学效果等感受最深,对课堂教学质量最有发言权。学生对体育教师教学质量的评价一般有评价表和"网上评教"系统评价两种方式。通过向学生发放开放式的评价表是比较普遍的评价方式。一般在所学课程结束前两周统一进行评价表的发放与回收。学生以班为单位,对该学期所学课程的教学质量进行评价,由学校教务处统一统计评价分数,再汇编成册,视情况向学校公布。评价结果直接与教师年度考核挂钩。"网上评教"系统评价是信息时代发展的必然产物。在有条件的学校,教务会在固定的时间段把系统打开,让学生通过系统对任课教师进行评价。另外,为了能全面收集学生对教师教学的反馈信息,有的学校教务处还会专门聘请学习成绩好、关心教学工作、为人正直诚实的学生为教学信息员,鼓励他们收集教学过程中的第一手信息资料,对教学工作提出意见,并及时反馈给教务处。教务处对教学信息员反馈的教学信息进行分类整理,作为加强和改进教学管理工作的重要依据。由于学生的个性特点的不同,对每门课程教学都有自身内在的客观要求,在某种情况下可能出现偏差,这需要管理部门加强管理。学生对体育教学质量进行评价的量表,见表8-2。

表8-2　学生对体育教学质量的评价表

回答下列问题,在你认可的答案处画"√"			
1. 觉得体育课愉快吗?	是(　　)	不是(　　)	说不好(　　)
2. 在体育课中总是心情愉悦和充分地运动吗?	是(　　)	不是(　　)	说不好(　　)
3. 有令人难忘和感动的体验吗?	是(　　)	不是(　　)	说不好(　　)
4. 学会一些新的技战术了吗?	是(　　)	不是(　　)	说不好(　　)
5. 有过"啊,明白了""噢,是这样的"的新认识吗?	是(　　)	不是(　　)	说不好(　　)
6. 能自主地进行体育学习吗?	是(　　)	不是(　　)	说不好(　　)
7. 能按照自己的目标去充分练习吗?	是(　　)	不是(　　)	说不好(　　)
8. 在体育课中能和同学们互相帮助、互相学习吗?	是(　　)	不是(　　)	说不好(　　)
9. 和同学互相帮助、友好地学习了吗?	是(　　)	不是(　　)	说不好(　　)

注:引自周登嵩.学校体育学[M].北京:人民体育出版社,2004:250.

(3)同行专家评价

在体育教师教学质量评价方式中,同行专家评价是评价结果最科学、最可靠的评价方式,它具有广泛性和普遍性。因为体育教学评价是一项专业性很强的工作,需要专门的学科知识和水平来保证评价信度和效度[①]。同时,同行之间比较熟悉,更具有发言权,尤其是教授同一课程的教师互评可以帮助教师相互切磋教艺、取长补短、找差距、互相学习,而且通过相互评价易于交流和信息反馈,极大地调动了教师的教学积极性与主动性,可以促进教师在竞争中加强合作,在教学上相互观摩、交流与研讨,有利于全面提高教学质量。同行专家的评价方式一般采用"公开课""观摩课""评议课"和"说课"等方式进行。

2.科学组织参评主体

教学质量评价主要有教师自愿评价和强制评价两种形式。自愿评价的形式一般不常见,国外的知名高校有的采用这种形式,如美国的哈佛大学,教师是否参与教学评价,完全

---

① 　沈建华,陈融.学校体育学[M].北京:高等教育出版社,2010:200.

是自愿的。但由于教学评估结果在一定程度上起着约束作用,除部分授课效果较好的教师外,其他教师不愿意参加评价。因此,国内的学校均采用强制评价形式,对所有任课教师的教学情况进行评价。同时,除了组织专门的评价外,还可通过青年教师基本功比赛和领导听课等方式着重了解青年教师的课堂教学情况,并帮助他们解决教学过程中存在的问题。

3. 正确掌握评价时机

评价时机的选择对于评价结果的效度具有直接影响。若评价过早,学生对教师的教学过程所体现的质量特征尚未形成全面的认识,对所评价内容难于理解和把握,从而不能作出准确的判断;评价过晚,则因学生迫于期末考试等方面的压力,管理人员难以进行有效组织;若在考试结束后组织,则评价结果最易受到教师所授课程考试成绩的影响。因此,最佳的评价时机应是课程进度的中期或中后期。如大部分学校将教学质量评价的时间选择在课程结束前两周进行。实践证明,这一时间可以在最大限度上减少来自学生和老师的道德风险,学生不可能以此而让教师对期末考试作出一定的妥协,教师也不能因为评价过早结束而降低教学质量。

4. 有效组织实施过程

评价实施过程是否得当对评价结果的可信度具有一定程度的影响。在实施过程中着重注意以下几点:

第一,认真做好评价前的准备工作。如进行教师授课情况的核实,避免评价过程中出现任课教师的错漏现象。

第二,评价前广泛的宣传教育。利用多种媒体进行宣传,提高各级主管教学领导、教师和学生对课堂教学质量评价的必要性和重要性的认识,充分调动他们理解评价、参与评价的积极性。

第三,重视对评价组织者的培训。组织者的言行、态度甚至表情都会对学生评价结果产生影响,因此,组织者严格要求是保证教师教学质量评价结果客观、公正的重要前提。从实践来看,通过有效组织,学生参评率更高,评价效果也更好。

(三)评价结果的处理方式

评价结果的处理方式和评价的目的是紧密联系在一起的。教学评价的目的通常有两种:以奖惩为目的和以发展为目的。由于评价目的不同,在对评价结果的处理(包括表达方法、分析解释、公布方式、使用目的等)也不尽相同。对奖惩性评价,注重的是终结性的评价结果,评价结果通常采用定量的方式表达,并在全校范围内张榜公布,评价结果也直接与教师的各项利益挂钩。对发展性评价,关注的是形成性结果,评价结果在表达方法上,既可以定量表达,也可以用介于定量、定性之间的较为模糊的等级区间的文字表达。这种评价方式下,教师的评价结果应当相对保密,教师的具体成绩和名次只对单位领导完全公开,在评价结果的使用上,建议评价结果应与奖惩适度挂钩,如果完全脱钩,评价结果对教师没有任何约束力和激励作用,教师参与评价的积极性不高;如果联系太紧密,无论是教师还是管理人员都面临着较大的压力,容易激化矛盾,也不利于教师进行教育教学改革。这种方式在一定程度上减轻了教师的心理压力,避免了教学质量评价给教师带来的负面影响。同时,也建议在评奖、评职称时,教学质量评价结果作为一项参考指标,对教师提高教学水平起到一定的激励作用。这样教师教学质量评价工作就会对全校教师提高教学水平,积极参与教育教学改革起到了一定的推动作用,但还需要对整个评价体系进行不断地研究和探索,从而使之更加科学、合理和完善。

第三节 学生体育学业评价

学生体育学业评价是体育教学评价的一个重要方面,它是体育教学评价的有机组成部分,也是体育与健康课程中的一个重要环节。为什么要评? 评什么? 怎么评? 直接关系到学生的进步与发展。如何科学合理地评价学生的体育学习效果,使评价成为促进学生更好地进行体育学习和积极参与体育活动的有效手段,是需要广大体育教师进行积极探索的课题。

一、学生体育学业评价的意义

学生体育学业评价是对学生的学习表现以及达到学习目标的程度进行的判断。这种判断对教学来说具有非常重要的意义,主要表现在以下几个方面:

1. 了解学生的学习情况与表现,以及达到学习目标的程度

学习评价的本质功能就是根据课程目标来鉴别学生体育学习的结果,这个结果和课程要求的目标还相差多远。评价的过程,就是要判断学生体育学习结果与课程目标之间的距离,判断课程目标的达到度。评价不仅要判断学生在体能、运动技术、技能、运动知识的掌握与课程目标的距离,还要了解学生的体育学习态度、情感价值观和运动行为习惯以及合作精神与团队意识的表现方面和课程目标的距离。当然,学习目标不是要求所有的学生都要达到统一的标准,而是应该包括个人的参与程度和努力程度,个人的身体素质等方面的基本情况,综合来评价学生的学业。

2. 判断学生学习中存在的不足及原因,改进教学,提高教学质量

通过对学生体育学业进行评价,发现学生在体育学习中存在的问题和不足,分析原因,找出问题之所在,改进体育教学,有针对性地对学生的体能、技能、行为、习惯、态度、人际交往、社会适应能力等方面表现出来的不足进行认真的研究,寻找改进的途径与方法。并且,通过分析来判断形成这些问题的原因,帮助教师改进教学,提高教学质量。

3. 为学生提供展示自己能力、水平、个性的机会

体育课程改革的实践证明，成功的体育学习会给学生带来满足与愉快的学习体验，而这种体验能增强学生的学习信心，提高他们的学习兴趣，强化他们的学习动机。因此，通过体育学业评价，让学生在发现、发展、展示自己能力、水平、长处的过程中体验成功的喜悦与乐趣，并把自身的优势领域迁移到弱势领域中去，改进自身的不足，激发学习的潜能，促进自我发展。

4. 培养与提高学生自我认识、自我教育的能力

体育课程改革评价主体的变化改变了过去只有教师评价学生的单一外部评价形式。学生通过自评、互评、小组评等多种形式，对自己的体能、技能、态度、行为、人际交往、参与热情等方面的情况有一个清醒而正确的认识，同时，也能够看到自己与他人之间的不足和优点，扬己之长，补己之短。这种自我认识、自我教育能力的提高是自身发展的重要素养。

5. 激发学生的体育学习兴趣和学习积极性

评价是对事物价值的判断，但真正的目的不在于判断价值本身，而是通过价值的判断来激励事物的发展。对学生体育学业的评价最大的意义也在于能通过科学的评价方法和手段调动学生学习的积极性，培养热爱学习，树立正确的学习观念。通过正确的评价学生将会不断转变对评价的认识和理解，懂得评价的真正目的不在于鉴定自己的最终学习成绩，而在于促进自己进步与发展。他们将学会通过评价来改进自己的体育学习，提高体育学习能力。这样才能真正达到评价的目的。这也是对学生体育学业评价的真正意义所在。

二、学生体育学业评价的内容

1. 体能的评价

《体育与健康课程标准》要求以"健康第一"的指导思想进行教学和评价。在课程目标中把"增强体能，掌握和应用基本的体育与健康知识和运动技能"作为课程的目标之一，这足以说明新的课程标准非常重视学生体能的发展，只有身体健康才是首要的、基本的。同时，《学生体质健康标准》自 2002 年试行以来，各地认真组织推广试行，取得了很好的经验，2007 年 4 月 4 日教育部在原来标准的基础上进行修改，颁布了《国家学生体质健康标准》，规定 2007—2008 年我国将全面实行。《国家学生体质健康标准》是从身体形态、身体机能、身体素质等方面综合评定学生的体质健康状况的评价体系。可以说，提高学生的体能水平是国家对体育提出的基本要求。所以进行体育学业评价时，要如实反映体质状况，让家长对孩子有真实的了解，学生也能更加清醒地进行自我认识。

但同时，也要注意《体育与健康课程标准》中的体能评定与以往体育课中的身体素质和运动能力的考核既有联系，又有明显区别。《体育与健康课程标准》根据小学生身体生长发育水平和身体素质状况，对不同年龄阶段学生的体能评价提出了不同要求：水平一，发展柔韧反应、灵敏和协调能力；水平二，发展灵敏、协调和平衡能力；水平三，发展速度和平衡能力。小学生体能评定可根据水平一、水平二、水平三的体能发展目标内容框架，有针对性地

选择几次体能测试进行评定。所以,体育教师对学生进行学业评价时,应该根据各阶段的学习目标和内容选择相应的体能指标,然后考虑不同阶段学生的身心发展水平,参照《国家学生体质健康标准》,最后结合学生原有的基础和进步幅度作出评价。

2. 知识与技能评价

运动知识与技能是体育与健康课程实施的重要载体,也是学生体育学业评价的重要内容。例如,《体育与健康课程标准》提出了小学生体育知识与技能学习成绩评定主要内容包括:对体育与健康的认识,科学锻炼的方法,技战术的运用能力,有关健康知识的掌握与运用,与不同学习水平相关的运动技能水平及运用情况。所以教师对小学生进行学业评价时,对体育知识与技能的评价主要依据《体育与健康课程标准》的学习目标与要求、教学的实际情况,选择相应的体育与健康知识、技能评价指标,来评价学生掌握体育与健康知识和技能的程度,以及对所学知识和技能的应用能力等。目前,对学生体育学业的评价可以采用观察、展示、技能评定、口头评价、测验等方法进行。

3. 学习态度的评价

学习态度是指学习者对学习的态度,是指学习者对学习较为持久的肯定或否定的行为倾向或内部反应的准备状态。它通常可以从学生对待学习的注意状况、情绪状况和意志状况等方面加以判定和说明。学生的学习态度,具体又可包括对待课程学习的态度、对待学习材料的态度以及对待教师、学校的态度等。学习态度不是与生俱来的,是可以通过后天的培养而形成的。而学生的体育学习态度是课程改革过程中非常重视的因素,也是课程目标的重要组成部分。因此,学生的体育学习态度也是评价的重要内容。在实际教学中,教师主要通过观察学生的行为表现来对学生的学习态度进行评价,如在学习中学生是否能够主动参加体育活动?是否能够向同伴展示学会的简单运动动作?是否能够主动观察和评价同伴的运动动作?是否能够自觉参加体育与健康课的学习?等等。

4. 情意表现与合作精神的评价

《体育与健康课程标准》的显著特征是把提高学生的心理健康和社会适应水平作为课程的重要目标之一。所以对学生的体育学业进行评价时也要充分把握这一点,把学生在课堂中的情意表现和合作精神作为评价的重要内容。学生的心理健康主要表现在运动时能否积极地进行心理感受,如紧张兴奋,是否能够把握情绪的变化,是否能够在运动中战胜困难,如胆怯、自卑等心理障碍,是否能够充满信心地进行锻炼,是否能够控制自身的不良情绪,积极获取愉快的心理感受等。学生的社会适应能力主要表现在是否能够对同学、同伴和老师表现出理解和尊重,主动承担责任,主动为他人着想,主动为他人取得成功提供机会,尊重裁判,尊重游戏和比赛规则,关爱、同情和帮助弱者,认真分析失败原因,不埋怨他人,能与他人坦诚交换意见等。这些都是对学生进行体育学业评价的重要内容。

三、学生体育学业评价的方法

(一)定性评价与定量评价相结合

定性评价与定量评价是一对在评价中由于判断标准不同而形成的不同评价方法。一般认为,对于课程标准中不能量化的目标进行评价时要进行定性评价,比如学习过程中的努力程度和参与程度等,而对于可以量化的目标比如体能的测试和技能的掌握等方面则要适当运用定量评价,结合定性评价进行判断。把定量评价与定性评价相结合,这一点主要表现在两个方面:一是在对某些可量化的因素进行定量评价后再对那些不能量化的因素进行定性评价;二是对某些因素进行量化后得到的结果进行定性分析,这样就使得定量评价和定性评价有机地结合在一起。

(二)诊断性评价、过程性评价与终结性评价相结合

诊断性评价是一种准备性评价,主要是指在某一学段的学习之前对学生的身心发展状况、运动知识和技能水平、学习态度和能力方面进行的摸底评价。例如在学期开始时测试学生的身体素质成绩和身体形态指标做认真记录就是一种诊断性评价。

过程性评价则是在教学过程中,为了使学习效果更好而对学生学习的各个方面不断进行的评价。它有助于及时了解学生学习的进展情况、存在的问题,以便及时反馈和有效调整教学过程。过程性评价通常在教学过程中和单元学习结束后进行。比如对学生的运动参与、心理健康等方面的评价。过程性评价是把评价体现在教学的全过程中,这种评价次数较多,评价方式灵活,能及时为师生提供必要的反馈。比如现在体育教师经常以成长记录袋的形式来进行过程性评价。

终结性评价是在教学活动结束时进行的一次性评价,如期末的考核、考试等,目的是考查学生是否达到了相应的教学目标。过去学生的"体育锻炼达标"就是一种典型的终结性评价。终结性评价注重的是教学的结果,主要是为了判定最终的学习成果,并作出成绩评定。

这三种评价方式在评价目的、作用及时间上都有一定的区别。比如在评价的目的上,诊断性评价的目的主要是合理安排教学内容和方法,因材施教,及时采取补救措施;过程性评价的目的则在于改进学习过程,调整教学方案;终结性评价的目的在于鉴定学生已达到的水平,并预测后继学习中成功的可能性。在评价的时间上,诊断性评价是在学习的起始状态时进行的评价,而终结性评价是在学习结束以后进行的评价,过程性评价则是在整个学习过程中所进行的评价。这三种评价方式的作用分别是查明学习准备和不利因素、了解学习效果和评定学生学业成绩。

同时,应该注意的是体育教学是一个连续的过程,每一项教学活动的开始巨擘下一活动的正常开展打下基础,它们互相联系、互为前提。因此,在对学生的体育学业进行评价时,这三种评价方式并不能完全割裂开来使用,而应是有机结合、互为补充的。可用学生上学期期末的体能、技能成绩,即终结性评价的成绩作为本学期成绩的起点值(即诊断性评价的成绩)。

(三)绝对评价和相对评价

依据不同的评价标准,可以把体育学习评价分为绝对评价和相对评价。绝对性评价是

把群体中每一成员的某个指标逐一与评价标准对照(如《国家体育锻炼标准》等),给出一个静态的绝对分数,从而判断其优劣。相对性评价是先建立一个评价基准,然后把各个被评对象逐一与基准相比较来判断其优劣。相对性评价中的评价基准有横向评价基准和纵向评价基准两种。横向评价基准是在被评对象的群体或集合中建立起来的,如学习成绩的平均值等;纵向评价基准则是指被评对象过去的成绩水平,即学习成绩的初始值,如入学成绩等。在对学生的体育学习成绩进行评价时,主要参照纵向评价基准,即被评对象自己的初始成绩,以考查该学生通过一段时间的体育学习之后所获得的进步幅度。

这两种评价方式也是体育学业评价中常用的评价方式。它们各有优点和缺点。绝对评价的优点在于评价标准比较客观,可以使评价者看到自己和客观标准之间的差距,以便向标准不断靠近;它的缺点是不易全面分析学生之间存在的体育学习差异。而相对评价的适用性比较强,运用的面比较广泛。不管这个班级整体学习状况如何都可以进行比较,都能正确评价出个体在这个班级中的相对位置,更有利激发评价对象的竞争意识。它的缺点是评价的结果只能是评价对象在一定范围内的相对位置,不一定反映出它们的实际水平,容易忽视教育目标的达到情况,也容易导致激烈的、无休止的竞争,同时,还会挫伤部分学生的学习积极性。

体育新课程改革,更加关注学生的进步与发展。对学生体育学业的评价不仅要采用绝对评价,更要强调相对评价;既关注绝对成绩的高低,更要重视进步幅度的大小,注重二者的有机结合,而不是只取其一。

(四)多元评价主体相结合的评价方法

德国教育家斯多惠说:"教学艺术的本质不在于传授的本身,而在于激励、唤醒、鼓舞。"课程改革的根本目的是改变学生被动的学习状态,唤起其学习热情,培养其学习自主性。科学的学习评价最能唤醒学生的激情,凸显主体地位。学习评价是一把双刃剑,它可以给学生学习动力,也可以使学生丧失学习信心。要使之发挥正面的作用,最关键的是建立多元、动态、科学的评价体系。传统的教学是一种自上而下的"填鸭式"教学,对应的学习评价也更多的是来自教师的外部评价,评价主体比较单一,被评价者往往处于被动的地位,这样不利于充分调动学生主动学习的积极性。新体育课程标准倡导:"体育学习评价应采取以学生为主体、师生共同参与评价的形式。"

评价主体包括教师、学生、家长和社会等方面,根据评价主体不同,对学生体育学业评价分为教师评价、学生自评和学生互评、家长评价及社会评价。其中教师评价是传统中运用最多的评价,也比较权威、客观、准确。学生自评和学生互评则能充分调动学生的积极性,增强学生的评价意识和学习主人翁意识,又能培养学生学习正确认识、评价自己和他人的能力。家长评价能够使其了解学生的学习情况,提高家长在培养学生学习方面的主体性,同时也提高评价的全面性。因此,新课程要求在确保评价公平、公正、客观的同时,更要注重评价主体的多元化,这也是课程改革对学习评价提出的新要求之一。

四、学生体育学业评价时应该注意的事项

(一)在选择评价内容和评价标准、确定评价方法和形式上有所侧重和区别

水平一(小学一、二年级)阶段的学生刚脱离幼儿期不久,身体、心理均处于极不稳定阶段,最好不要设置实质性的考核项目,体育教师应通过各种游戏活动多让学生体验参加体育活动的乐趣,在体育活动中培养学生对体育活动的兴趣,观察学生在体育活动中的表现,进行过程性评价,可以用成长记录袋的方式来记录学生在体能和运动技能方面的发展、学习态度和行为表现等情况。这样有助于促进学生的自主学习,也有助于教师、家长更好地了解和指导学生的学习。同时,也可以在体育活动中观察学生能否做一些简单的体操动作,能否描述出自己在体育活动中的感受,以及与同伴合作游戏的愿望。学习成绩评定方式还可以采用评语制,用鼓励性语言激励学生学习的兴趣。

水平二(小学三、四年级)阶段的学生通过两年的体育实践活动,对体育课有了比较清晰的了解和感受,但身体发育依然处于不成熟、不稳定阶段。考核内容可以简单组合动作为主,能体现出身体的协调性和平衡能力。在评价时主要观察学生是否乐于参与体育活动;能否完成简单组合动作;能否体现出身体的协调性和平衡能力;在体育活动中能否表现出良好的合作行为等。学习成绩评定应尊重学生的自评与互评,以鼓励性评语为主并与等级相结合。

水平三(小学五、六年级)阶段的学生经过四、五年级的体育学习,体能水平、运动技能和适应能力都有一定的发展。考核内容的选择要有利于大多数学生的运动兴趣、爱好的培养,有利于学生身体安全健康,为进入初中学习阶段打下良好基础,而且要符合孩子的接受能力,建议少选或不选成人化和竞技化的项目。学习成绩评定应采用多元评价,采用评语式与等级式并重的方法进行评价。

水平四(初中)阶段的学生通过小学六年的体育学习,获得了各种体育与健康知识和运动技能,身体机能有所提高。考核内容可以选择"精学"类内容,把长期系统学习的技能项目作为考核内容。比如介绍类教材通过竞答的形式帮助学生对有关知识进行了解,安全急救救护要有一定的操作能力。同时,还要注意锻炼类教学内容是反映学生身体素质状况的有效项目,要有目标地选择考核,并建立学生成长记录袋,以促进学生身体素质有效提高。采用多元评价体系,把等级制评定与诊断性评语相结合使用。

水平五、六(高中或更高一级)阶段的学生通过九年义务教育阶段系统的体育学习,对体育知识和技能有了一定的水平,同时身体发育水平也基本稳定,考核内容要更加全面科学,除规定的必测项目外,允许学生根据自己的爱好选择考核项目。同时要注意,介绍类教材比如安全急救(自救)等项目的内容有必要结合学校的综合运动会进行演练,以达到课程标准的要求。评价方式上可采用等级评价和健康指导性评语相结合的方法。

(二)评价要实事求是,体现出客观性

对学生体育学业成绩的评价应该是客观、公正、合理的,在实事求是的基础上,体现出

评价的客观性,不能由体育教师根据个人的情感来主观臆断。进行学生自评和互评时,也应该做好引导工作,教给学生评价的标准和评价方法,不能对同学做出不负责任的评价,避免出现评价中的类群现象。

(三)允许学生延时考试

学生的学习经历不同,能力不同,达到学习目标的时间长短也会不同。学生体育学业成绩的评价,不单纯是学习能力和学习水平的评价,更不是选拔精英。要根据学生的实际情况区别对待。如果学生身体有特殊情况出现,允许学生延时考试是非常重要的。

(四)评价方法和方式要科学,同时也要可操作

由于我国各级学校教学班级规模都普遍过大,过于烦琐的评价只会给体育教师带来难以承受的工作量,影响对学生体育学业评价的效果和效率。因此,在对学生进行评价时,只要能达到课程目标的要求,评价表格越简洁越好,要具有可操作性,无法操作和难以操作的尽可能去掉。

(五)根据课程改革的要求建立多元的、全方位评价体系

对学生体育学业成绩的评价内容、身体素质与运动能力、运动技能的评定可以采用定量评定与定性评定相结合的方式进行;体育与健康知识的评定可采用竞答法、操作法、评比法、问卷法、演讲法等形式来判断学生对基础知识的了解;学习态度与参与、情意表现与合作精神的评定可采用以定性为主的方法。

本章小结　　　教学评价改革是体育新课程改革中的重要环节,也是和学生的学习结果密切相关、被学生一直关注的重要方面。在课程改革深入进行的关键时期,对于体育教师来说,做好教学的评价工作是非常必要的和必需的。本章不仅对新时期体育教学评价的特征进行了一个整体概述,而且以多个灵活的教学案例形式对体育教师教学质量和学生学业成绩评价分别进行了系统而翔实的论述,这些都能帮助我们更好地理解教学评价的各个方面问题。

回顾与思考　　　1.体育教学评价的类型有哪些?

2.结合实践谈谈多元评价主体在体育教学评价中的运用。

3.学生体育学业成绩评价在实践中应注意什么问题?

4.运用本章所学的知识,尝试评价自己的学习情况。

参考文献

[1] 姚蕾,闻勇. 对我国体育教学评价的理论思考[J]. 北京体育大学学报,2002,25(1):92-94.

[2] 申卫星. 高等学校教学质量评价指标体系研究[D]. 上海:东华大学,2004.

[3] 杨红,韩锡斌,程建钢,等. 基于网络的教师教学评价系统[J]. 教育信息化,2005(4):50-52.

[4] 庞淑芬. 教师教学质量评价体系的基本框架[J]. 消费导刊,2009(1):182.

[5] 沈建华,陈融. 学校体育学[M]. 北京:高等教育出版社,2010.

[6] 季浏,汪晓赞. 小学体育与健康教学法[M]. 北京:高等教育出版社,2012.

[7] 朱为民. 新课程理念下中小学体育教学评价的反思与重建[J]. 扬州教育学院学报,2004,22(4):70-71,82.

第九章
课外体育锻炼

【学习任务】

通过本章的学习,深刻理解课外学校体育锻炼在学校教育和体育中的地位及意义,认识校内外一体化的课外体育活动发展的特点,结合开展课外体育锻炼具体的组织与实施方法,提高课外体育锻炼服务能力。

【学习目标】

- 理解课外体育锻炼的概念与特点。
- 知道课外体育锻炼的原则与内容。
- 掌握校内课外体育锻炼的组织形式与实施方法。
- 理解校内外一体化课外体育活动网络的含义与实施。

课外体育锻炼是学校体育的重要组成部分,是体育课堂的延伸,是促进学生体质、增强身心健康发展的重要途径,有助于培养学生体育锻炼习惯,养成终身体育意识。

一、课外体育锻炼的特点

学校课外体育锻炼的特点多种多样,根据课外体育锻炼的实际情况,我们将课外体育锻炼的特点归纳为以下几点:

1. 规定性与自愿性相结合

学校课外体育锻炼的规定性是学校根据学生的具体情况制订的普遍适用的课外体育锻炼,规定学生们参加的学校体育活动。课外体育锻炼的自愿性是指在课余时间里,学生根据自己的兴趣爱好,自愿参加的课外体育锻炼,其内容丰富,形式多样。

2. 课余性与计划性相结合

学校课外体育锻炼具有课余性特点,是指学生在课余时间里进行的课外体育锻炼。课外体育锻炼的计划性特点是指学生在课余时间里有计划地进行课外体育锻炼。其计划性可以是短期的,也可以是长期的。

3. 自主性与指导性相结合

学校课外体育锻炼的自主性是指学生在课余时间里,自己安排锻炼的时间与内容,其锻炼目的也是根据自己的实际情况,课外体育锻炼的自主性强调学生的主体性地位。课外体育锻炼的指导性是指学生在课余时间里进行课外体育锻炼时,可以是教师对学生进行指导,也可以是学生之间进行相互交流、相互指导、相互学习。

4. 多样性与灵活性相结合

学校课外体育锻炼内容具有多样性,有球类运动、田径、体操、游泳等项目。课外体育锻炼组织形式具有灵活性。不同的锻炼人群参与不同的锻炼内容,其组织形式也有所区别,进行课外体育锻炼要根据实际情况,灵活掌握其组织形式。

5. 拓展性与实效性相结合

学校体育范围广泛,内容多样,组织形式灵活,可以从课内拓展到课外,从学校拓展到家庭与社会,从已有的项目拓展到新兴项目,从体育领域拓展到教育、管理、社会、经济等其他领域。学校课外体育锻炼虽然具有拓展性,但也应注重其实效性,以增强学生体质,增进学生健康为目的,防止追求形式,华而不实,舍本逐末。

6.独立性与补偿性相结合

学校体育锻炼不受学校体育教学大纲和教学计划的强制约束,其内容多样,组织形式灵活,具有相对的独立性,区别于体育课中的体育教学。学校课外体育活动与体育课相辅相成,既有联系又相互区别,不能相互代替,课外学校体育锻炼是体育教学的延伸和补充,学生既可以对课堂所学进行巩固,还可以补偿课堂中上课人数多、组织形式单一所造成的局限性。学校课外体育活动的独立性与补偿性是相互联系、密不可分的。

二、课外体育锻炼的地位与意义

(一)课外体育锻炼的地位

1.巩固所学的基本知识、基本技能和运动技能,提高学生运动技术水平

学校课外体育锻炼是学生利用课余时间自觉进行活动的过程,巩固学生所学的基本知识、基本技能和运动技能,提高学生运动技术水平,对动作的掌握由不熟悉到熟悉的过程,对动作的掌握由泛化、分化以求达到自动化的过程。

2.课外体育锻炼是学校体育工作的重要组成部分

学校体育工作包括体育教学、课外体育活动、课余训练与竞赛、学校体育管理等。课外体育锻炼是学校体育活动的重要组成部分,没有课外体育锻炼的积累,就很难做好学校体育训练与竞赛工作,学校课外体育锻炼是学校体育训练与竞赛的基础,若无学生有计划地参与课外学校体育锻炼,学校体育训练与竞赛工作就难以开展,学校体育工作难以落实,增强学生体质、增进学生健康就难以实现。

3.课外体育锻炼是连接学校体育、社会体育与竞技体育的重要结点

学校课外体育锻炼是连接学校体育、社会体育与竞技体育的重要结点。学校课外体育锻炼包括校内课外体育锻炼和校外学校体育锻炼,校外学校体育锻炼是校内学校体育锻炼的补充和延伸,也是学校与外界交流的窗口,是学校体育走向社会体育,走进竞技体育的重要节点。

(二)课外体育锻炼的意义

1.有利于增强学生体质,增进学生健康

通过开展内容多样、形式灵活的课外体育活动,有利于促进学生的身心健康发展、改善学生身体各器官和系统的功能、培养良好的身体姿态、提高身体的基本活动能力和运动能力、提高人体适应环境和抵抗疾病的能力,增强学生体质,增进学生健康。

2.有利于减轻学生学业负担,丰富学生课余生活

在应试教育向素质教育转变的背景下,通过参与课外体育锻炼,减轻学生的学业负担,有助于学生释放学习压力。通过参与课外体育锻炼,多种多样的体育项目可以使学生的业余生活变得丰富多彩,更有助于学生的身心健康发展。

3. 有利于培养学生的体育锻炼习惯，促进终身体育意识形成

课外体育锻炼具有内容多样性和组织形式灵活性等特点，学生根据自己的兴趣爱好，选择自己喜欢的体育项目，有利于激发学生的运动兴趣，增加学生的体育参与机会和运动体验，从而逐渐形成良好的体育锻炼习惯，持之以恒，有利于终身体育意识的形成。

三、课外体育锻炼的原则

课外体育锻炼的原则是对学校课外体育锻炼实践经验的总结和概括，是学校课外体育锻炼客观规律的反映，是课外体育锻炼应遵循的基本准则。课外体育锻炼原则包括以下几点：

（一）自觉自愿原则

自觉自愿原则是学生利用课外时间，自觉参加课外体育锻炼，其锻炼目的包括健身性目的、健美性目的、娱乐性目的、防身性目的、保健性目的。锻炼项目包括篮球运动、排球运动、足球运动、羽毛球运动、乒乓球运动、游泳、体操、田径、滑雪、滑冰等。课外体育锻炼是体育课的延伸和补充，强调学生的自觉自愿原则。

（二）全面锻炼原则

全面锻炼原则强调学生在课外体育锻炼时，要做到全面锻炼，促进身心健康。全面锻炼要做到上肢与下肢的全面锻炼，也包括身体各系统的全面锻炼。全面锻炼原则不单是指某一人群，而是指全校所有人群，各群体根据自己的实际情况、兴趣爱好，在合适的时间里进行的体育锻炼。全面锻炼原则强调学校人群的全面性，也强调锻炼的器官或系统的全面性。

（三）持之以恒原则

持之以恒原则是指学生进行课外体育锻炼应有计划性、周期性。制订课外体育锻炼计划，并持之以恒，养成体育锻炼的好习惯，形成终身体育意识。

（四）适量渐进原则

适量渐进原则是指在进行课外体育锻炼时，应根据自己的实际身心发展情况，科学合理制订相应的负荷量与间歇时间，循序渐进。长期过量锻炼会对身体造成伤害，不利于身心健康。根据自己的实际情况，充分考虑好体育锻炼、膳食营养、作息安排等因素，促进身心健康。

（五）针对性原则

针对性原则是指在进行课外体育锻炼时，锻炼主体、项目、时间、方式、目的具有针对性。课外体育锻炼可以是针对某一个体或群体制订的锻炼计划，还可以是针对某一确定时间里的锻炼计划，还可以是为达到某一个体或群体的特定目的而制订的锻炼计划。所以学校课外体育锻炼具有针对性，应根据不同的主体、项目、时间、方式或目的制订针对性的锻炼计划。

(六)安全性原则

安全性原则是在课外体育锻炼的过程中,要注意安全,避免发生不必要的意外和伤害。学校体育事故已经严重影响学校体育工作的开展。学生运动损伤甚至猝死等情况时有发生,家长和社会的不理解,已经成为学校体育发展的障碍,导致课外体育锻炼难以开展。遵守安全性原则,让学生在欢乐、愉快的心情下进行课外体育锻炼。

第二节 课外体育锻炼的组织与实施

课外体育锻炼是学校体育实践的重要内容,是有效落实"每天锻炼一小时"的重要保障,其组织形式多种多样,锻炼内容丰富多彩,有利于促进学生身心健康全面成长。

一、课外体育锻炼的组织形式

校内课外体育锻炼是学校体育工作的重要内容之一,有利于培养学生养成良好的运动习惯,形成终身体育意识,增强体质,增进健康。根据不同的依据,可划分出不同的组织形式。本书从时间、地点、参与人群、参与目的等角度划分出不同的课外体育锻炼组织形式。目前有两种划分方式:第一种是常用的划分方式,主要包括早操、课间操和班级体育锻炼。第二种是以参与主体划分的课外体育锻炼组织形式,主要包括全校性锻炼活动、年级性锻炼活动、班级性锻炼活动、小组锻炼活动、体育俱乐部活动和个人锻炼活动。这里主要介绍第一种常用的划分方式。

(一)早操

早操(晨操)是指清晨进行的体育锻炼,是作息制度中规定的体育活动。早操时间一般控制在 15~20 分钟。早操锻炼的运动负荷要适宜,可选择广播体操、健身健美操、跑步等运动负荷不大的内容,以免因为早操而使学生过度兴奋或过度疲劳,影响正常上课。早操应根据季节、环境等情况适当作出调整。早操可以培养孩子良好的生活习惯,保持清醒的头脑、充沛的精力,以饱满的热情度过每天的学习生活。

(二)课间操

课间操是作息制度中规定的课外体育活动,通常是在每天上午第二节课后组织的学校体育活动,是我国中、小学内最常见、最有保障的一种课外体育锻炼形式,时间一般维持在 15~20 分钟,运动负荷适中,其内容主要包括广播操、跑步、武术等。大课间体育锻炼是在课间操的基础上发展起来的一种课外体育锻炼方式,其运动时间一般维持在 25~30 分钟,每个学校、每个年级、每个班根据实际情况安排,锻炼内容丰富多样,各不相同。学生经常参加课间操(大课间),有助于消除学生学习疲劳,保护学生的视力,提高学生学习效率,组织集体性课间操还能够培养学生的组织纪律性和集体合作精神。

(三)班级体育锻炼

班级体育锻炼是以班为集体,或将学生分成若干锻炼小组,在班主任或体育教师的指导下,由班干部和锻炼小组长带领学生进行的一种经常性的课余体育活动,一般与体育课错开安排。班级体育锻炼一般被列入正式课表中,以保证锻炼时间和锻炼条件的落实,通常每周安排两次,每次一小时。班级体育锻炼的内容可以是以体育课教学内容为主,复习、巩固体育课上所学的基本技术与技能,也可以围绕体育升学考试项目、学校传统项目以及学生喜爱的各种运动项目展开。由于班级体育锻炼都是在学生放学前进行,所以运动负荷可适当大些,但要以不影响学生晚间学习和正常休息为原则。班级体育锻炼可根据季节、场地器材等条件的变化灵活多样地选择,班级体育锻炼有助于巩固体育课的效果,是实施"达标争优"的重要方式,是培养体育兴趣与习惯的重要途径,有助于发展学生个性、培养优良品质。

▍▍ 二、课外体育锻炼的实施

(一)课外体育锻炼的计划制订

课外体育锻炼计划是全校体育工作计划的重要组成部分,它对课外体育活动的顺利开展,对整个学校体育工作目标的达成具有重要意义。由于课外体育锻炼又是学校课外活动的组成部分,且涉及学校宣传、后勤等多部门,需要与相关部门沟通合作,使计划切实可行。课外体育锻炼计划有较大的自愿、自主、自觉的特点,表现出学生较大的自由度,所以要做好课外体育锻炼计划,以保证课外体育活动科学、有序地开展,同时也能针对性地增强学生体质,开展好学校体育工作。校内外体育锻炼计划的制订应适合学生的身心健康发展,项目的选择应切合实际,科学合理地制订锻炼计划,充分考虑好体育锻炼、膳食营养、作息安排等因素。根据时间周期的不同,锻炼计划包括年度锻炼计划、季度锻炼计划、月锻炼计划、周锻炼计划、日锻炼计划等。根据参与主体的不同,锻炼计划包括全校性锻炼计划、年级锻炼计划、班级锻炼计划、小组锻炼计划、体育俱乐部计划和个人锻炼计划。在这里我们主要介绍不同参与主体的锻炼计划。

1. 全校性锻炼计划

全校性锻炼计划一般是由体育教研室或体育教研组在总结上一学期经验、广泛听取各方面意见的基础上制订的,报学校主管领导批准后执行。全校性的课外体育锻炼计划可以以学年或学期为单位,主要内容有早操、课间操、大课间活动的内容及组织措施,年级活动、班级活动和体育俱乐部的宏观安排,体育素质测试的安排,学生体育干部的培训,宣传教育、检查评比的落实等。

2. 年级锻炼计划

年级锻炼计划通常适合规模较大、学生较多的学校,通常由负责整个年级体育教学的老师和年级主任或组长协同制订。年级锻炼计划的制订主要依据学校课外体育锻炼计划以及本年级学生身心发展的特点、体育基础、运动水平等,细化全校课外体育活动计划,并安排适合本年级学生特点的课外体育活动是年级锻炼计划制订的关键。

3. 班级锻炼计划

班级锻炼计划是为了落实学校活动计划或年级活动计划而制订的具体实施方案,通常是在班主任、体育课老师的指导下,由班级体育委员在征求全班同学的意见和建议后制订并实施的。班级锻炼计划对推动学生的课外体育活动有着重要的促进意义,是落实"每天锻炼一小时"的重要保证。班级锻炼计划的内容主要有班级体育活动的目标、活动内容和形式、活动小组的划分、检查评比方法等。

4. 小组锻炼计划

小组锻炼计划相对来说自由度较大,不容易进行规范化管理,计划性较差,特别是时聚时散的小团体在很大程度上是随意的,根本无计划可谈。一般来说,体育教师可以通过指导、咨询、协调等形式介入其间,尽可能做到有求必应,有叫必到,并鼓励启发学生有序、有计划地坚持锻炼。

5. 体育俱乐部锻炼计划

体育俱乐部锻炼作为新兴的课外锻炼形式,一般由专门负责人根据学校体育工作的总体规划和课外体育锻炼计划来制订,具体包括确立俱乐部的目标、任务、运营方式、人员安排、经费预算等,还包括经费的筹措、场地器材设备等的合理配置。由于俱乐部承担着多种任务,计划制订相对复杂,需要统筹兼顾,因此,体育俱乐部锻炼计划的制订显得尤为重要。

6. 个人锻炼计划

个人锻炼计划是根据班级体育锻炼计划结合个人的实际,对个人的体育锻炼做出的具体安排,它包括每周或每次的体育锻炼计划。对学生个人的体育锻炼计划,体育教师则可以耐心引导、启发学生根据班级锻炼计划,结合学生自身的实际,有针对性地作出计划安排内容,包括个人的锻炼目标、时间、场所、内容、方法以及测评方法等。个人锻炼计划可在征求老师、同学和家长意见的基础上,由学生分析自己的实际情况制订科学合理的锻炼计划。

(二)课外体育锻炼的组织实施

计划制订后就要认真组织实施,再好的计划如果不付诸实施,都将成为空中楼阁。组织实施是一个动态的管理过程,对全校性的课余体育锻炼而言更是一个系统工程,需要学校多个部门的协调配合才能完成。一般来说,课余体育锻炼的组织实施应做好以下三项基础工作:

1. 确立制度和工作规范

根据课余体育锻炼的计划,确立制度和工作规范由主管校长召集相关部门确定实施课余体育锻炼的有关制度,如晨操制度、课间操制度、大课间活动制度、班级课余体育锻炼轮换制度等。这些制度都要纳入学校作息时间内规范管理,从而保证各项制度能有效地实施操作。与此同时,应建立与各项制度相配套的工作规范。这是课余体育锻炼的一般规则,其主要形式有守则、须知、程序等。科学的规范管理是有步骤、有秩序地实施课余体育锻炼的基本保证。

2.明确职责和工作范围

(1)校领导

学校校长或主管副校长为全校课余体育锻炼总负责人。晨操、课间操、大课间活动等全校性课余体育锻炼要求校长或主管副校长身体力行,亲自到活动场地参与活动,以鼓舞学生积极投身锻炼,同时可以深入一线了解课余体育锻炼的开展情况,以便及时发现问题、解决问题。

(2)体育教师

体育教师是课余体育锻炼的业务工作责任人,具体负责编制实施方案并把方案付诸实践。具体操作包括安排全校晨操、课间操、大课间活动等内容及选择乐曲、带操等;负责班级活动场所及进退场的安排;协助班主任组织好所带年级的活动等。

(3)班主任

班主任是各班级课外体育锻炼的负责人。班主任的特殊身份决定了其非同一般的号召力。课外体育锻炼计划的实施必须充分发挥班主任的作用,通过班主任教育、鼓励、引导和督促,让学生积极参加课外体育锻炼计划。班主任的具体职责是了解和掌握本班学生的运动兴趣、运动习惯、基础水平及体育特长等基本情况,协助学生干部组织本班学生及时出操并开展相应的课外体育锻炼,维持本班级的纪律和秩序。

(4)学生干部

学生干部主要是共青团、少先队、学生会以及体育协会等组织中的骨干,特别是班级体育委员,其对课余体育锻炼计划的顺利实施有着很大的影响。学生干部以身作则,组织并带动全班学生积极主动地参加活动对于课外体育锻炼计划的有效实施非常关键。

3.落实与实施课外体育锻炼计划

落实与实施课外体育锻炼计划的实质就是校领导、班主任、体育教师、学生干部,扎扎实实地把课余体育锻炼计划的具体实施方案付诸实践的过程。在这个过程中校领导起着统领全局的作用;体育教师主要做指导、协调和组织工作;班主任着重于组织、引导和督促学生主动参与体育活动。

构建校内外一体化的课外体育活动网络

校外体育锻炼是指学生在学校以外参加的各种体育锻炼活动。它与校内体育锻炼活动相互联系,相互补充,共同构成了学生课外体育锻炼体系。

一、校外体育锻炼的主要内容和组织形式

(一)校外体育锻炼的主要内容

1. 郊游、远足和野营

郊游、远足和野营都属于野游型课外体育锻炼,其野外活动的内容不同、活动范围较大、交通方式多样、时间长短不一、住宿方法不同。郊游主要是指从城镇出发到郊外去游玩,地点可以是公园和旅游景区,交通方式多种多样。远足主要是指以步行的方式到野外去游玩。郊游、远足和野营以及校内课外体育活动的形式有所不同,内容多样,形式灵活,得到广大学生的喜爱。在节假日里,同学们经常在野外宿营。学生三五成群,或与全家一起,远离喧嚣的城市,走进大自然,去体验大自然的魅力领略沿途的风土人情,去经历成功和挫折。在回归大自然的过程中,不仅可以陶冶情操,放松身心,增长才干,增强野外生存的本领,而且能增加同学之间的情感,增进交往和友谊。

2. 拓展训练

拓展训练主要是指受训人员在大自然环境中,通过学习预先专门设计的具有挑战性的课程,利用多种典型的场景和活动形式,让团队和个人经历一系列的考验,克服存在的困难,培养学生的毅力,让学生形成积极进取的人生态度,增强学生的团结合作意识。

3. 登山

登山是学生走进大自然,挑战大自然,陶冶情操,培养毅力和坚韧不拔意志品质的一种野外活动。学生在进行这项活动之前,需要学习登山所必需的知识,进行登山相对应的体力训练。登山时要做好登山准备,注意气象变化和环境变化,进行相应的安全教育,做好急救工作。

4. 跳绳

跳绳对学生身心的发展具有重要的作用。跳绳包括单人单绳、双人单绳、多人单绳等多种形式。在进行跳绳锻炼时了解跳绳的基本知识与动作技术。通过跳绳锻炼将游戏与比赛相结合,有利于激发学生的兴趣与热情,通过多人单绳锻炼,有利于培养学生的团队精神。

5.水上或冰雪运动

水上或冰雪运动越来越受到大家的喜爱,然而水上运动和冰雪运动相对其他项目难度较大,危险系数较高,对学生掌握知识与技能要求相对较高。进行水上运动和冰雪运动时要关注项目特点,做好保护措施。

6.舞蹈

根据舞蹈的不同风格与特点,舞蹈可划分为古典舞蹈、民族民间舞蹈、现代舞蹈、当代舞蹈和芭蕾舞等类型。通过舞蹈学习,有利于培养学生身体的协调性、柔韧性,还能培养学生的气质,陶冶情操。

7.其他校外体育锻炼内容

校外体育锻炼内容丰富,除郊游、远足和野营、拓展训练、登山、跳绳、水上或冰雪运动、舞蹈外,还包括春游、秋游、攀岩、冲浪、轮滑、拔河等校外体育锻炼活动。

(二)校外体育锻炼的组织形式

1.个人自我锻炼

个人自我锻炼是指学生在校外根据体育课堂教学或课外体育活动的要求,为了完成体育作业或练习内容,自觉进行的个人体育锻炼,如在体育课程学习中发现,某些运动项目技术难以掌握,体育教师要求学生课后进行练习,学生除在校内课外体育活动练习外,放学回到社区后,根据课堂学习动作技术的要求,自觉利用社区体育设施进行自我练习。校外个人自我锻炼是个人自觉进行的校外体育锻炼,是校园体育活动的延伸和拓展,弥补体育课教学中的局限与不足。

校外个人自我锻炼的空间相对广阔、内容相对广泛,个人在安排校外进行自我锻炼时,尽量与学校体育所学内容紧密结合,巩固校内所学的各项运动技术、进行针对性的身体素质练习、与朋友进行趣味性体育活动等。校外个人自我锻炼对于复习与巩固所学知识和运动技术、养成体育锻炼习惯、丰富校外文化生活、增强体质、结交朋友、建立健康的生活方式有着重要的作用。

进行校外个人自我锻炼时要注意安全问题,对于难度较大、技术相对复杂的动作要有同伴的保护与帮助,单独一个人进行自我锻炼时,最好选择简单或自己有能力完成的项目进行锻炼。校外个人自我锻炼可以是独自一人进行,也可相约几人进行。在没有安全保障的条件下,学生个人不得独自在危险的场所,如湖泊、马路、深山等进行体育锻炼活动。

2.家庭体育锻炼活动

家庭体育锻炼活动是指以家庭为单位,以学生的家庭成员为主体而进行的身体练习和家庭体育锻炼活动。家庭体育锻炼活动是在体育教师的指导下、在家长的协助和督促下,学生利用回家之后的时间完成的。家庭体育锻炼活动为了促进学生体质健康,要求学生家庭成员积极配合学校督促学生进行家庭体育锻炼活动。家庭体育锻炼活动从组织形式上来看,家庭体育锻炼主要是以学生为主、家长为辅的体育锻炼活动,家长起辅助、监督、指导的作用,主要目的是帮助学生完成体育学习、提高运动技能、培养良好的体育锻炼习惯、提高学生体质健康水平等任务。可供选择的家庭体育锻炼活动内容很多,包括假期家庭晨跑、暑期家庭游泳、家庭球类活动、家庭跳绳比赛、家庭身体素质专项练习等。

3. 节、假日体育锻炼活动

节、假日体育锻炼活动主要是指在学校体育教师的安排与要求下,学生在节、假日期间利用校外社区、公共体育场地器材资源而进行的各种课外体育锻炼活动。

学校班主任和体育教师在节假日前,要与体育行政部门、青少年体育宫、妇女儿童中心以及有关社会各团体与俱乐部进行积极协调,采取就近安排原则,设计好学生假期体育锻炼计划,鼓励学生在假期积极参加体育锻炼活动,为学生假期进行体育锻炼活动提供便利的体育锻炼条件。

根据相关规定,公共体育场馆和运动设施应免费或优惠向周边学校和学生开放,学校体育场馆在课余和节假日应向学生开放。青少年假日活动中心是近年来出现的新生事物,是由各地教育部门组建并成立的。其主要目的是丰富学生校外课余生活、积极开展各种素质教育活动。这是国家为学生"减负"的一个有力措施,也是素质教育与能力培养的有效活动。青少年假日活动的组织单位是学校,承办单位是各地教育部门成立的青少年假日活动中心。

4. 体育夏（冬）令营锻炼活动

体育夏(冬)令营锻炼活动是实施素质教育的有效途径,对于提高未成年人思想道德非常有帮助,是学校教育和家庭教育的良好补充。体育夏(冬)令营是以体育锻炼活动为主题的夏(冬)令营活动,体育夏(冬)令营锻炼活动通常是一种综合性的体育活动,在内容上,综合了德、智、体、美、劳各方面的教育因素,如安排游泳、攀岩、篮球、乒乓球、羽毛球、定向运动等,并结合了参观、野炊、露营、联欢、营火晚会等形式活动,通过学生参加体育活动来达到增强体质、全面发展的目的。从组织形式上来看,学校可在寒、暑期以班级为单位或以三好学生为单位,以体质较弱者为单位或以体育爱好者为单位等,组织学生进行体育夏(冬)令营活动,也可以由学生自主自愿报名,学校安排有关人员带队进行体育夏(冬)令营活动。在体育夏(冬)令营活动过程中,每个学生都能积极参与其中,不仅可以学习与巩固各种运动技能,也可以为体育教学打好基础,通过体育活动加强学生之间的社会交往、提高学生的社会适应能力、学生的自理自立能力,培养学生坚韧不拔的精神。

5. 青少年体育俱乐部活动

青少年体育俱乐部活动是指依托学校、体育协会、社区、公共体育场所、业余体校等,用体育彩票公益金创建的青少年体育活动中心。青少年体育俱乐部活动则是学校促进青少年进行课余体育锻炼、发挥体育特长、组织学生加入青少年体育俱乐部会员、参与体育锻炼的活动。青少年体育俱乐部的主要管理模式是运动项目会员制。在青少年体育俱乐部,学生可以学到多种运动技能,是校内体育教学的补充和拓展,同时输送了大批体育后备人才。

建设青少年体育俱乐部应培养学生的终身体育意识，坚持"健康第一"的指导思想。从学生兴趣出发，加强对学生的正确引导，建立健全的组织管理机构，完善相应的法律法规。

6.青少年体育营地活动

青少年体育营地活动是国家体育总局新时期探索适合我国国情的青少年体育活动阵地的一项新举措，是对"全民健身工程"模式的补充和为青少年建设更多校外活动场所的有益尝试，具有示范性、探索性的特点。学校应多鼓励并组织学生从校内走向校外、从室内走向户外，走到阳光下，走进大自然，在大自然中强健体魄、陶冶情操，促进青少年思想道德建设，提高青少年体质健康水平。

青少年户外体育营地活动与体育夏(冬)令营活动相辅相成，但活动场所和运动项目是有所不同的，青少年户外体育营地活动的场所都在户外特殊的场地(营地)进行，"营地"占地面积相对大，项目与服务相对齐全，如有户外活动区、室内活动区、露营区、服务区等，同时可提供住宿、餐饮、会议、棋牌室等服务；运动项目奇特多样，如射击、攀岩、高空抓杠、高空绳网、高空断桥、缅甸桥、翻越毕业墙、报石墙、高空相依、信任背摔等。自2004年国内第一批"营地"创建以来，全国各地的"营地"单位坚持以人为本的服务理念，不断加强硬件与软件设施以及管理团队在内的各项保障措施的建设力度，进一步增强"营地"的服务意识和服务水平，极大地丰富了青少年参与体育活动的形式与内容，有效地推动了新时期青少年体育工作的发展，为学生课外体育锻炼活动做出了重要的贡献。

二、校内外体育锻炼一体化的构建

(一)校内外一体化课外体育活动网络的构建,家庭因素是基础

家庭对学生的健康成长起着非常重要的作用。家长在家庭中应尽可能地为子女开展体育活动创造一些有利的条件。家庭体育锻炼的内容和形式在很大程度上取决于家庭住所附近的锻炼条件和家长对体育的兴趣爱好。家长还应根据青少年儿童的年龄、生活和学习情况、个人身心发展特点，科学、合理地安排作息时间，保证他们有足够的睡眠时间、良好的膳食营养，并使各项活动与休息交替进行。

(二)校内外一体化课外体育活动网络的构建,学校因素是关键

深化校内外一体化课外教育教学改革，完善校内外一体化工作政策和制度体系。通过学校课程的学习，让学生掌握体育与健康的基本知识和运动技能，掌握体育锻炼的基本方法，养成良好的锻炼习惯，形成终身意识；提高学生体育运动中的安全防范能力，获得在野外环境中的基本生存能力。学生根据自己的兴趣与爱好，选择自己喜爱的锻炼方法并参与其中，挖掘学生运动潜能，提高学生运动欣赏能力，形成积极乐观的体育锻炼方式。进行校外体育锻炼，增强学生体质，增进学生健康，促进学生身心健康发展，并对学生进行道德品质教育，增强学生组织纪律性，锤炼学生顽强意志，对学生进行良好的道德品质教育。构建校内外一体化的课外体育活动网络，需要学校发挥其教育功能。

（三）校内外一体化课外体育活动网络的构建，社会因素是核心

　　完善校内外一体化体育锻炼政策法规制度，推进法治化进程，完善校内外一体化保障机制，加大校内外一体化发展投入，努力营造全社会关心、支持校内外一体化体育锻炼的氛围，加强高素质、专业化校内外一体化体育锻炼骨干队伍建设，加强校内外一体化体育锻炼信息化建设。坚持依法治理原则。大力推进校内外一体化体育锻炼法制化建设进程，全面完善校内外一体化体育锻炼各项政策法规制度，建立健全校内外一体化体育锻炼政策法规制度体系。坚持政府主导原则。强化校内外一体化体育锻炼公益事业属性，坚持政府在校内外一体化体育锻炼发展中的主导地位和作用，增强校内外一体化体育锻炼事务的公共责任，把校内外一体化体育锻炼纳入公共服务体系和公共财政职责；增加校内外一体化体育锻炼投入，改善校内外一体化体育锻炼发展条件。广泛开展校内外一体化体育锻炼活动，加大校内外一体化体育锻炼公共服务力度；实施校内外一体化体育锻炼，初步建成校内外一体化体育锻炼公共服务体系；广泛开展校内外一体化体育锻炼活动，改善场地设施条件，促进体育场馆开放，巩固、扩大青少年体育组织；加强校内外一体化体育锻炼后备人才培养工作基础建设，促进发展方式创新；大力加强校内外一体化体育锻炼文化教育工作，缩小学生体育区域差距，促进均衡发展。

本章小结 —— 　　本章主要介绍课外体育锻炼的相关知识。课外体育锻炼是指学生在课余时间里，运用多种体育手段或组织形式，以增强体质、增进健康、愉悦身心为目的的学校体育活动，课外体育锻炼是学校体育工作的重要组成部分，包括校内课外体育锻炼和校外体育锻炼。课外体育锻炼要遵循自觉自愿原则、全面锻炼原则、持之以恒原则、适量渐进原则、针对性原则和安全性原则。课余体育锻炼的组织实施应做好确立制度和工作规范、明确职责和工作范围、落实与实施课外体育锻炼计划三项基础工作。

回顾与思考 —— 1. 如何区分校内与校外体育锻炼？

2. 校内体育锻炼组织形式有哪些？

3. 如何制订不同周期的课外体育锻炼计划？

4. 如何构建校内外体育锻炼一体化？

参考文献

［1］陈文浩.苏联体育教育理论［M］.北京:人民体育出版社,1955.

［2］《学校体育学》编写组.学校体育学［M］.北京:人民体育出版社,1983.

［3］吴志超,等.现代教学论与体育教学［M］.北京:人民体育出版社,1993.

［4］《学校体育学》教材编写组.学校体育学［M］.北京:人民体育出版社,1999.

［5］周登嵩.学校体育学［M］.北京:人民体育出版社,2004.

［6］周登嵩.学校体育学(简编本)［M］.北京:人民体育出版社,2005.

［7］毛振明.体育教学论［M］.北京:高等教育出版社,2005.

［8］陈雪红,等.学校体育学［M］.北京:北京师范大学出版社,2011.

［9］刘海元.学校体育教程［M］.北京:北京体育大学出版社,2011.

［10］潘绍伟.学校体育学［M］.北京:高等教育出版社,2015.

第十章
课余体育训练

【学习任务】

通过本章的学习,理解我国小学、初中、高中体育后备人才培养过程中的选拔、培养目标和要求,掌握课余体育训练的性质和原则,熟悉课余体育训练计划的制订与实施方法,提高课余体育训练的组织能力。

【学习目标】

- 理解课余体育训练的性质和原则。
- 掌握课余体育训练计划的制订与组织实施的方法。
- 知道小学、初中、高中体育后备人才的培养要求。

课余体育训练概述

课余体育训练是学校教育的一部分,也是学校体育工作的基本任务和重要工作。课余体育训练是学校利用课余时间对部分有一定体育运动特长的学生进行系统的体育训练,培养其竞技能力,使他们在全面发展的基础上,运动才能得以发展和提高的一个专门组织的教育过程。强化课外体育训练,可增强学生体质,提高学校体育运动水平,可丰富校园文化生活,培养体育人才,推动学校体育的发展。通过科学的课余体育训练,从中发现优秀运动员的苗子,打好思想、身体、技术、战术、心理的基础,为国家培养和输送优秀的运动员,提高我国竞技运动水平,同时造就大批具有良好的思想品德和文化科学素质的体育人才,有效推动教育方针的贯彻执行。

一、课余体育训练的性质

(一)基础性

从课余体育训练作为培养竞技运动后备人才的途径来看,它在总体上进行的是基础训练。少年儿童正处于生长发育的重要时期,他们的身体机能、思想作风、道德品质等均处在形成和发展阶段。身体素质是进行体育训练的基础,它的发展对掌握运动技术和运动技能、提高运动成绩有着重要的作用。儿童青少年时期是提高身体素质的最佳年龄阶段,在课余训练中应着重注意身体素质的发展全面,打好扎实的身体基础。基本技术是某运动项目中基本的、使用效率高的技术成分,对其掌握的熟练程度和好坏直接影响成绩的提高和战术的发挥。青少年处在接受能力较快的学习阶段。在课余训练中要选择可引起其兴趣的内容,运用多种方法,促进其掌握基本技术,为今后进一步提高技术和掌握高难度技术奠定基础。在课余训练阶段不应急功近利,一味追求运动成绩,而要根据青少年的生理、心理发育规律,有针对性地打下全面的、坚实的基础。

(二)业余性

学校课余体育训练是一个有计划、有目标、有具体措施,且形成相对独立系统的专门组织的教育过程。这一过程不同于专业运动员的系统训练,而是学生在完成正常文化课学习之余进行的体育训练,这一"课余"性质就决定了学校课余体育训练的业余性。因而在训练目标、训练强度、训练时间等方面与专业运动员有着很大的差异。

(三)相对系统性

课余体育训练的相对系统性是指训练的不间断性和相对专项性。

现代体育训练特别强调系统训练,即指训练是一个连贯的动态变化过程。优秀运动员的培养在很大程度上取决于长期训练过程中的不间断性和系统性。但是,对以文化课学习为主的在校学生运动员来说,这种过程常常是易于中断的。如学生在升学后,往往会随着学校的变化使已有较好的基础训练的过程中断;学习过程中的上课、考试、实习、寒暑假等各个环节的变化,必然要干扰连续性,这就使得课余体育训练在客观上出现一些间断。为解决学、训这一课余体育训练过程中必然存在的矛盾,课余体育训练自然要采取灵活的措施,在学习任务繁重时期,如学期考试和升学考试时,训练时间可减少,甚至停训;放假期间,可适当增加训练时间。

课余体育训练是多年体育训练过程中的基础阶段,以培养后备人才为主。训练内容的专项性相对不强,尤其不能为了提高专项成绩而采取专业训练的手段做强化训练。运动员最终的运动才能、最终表现运动能力的专项,在儿童少年时期是很难确定的,过早地确定专项不利于他们的持续发展与最终表现。即使初步定下的专项项目,一般身体训练和各种基本动作技能练习的内容仍占很大的比例。与专业体育训练相比,在课余体育训练中,专项内容的安排不是非常突出。

以上两方面原因就决定了课余体育训练只具备相对的系统性,只能在某一个阶段内进行较为系统的基础性训练。

(四)亚极限负荷

要挖掘运动员的最大潜力,必须对运动员施加极限负荷,但当负荷超出了运动员的最大承受能力时,运动员的机体便会产生劣变现象,对运动员的健康产生损害,最终会因伤病而影响或停止训练。影响课余体育训练的因素有很多种,极限负荷不是课余体育训练工作所追求的,更不能超出学生所能承受的极限负荷。课余体育训练可以在某一个阶段内做适度的"强化"训练,但这种强化训练与通常在专业训练安排中的"强化"的性质是有本质区别的。课余训练应考虑其课余和业余性质,要考虑训练物质条件、运动员自身有机体的发育和未来的运动前途。因此,在课余体育训练中以学生运动员所能承受的亚极限负荷为宜。

(五)符合学生身心特点

学校课余体育训练的对象是中小学生,他们正处于生长发育阶段,各器官系统机能的发展还不完善,且具有较大的个体差异。体育训练需要挖掘人的最大潜力,有时甚至是"非常规"性的,这可能会对身体带来很大的损害。而且,学生注意力不能长时间集中,对枯燥的训练有时很难适应。因此,所选择的内容、运动负荷、方法与手段应紧密结合学生的身心特点进行安排。

二、课余体育训练的原则

课余体育训练的原则是依据学校体育训练活动的客观规律而确定的组织体育训练所必须遵循的基本准则,是学校体育训练活动客观规律的反映,是人们长期以来在实践中不断总结出来的成功经验,对学校体育训练实践具有普遍的指导意义。

(一)全面发展原则

全面发展原则包含了两个方面的含义:一是指在学校体育训练中,除了加强学生的运动学习和身体素质培养外,还要注重学生心理、性格、品德等方面的健康发展,将学生培养成德、智、体、美、劳全面发展的优秀人才。二是指在体育训练时,注意在全面发展学生身体素质的基础上进行专项技能训练,即一般训练和专项训练相结合。

一般训练是指根据未来专项运动的需要,选用多种多样的身体训练方法和手段,增进学生健康、提高身体各器官系统的机能、全面发展身体素质、改进身体形态、掌握一些基本的运动技术和理论知识,为进行专项训练,提高运动成绩打好多方面的基础。专项训练是指采用专项运动本身的动作,以及与专项运动技术结构相似的练习进行专门训练,提高专项运动所需要的身体机能、身体素质、运动技术、战术和理论以及专项运动所需要的心理品质,以保证专项运动成绩的不断提高。

课余体育训练要求运动员以全面发展作为取得最好运动成绩的必要条件,围绕运动专项进行一般训练。一般训练是基础,确保为专项训练和专项提高服务。

(二)周期性原则

周期性原则是指训练过程中训练阶段和训练内容的安排按照一定的周期,循环往复、周而复始地进行,每一个周期都在前一个周期的基础上不断提高要求和运动员的训练水平。运动训练要求前一个训练周期要为下一个训练周期不断地积累效应,新的周期需要适当变换训练思想、内容和方法,以求周期性地提高运动成绩,使每一个周期都应在原有的基础上提出新的要求、提高训练水平。周期性原则的主要科学是依据竞技状态形成的规律和体育比赛的时间安排的规律。竞技状态是运动员获得优异运动成绩所表现出来的最适宜的准备状态,是通过长期训练获得的。

(三)适宜负荷原则

适宜负荷原则是根据运动员承受负荷的能力、人体机能的训练适应规律,以及提高运动员竞技能力的需要,在训练中给予相应量度的负荷,并使大、中、小负荷科学结合,以取得理想的训练效果。

训练负荷的安排对训练效应有着重要的影响,有机体对适宜的负荷才会产生适应性变化。现代运动训练的经验证明,以量大、强度大的负荷进行训练是提高训练水平和运动成绩的关键。如果负荷过小,不能引起机体必要的应激反应。但在过度负荷作用下,机体则会出现劣变现象,导致伤病发生。只有适宜的运动负荷才能达到理想的效果。科学研究证明,有机体运动时物质能量消耗,运动后逐渐恢复,不仅恢复到原来水平,而且超过原来水平,这种过程叫作超量恢复。在一定范围内,运动负荷越大,对机体的刺激就越大,机体物质能量消耗越大,超量恢复水平越高。当负荷保持在一定范围的条件下,机体的应激以及随之产生的一系列适应变化,都会保持在一个适度的范围内。这时负荷的量度越大,对机体的刺激越深,所引起的应激也就越强烈,机体产生的相应变化也就越明显,人体竞技能力提高也就越快。学校课余体育训练要处理好负荷的量与强度的关系,根据不同时期的训练任务合理安排负荷。

(四)区别对待原则

区别对待原则指在课余训练中要根据学生的年龄、性别、个性、身体条件、训练水平、不同专项、不同训练任务和不同训练条件等方面,有区别地确定训练任务,安排相应的训练内容、手段、方法和负荷。

作为教练员,第一,要全面了解学生的个人特点。根据学生的生理、心理、智力以及训练水平等方面的特点,相应安排训练。如对发育早熟的学生可多进行专项训练,对发育晚熟的学生则相应地安排一般训练;性格外向的学生对刺激强烈的语言比较容易接受,性格内向的学生则要注意用缓和的语言;对理解能力较强的学生可进行一些必要的讲解,而对理解能力较差的学生或刚刚参加训练的学生,则应多做动作示范和指导;训练水平高的学生负荷量相应增大,训练水平低的学生则要施加较低的负荷量。第二,教练员既要有对全体队员的共同要求,也要有对个人的具体措施。集体项目中分工不同和某些队员欠缺的方面,可有针对性地安排一些个人训练。枯燥、单调的个人项目,如能有效地组织集体训练,就会减轻运动员的心理负荷,使他们对训练产生更高的兴趣。第三,在训练过程的各个环节贯彻区别对待原则。区别对待原则应贯彻到整个训练过程的各个环节,应根据不同队员的情况,在内容安排、训练方法和生理负荷等方面提出不同的要求,并采取不同的措施和解决方案。

第二节 课余体育训练的组织与实施

一、课余体育训练的组织

(一)课余体育训练的组织形式

我国运动员的培养可分为两个系统:一是体育系统,包括业余体校、体育运动学校、省市专业运动队、国家运动队等;二是教育系统,包括普通中小学校的运动队、体育传统项目学校、国家高水平培养体育运动后备人才基地学校、普通高等学校高水平运动队等。课余体育训练的组织形式主要是教育系统中的学校运动训练组织形式,以下重点介绍普通中小学校运动队和体育传统项目学校两种组织形式。

1. 普通中小学校运动队

普通中小学校运动队是我国学校运动训练的最基础、最普遍、最富有活力的运动训练的组织形式。学校应当在开设体育课教学和课外体育活动的基础上,开展多形式的运动训练,以提高学生的运动技术水平。有条件的普通中小学校也可经省级教育行政部门批准开展国家高水平体育后备人才的运动训练。

对于普通中小学校,学校应挑选学习努力、身体健康、具有一定运动特长或具有培养运动潜力的学生进入运动队,并进行科学系统的运动训练。部分中小学也可把具有运动天赋的学生组织成体育特长班,进行针对性、专门性的运动训练,提高体育特长班学生的运动水平。

普通中小学校运动队又可分为班级代表队、年级代表队和学校代表队等形式。班级代表队、年级代表队是校内以班级、年级为单位组建的代表队,主要是以参加校内运动会、班级、年级之间的比赛为目的。学校代表队是以学校为单位而组建的代表队,在训练的时间、地点、学生、教师都相对固定的条件下开展的运动训练,主要是代表学校参加校际之间的比赛。

学校对于参加运动训练的学生运动员,应当处理好其运动训练与学习科学文化知识的关系,切实安排好学生运动员文化课的学习,注意改善他们的营养,并加强思想品德教育,确保学生德、智、体、美、劳全面发展。

2. 体育传统项目学校运动队

体育传统项目学校是指有效实施素质教育、学校体育工作成绩突出、学生体质健康水平明显提高、严格执行国家体育与健康课程标准、学生体育活动具有特色,并至少在两个体育运动项目上形成传统项目,经体育、教育行政部门联合命名的普通中小学校和中等职业学校。

2014年教育部将"校园足球"列为重点项目,为全面提高校园足球普及水平,奠定中国足球发展的人才基础,开始在全国范围内遴选建设校园足球特色学校。对此,教育部提出到2017年在全国范围内遴选建设约2万所校园足球特色学校的发展规划,并从组织领导、条件保障、教育教学、训练与竞赛四方面,完整地制订了《全国校园足球特色学校基本标准》。校园足球特色学校将享有本地有关部门给予的有关校园足球教学、训练和竞赛、招生、经费和条件保障等方面的政策支持。国家将对特色学校在校园足球教学、训练和竞赛、师资培训、选送学生培训等方面给予一定的专项支持;并将特色学校情况纳入地方政府教育和各级教育行政部门年度目标考核的重要内容中。通过校园足球特色学校的建设,推动全国中小学全面普及校园足球,进一步强化体育课和课外锻炼,推动学校加强体育师资和场地设施建设,满足学生足球学习与训练的需求。校园足球特色学校的大力发展,不仅会促进足球传统学校的建设与发展,而且必将为其他传统项目学校今后的建设、发展提供方向性指导,使体育传统项目学校的建设与发展迈入一个全新的阶段。

体育传统项目学校应在广泛普及学生课外体育活动、增进学生身心健康、积极开展特色项目训练、提高学生运动技术水平、培养体育后备人才等方面发挥骨干示范作用,应当从实际出发,在坚持群众性、广泛性、趣味性的基础上,开展特色项目的运动训练,必须遵循青少年学生特点进行科学的系统训练,严禁超负荷地训练;广泛组织班级、年级、校际之间的比赛,并形成制度;代表队应积极参加上一级体育、教育部门组织的体育竞赛活动,以提高运动训练的水平。

二、课余体育训练的实施

(一)学校运动队的组建

学校运动队的组建是学校课余体育训练顺利进行的根本保障,是学校课余体育训练的核心内容。学校运动队的组建可以为国家输送竞技体育后备人才,因为从竞技体育的发展趋势来看,要达到高水平的运动成绩,必须经过5~10年的培养,这就要求运动员从小进行科学化、系统化的体育训练工作。从群众体育来看,学校体育是社会体育的前提,是终身体育的中间环节,学校体育在普及体育运动中发挥着巨大的推动作用。因此,运动队的组建不仅利于培养体育后备人才,更利于发展我国全民体育和基层体育事业。

1.确定训练项目

确定训练项目是课余体育训练开展的首要问题。对一般普通学校而言,确定训练项目首先要考虑的因素是该项目在本校的群众基础,应该在群众基础性高的项目上着手,逐渐深入发展多个体育项目;其次要考虑的是学校的师资力量、场地设备和生源现状。从具有体育传统项目的学校来看,其运动队训练项目一般情况下是由教育和体育主管部门根据当地体育发展现状和经济条件协调而定。不管怎么样,学校在建立运动队的初期,一定要集中精力搞好一两个训练项目,并逐渐形成传统项目。

2.运动员选材

学校课余体育训练旨在为国家培养优秀的后备人才,科学选材是竞技体育发展成功的前提,所以运动员选材在学校课余体育训练工作中显得尤为重要。参加课外体育训练学生的选拔,可以根据竞技体育运动员选材过程进行,即根据运动项目特点和要求,在专业教练的指导下,用科学的方法对部分在校学生进行各种素质相关指标(表10-1)的测试和预测,然后再经过一段时间的观察,准确地挑选出身体素质各方面条件优越、适合从事某个运动项目训练的人才,通过学校科学化、系统化的训练,为将来创造优异成绩打下扎实的基础。

表 10-1　运动员选材测试指标

测试指标					
身体形态	身高	体重	体围	跟腱	足弓	臀部
身体素质	力量	耐力	速度	灵敏	柔韧	平衡
生理机能	心率		肺活量			最大吸氧量

除了测试上述指标以外,选拔参训学生还要考虑其他多个方面的条件,比如遗传因素、年龄因素、运动素质提高的敏感期、心理素质、家庭因素和社会舆论等。此外,学生参与课余体育训练时不仅要注重学生的品德修养,还要保证学生的文化学习成绩,使学生运动员达到学校教育标准,进一步促成全面人才的培养。

3. 运动队规章制度的建立

运动队规章制度具有强制性特点,是学校体育管理制度的组成部分,建立各项规章制度,旨在加强对课余体育训练及学校运动队的科学管理,为实现这一管理目标,中小学一般可以建立下列规章制度。

(1)训练制度

建立严格的作息制度,规定教练员充分利用每次训练时间,不得额外占用学生休息时间进行训练。

(2)奖惩制度

学校对运动成绩和学习成绩均好的参训学生给予物质奖励,或减免学杂费,或者给予其他精神与物质奖励。对于文化课不及格的学生,应该给予适当处罚并且停止其体育训练,待补考合格之后方可继续进行课余体育训练。

(3)比赛制度

根据校内外比赛的任务和规模大小,应对参加比赛的学生提出具体要求,包括遵守纪律、服从裁判、尊重观众、团结一致、振奋精神、顽强拼搏、赛出风格、赛水平等。

(4)学习检查制度

学校规定一个固定的、周期性的时间,对学生的学习成绩、课后作业完成情况、思想状况等进行检查。完成情况好的学生要给予肯定与表扬,对于完成不好的学生要说服教育,并及时安排教学辅导工作,不要使学生因为课余体育训练耽误学业成绩。应由班主任关注学生的情绪变化,定时定期地对学生进行心理辅导,使学生意识到适当的体育训练也能促进文化课的学习。

(5)教练员责任制

建立教练员责任制就是要求教练员具有高度的责任感,认真实行训练计划,努力提升学生运动水平,并且对学生的训练、学习、生活、思想等方面做到全方位关注,推动训练工作顺利进行。

(二)训练计划的制订

课余体育训练计划是指对未来训练过程预先设计出来的,为提高运动成绩、促进运动员全面发展而实施的训练方案。它是加强课余体育训练工作管理的一个重要方面,也是课余体育训练科学化的前提,可减少和避免训练工作的随意性。训练计划要从学校教育和学生的实际特点出发,根据不同项目的训练目标和要求予以制订。

课余体育训练计划一般包括多年训练计划、年度训练计划、阶段训练计划(大周期)、周训练计划(小周期)及课训练计划。年度训练计划一般由 1~3 个大周期组成,每一个大周期包括准备期、比赛期和过渡期。

1.多年训练计划

多年训练计划一般是 2~10 年系统训练的总体规划。制订多年训练计划是为了保证多年训练有一个统一的总目标和一个明确的方向。在这个目标的指引下,使每年的训练紧密相连,并使大、中、小学各学段课余体育训练相互衔接。训练实践证明,不经过多年系统、科学的训练,就不可能培养出高水平的优秀运动员。培养高水平的运动员,需要对整个训练过程进行合理的和整体的规划。

多年训练计划可分为全程多年训练计划和区间多年训练计划。

(1)全程多年训练计划

全程多年训练计划是从学生运动员开始训练至结束运动生涯的训练计划,包括以下三个主要阶段:

基础阶段:发展一般运动能力,如协调能力、基本技术、基本身体素质。

专项提高阶段:提高一般专项竞技能力,如专项的身体素质、技术、战术、心理智能和理论知识。

竞技能力保持阶段:努力保持专项竞技水平,如稳定的专项技术、战术、身体素质、心理稳定性。

(2)区间多年训练计划

在课余体育训练中,受多方面如升学、转学、换教练等各种必然和偶然因素的影响,许多不确定因素使多年训练计划难以系统执行。因此,对全程多年训练通常只作一个框架式的规划。根据不同的学段和准备参加高水平比赛的情况,对全程多年训练加以进一步区分,以制订区间多年训练计划。如小学阶段制订 3~6 年的训练计划;初中阶段制订 3 年的训练计划;高中阶段制订 3 年的训练计划。

制订区间多年训练计划要注意以下三点:

第一,小学阶段和初中阶段的区间多年训练计划,要以打好基础为主,针对学生身体素质发展的"敏感期",重点发展一般运动能力,以求为今后提高专项运动成绩打好基础。控制好训练的负荷量和强度,以满足少年儿童生长、发育及增进健康的需要。

第二,高中阶段可适当增加训练的负荷量和强度,以及专项训练内容的比例。

第三,大学阶段应特别注意在稳固和提高基本素质的同时,着重提高专项运动能力。同时注意精细地安排训练负荷和精雕技术细节。

(3)全程多年训练计划和区间多年训练计划的内容

①学生基本情况的分析,包括身体发育情况、身体形态、身体素质、运动技术、某项目运动成绩和个性等;

②多年训练的总目标;

③确定身体、技术、战术、心理等训练所要达到的总指标;

④多年训练计划中年度的衔接、运动负荷逐年提高的大体规划;

⑤训练的主要手段、方法与措施;

⑥各类比赛的大体安排,如校运会,县、市、省及全国性比赛;

⑦场地、器材、管理制度、训练时间、生活管理、文化课学习管理等。

2.年度训练计划

(1)年度训练计划概述

年度训练计划是将多年训练计划的目标和要求,落实到每个年度中,其内容比多年训练计划要更加充实、具体。学校课余体育训练需依据学期、每年比赛等情况安排,具有年度周期性的特点,因此,人们通常以年度训练作为组织系统训练过程的基本单位。

(2)大周期的划分

课余体育训练过程具有明显的阶段性特征。运动员竞技状态的获得、保持和消失三个阶段,组成了一个完整的训练过程,也称为一个训练的大周期。训练的大周期是以参加重要的比赛,并获得满意成绩为目标,以运动员竞技状态发展过程的阶段性特征为依据来确定和划分的。相应地,把一个大周期竞技状态的形成、保持和消失三个阶段通过训练、比赛和恢复三个阶段体现出来,分别组织准备期、比赛期和恢复期的训练。

学校的全年训练计划阶段可按照学期划分,也可按照一年中重要的比赛划分,或根据当地气候季节特点划分成秋季、冬季、春季和夏季四个阶段。一般情况下,根据全年竞赛任务和运动项目特点,安排为单周期或双周期。如全年只有一次重大比赛,则训练过程只安排为一个大周期,称为单周期;如全年有两次或两次以上重大比赛,训练过程即安排为两个大周期,称为双周期。每一个周期均包括准备期、比赛期和恢复期三个阶段。

(3)大周期训练计划的制订

①准备期的训练计划。在大周期的准备期,其任务是提高运动员的竞技能力,为参加比赛形成良好的竞技状态;其内容主要是各种有效的一般训练和专项训练的内容与手段,训练负荷量较大,运动量和强度的增减要相互配合,并保持在一个较高的水平上。冬训往往安排在寒假中,是大周期中最重要的准备期,负荷量在全年中最高。

②比赛期的训练计划,是在参加比赛前专门安排的训练计划,主要是进行模拟比赛的

训练。其任务是保持良好的竞技状态,以适应比赛的场地、气候、环境等;其内容主要是比赛性的练习手段和方法,负荷强度大,会达到或超过正式比赛的强度。

③恢复期的训练计划,是在比赛期后进入休整的训练计划。其任务是消除高强度比赛所造成的身心疲劳;其内容是适当调整和转换训练内容,以游戏法和放松性练习为主,降低训练要求,尤其要降低运动强度。

(4)制订全年训练计划应注意的事项

①确定全年训练计划的具体目标。确定全年训练计划在多年训练计划中的具体目标,要有针对性。例如,有以基础训练为主的全年训练计划,也有以专项训练为主的全年训练计划等。

②根据具体训练目标和学生实际情况划分周期。如处于基础训练的学生,由于重点抓身体全面训练和基本技术训练,教学因素比重大,可以不划分周期,只按春、夏、秋、冬不同气候特点进行安排。通常冬训为基础训练阶段,一般身体训练比重大;春训是巩固冬训的身体训练成果,可加强专项素质和专项技术训练;夏训是一年中的主要训练季节,应加大训练强度,巩固技术,加强实战性训练;秋季训练之初,一般进行运动队的人员调整,并进行全面身体训练和技术教学,为冬训做好准备。对训练水平较高的学生,则可遵照竞技状态的形成规律,合理地划分大周期,制订出准备期、竞赛期和恢复期的训练目标和内容。

③全年训练的总目标和各项指标要切实可行,留有余地。在实施计划过程中,会有各种变化,可综合分析各种反馈信息,对计划及时进行调整。

(5)全年训练计划的内容

①上一年度训练情况和本年度的训练目标;

②身体素质、技术、战术训练及运动成绩所要达到的指标,思想品德教育与心理训练的要求;

③全年训练周期及训练阶段的划分,各个时期身体训练和战术训练的比重与内容以及训练负荷的安排;

④参加比赛的次数与时间安排;

⑤检查评定训练效果的时间与方法等。

3.小周期训练计划

(1)小周期训练计划概述

小周期训练计划通常是以一周为单位安排的计划,也称为周训练计划。但根据具体情况也可缩短至 3～4 天,延长至 10 天左右。小周期训练是制订训练计划最重要、最有效的安排。小周期的结构和内容决定着训练过程的质量。

中小学课余体育训练,一般每周训练 3～6 次,每次训练时间 1～2 小时。学生年龄越小,训练持续时间越短。

（2）制订小周期训练计划的注意事项

①确定小周期类型。根据大周期的准备期、比赛期和恢复期三个阶段,小周期也相应有不同的类型,可分为基本训练周、赛前训练周、比赛周和恢复周。

②确定各周训练在本阶段训练中的任务和内容。基本训练周要使运动员熟练掌握专项技战术,提高运动能力,特点是运动量大、强度高;赛前训练周使运动员机能适应比赛的要求,训练内容主要是专项练习,负荷变化的基本特点是提高专项负荷强度,适当降低运动量;比赛周的任务是培养最佳竞技状态,以求在比赛中创造优异成绩,训练内容主要是专项练习,安排负荷要使超量恢复在比赛中表现出来;恢复周的主要任务是消除运动员的疲劳,降低负荷量和强度,采用的内容是一般性练习和游戏。

③根据年龄、训练水平和不同的训练周确定课次。儿童在基本训练阶段初期,每周训练2~3次,最多4次即可。随着运动员年龄的增长和运动水平的提高,对训练的要求及对负荷的承受能力也有所提高,就应该相应地逐渐增加训练课次。在高中阶段,可适当增加早晨的训练课以减少对正常文化课学习的影响。

（3）小周期训练计划的内容

①本周训练目标与要求;

②训练次数、每次训练的时间;

③每次训练课的内容和负荷;

④测验和比赛。

4.训练课计划

（1）训练课计划概述

训练课是训练过程的基本组织形式。运动员的运动能力,需要通过每一次训练课来不断提高,教练员制订的各种计划也需要通过一次次训练课的组织予以贯彻。训练课的质量直接关系到运动员训练水平的提高,而制订科学周密和切实可行的训练课计划,是保证训练课质量的重要前提。

训练课计划是最基础的训练计划。它是根据周训练计划以及实际情况,包括训练具体要求、学生状况、气候等,对一次训练课所作的具体安排,是教练员组织训练的主要依据。

（2）训练课的分类和结构

根据训练课的主要任务和内容,课余体育训练课一般可以分为身体训练课、技战术训练课、测验比赛训练课、调整训练课和综合训练课五种类型。

综合训练课可以将技战术训练、身体训练、测验和教学比赛、调整训练这四种类型课程选择其中两部分或更多部分的内容同时安排在一次课中。在心理和生理上互为调节,避免训练枯燥和单调,可以帮助运动员提高对训练的兴趣,保持强烈的训练动机。因此,在课余体育训练中综合训练课运用得较多。

训练课的结构是指训练课的各组成部分及其进行的顺序。一般情况下,任何训练课的基本结构是相同的,与一般体育教学课的结构也是基本相同的,都是由准备部分、基本部分和结束部分三个部分组成。只是在具体目标与要求、内容与手段、时间与负荷安排,以及具体组织、指导方法、教学与训练因素比例等方面有所不同。

（3）制订训练课计划的注意事项

①注意训练内容的安排顺序。一般情况下,每次训练课会安排多种内容,要注意不同内容的先后顺序及训练的负荷。如综合训练课,先进行技术和战术训练,后安排身体素质训练;身体训练课中速度和快速力量练习应安排在课的前半部分进行。

②不着重强调组织方式。良好的训练课,应该看运动员在整个训练课中承担负荷的状态和完成练习的质量,并不强调运动员是否遵守纪律。

③重视结束部分的恢复。现代运动训练把恢复作为训练的组成部分,应有组织地安排恢复手段的运用。

5.训练计划中常见主要问题与解决办法

主要问题如下:

①训练阶段有脱节或阶段划分不合理。如准备期减掉了一般身体训练;没安排寒暑假训练任务,寒暑假完全处于停训状态;训练阶段没有按照主要比赛或考试需要去合理划分。

②忽视恢复手段的重要性。如训练计划表中无训练恢复措施条目;恢复措施过于单一或无恢复措施的学习安排。

③训练监测过于简单。如训练计划中缺乏必要的医务监督措施;训练计划中对训练程度的监测内容设定过少、时间安排不合理和制订的监测标准过低或过高。

④训练负荷变化节奏混乱。如训练负荷的变化节奏没有按照超量恢复规律和阶段训练的实际需要进行合理安排;训练负荷变化节奏的安排没有考虑体训生承受能力和现实情况。

解决办法如下:

①在制订训练计划表时,至少要把最主要的内容条目罗列完整,并尽量按照一定的逻辑顺序进行排列。

②各主要条目所写内容不能简洁到无法表达准确意思,至少要让专业人士能明白训练计划表中的每个内容的含义。

（三）训练内容的安排

学校课余体育训练属于基础训练,是为参训学生将来创造优异运动成绩奠定身体和技术战术基础的。所以,课余体育训练的内容包括为提高运动成绩进行基础训练的一切措施,如对身体、技术、战术和心理等方面的训练,其中身体训练和技术训练是学校课余体育训练最主要的内容。

1.身体训练

身体训练是指在体育训练过程中运用各种有效的手段和方法,增进学生运动员的身体健康,改善体形,全面发展身体素质和运动能力,为掌握运动技术和战术,创造优异运动成绩打好基础的训练过程。

身体训练是技术、战术训练的基础,包括一般身体训练和专项身体训练两种。一般身体训练经常采用多种多样的手段和方法,旨在提高各器官系统的功能,全面发展身体素质,改善身体形态和姿势,为专项身体训练打好基础。学校课余体育训练主要侧重于一般身体训练,包括力量、耐力、速度、灵敏、柔韧等各种身体素质的训练,并以此作为专项身体训练的基础。只有对运动水平较高或参加了多年系统体育训练的学生,才采用与专项运动紧密联系的专门性练习,以进一步提高学生运动员的机体功能,发展专项运动素质,以保证学生运动员切实掌握运动技术和战术,并在比赛中有效发挥。

学校课余体育训练中的身体训练,要根据不同年龄阶段学生身体素质发展的敏感期,有针对性地加以训练,促使该素质在相应的年龄阶段得到充分的发展。同时,还要通过全面的身体训练,使他们身体各器官的系统功能和综合素质得到整体性的提高,并逐步发展专项运动素质。此外,在年度训练计划中,要根据运动项目的特点、不同阶段的训练任务和训练对象的具体情况,确定身体训练的比重,例如,田径项目身体训练的比重一般比球类项目要大,训练准备期比竞赛期要长。

2. 技术训练

技术训练是指学习、掌握和提高运动技术的训练过程。技术是提高运动成绩的重要因素,只有掌握先进技术,才能充分发展运动员的身体能力,创造优异的运动成绩。技术又是形成战术的基础,全面和熟练的运动技术可以增加战术的熟练性并提高战术的执行力。

3. 战术训练

战术是在一定的身体训练和技术训练的基础上,根据比赛的需要形成的,是根据比赛对手的水平和外部情况,正确地分配力量,充分发挥自己的特点,限制对方特长,争取比赛胜利的行动方案。战术训练可分为一般战术训练和专项战术训练。

无论是个人项目还是集体项目,都存在着比赛战术的运用。战术是运动员在复杂多变的比赛中,及时阅读比赛情况,随机应变,迅速而正确地决定自己的行动或与同伴默契配合的一种计策与行动。在一定的情况下,正确地运用战术,能以弱胜强,反败为胜。例如,个人项目中长跑的体力分配或跟跑战术,跳高的免跳战术等。在集体项目中,当双方实力相当,僵持不下时,利用战术把个人在训练和比赛场上的行为,组成一个统一的整体,成为最后取胜的关键。

4. 心理训练

心理训练是指在运动训练中,有意识地对运动员的心理过程和个性特征施加影响,使他们学会在训练和比赛中调节自己心理状态的训练过程。

近年来,随着竞技运动的发展,心理训练越来越为人们所重视,并被列为运动训练的重要内容之一。从国内外一些重大比赛中经常看到,在比赛双方身体、技术、战术训练水平实力相当的情况下,心理因素往往对比赛的胜负起着决定的作用。

5. 体育品格训练

学校课余体育训练是一个培养人、塑造人的教育过程,其最终目的是把学生运动员培养成社会需要的全面发展的一代新人。学校课余体育训练可以促进未成年人体质的增长,选择最佳的训练内容、方法和负荷,对未成年人吃苦耐劳和勇敢顽强的品质、自信心和进取心的提升,团队精神和守法意识的养成具有良好的刺激和影响。

(四)训练方法的运用

1. 重复训练法

重复训练法是指在相对固定的条件下,按照一定的要求,反复进行某一练习的一种方法。由于重复练习是在承受一定的负荷强度之下进行的,所以,它有利于提高机体各器官系统的功能水平,又有利于巩固动作技术,改进和提高技术、战术,培养意志品质。

在学校课余体育训练中,对青少年学生运用重复训练法要注意以下几点:

第一,正确运用重复训练法。由于重复训练法的练习条件相对固定,比较单调,而学生的注意力又不能长时间集中,因此,教练员应结合运用游戏、比赛等其他方法,调动学生参与训练的积极性。

第二,规定适量的练习负荷。构成重复训练法的基本因素主要有负荷量、负荷强度、持续时间(反复练习次数与组数)、间隙时间等。所以,在运用重复训练法时,要充分考虑这些因素间的关系,使每个练习之间的间隙能使练习者基本恢复到开始状态,以承受新的负荷。

2. 变换训练法

变换训练法是指练习过程中,有目的地变换练习条件(环境、速度、重量、时间或动作的组合)的情况下进行训练的一种方法。由于变换训练可使学生运动员获得多种新鲜的运动感觉,提高对训练和比赛的适应能力,还能消除由于长时间固定在一定环境条件下练习时所产生的枯燥厌烦情绪,从而调动他们练习的积极性和推迟疲劳的出现。所以它被广泛运用于技战术训练、身体训练和心理训练中。

3. 竞赛训练法

竞赛训练法是指运动员在比赛的条件和要求下进行练习的一种方法。它不仅是训练的一种手段、检查训练效果的有效方法,而且能有效提高运动员创造性地运用知识、技术和战术的能力以及提高身体训练水平,对培养运动员的应变能力和提高运动训练的实战能力等方面具有十分重要的意义。

体育后备人才的培养

体育后备人才是课余体育训练的主体,是指在体育方面(或某一体育项目)有特长、有发展潜能,从事学校运动训练的学生。培养体育后备人才是学校教育的任务之一,是学校体育的任务之一,是课余体育训练的重要内容。体育后备人才的培养按时间进程可划分为选拔、培养和输送三个环节。从年龄上和学段划分,有小学、初中、高中和大学体育特长生。本节主要阐述小学、初中、高中体育特长生的培养、后备人才的训练计划和后备人才的管理方法等内容。

一、小学阶段后备人才的培养

(一)后备人才在小学阶段的选拔

运动队的组建工作是学校运动训练的前提和关键,而运动员选材的科学性是训练管理工作的重点。小学体育后备人才的选拔对象主要是:

①身体素质较好、运动能力突出的小学生。

②具有运动潜力的小学生。

③运动兴趣浓厚的小学生。

选拔小学体育后备人才的途径主要有以下几种:

①身体素质测试和具体项目的测试选拔。从测试成绩中挑选一批身体素质好的小学生成为校运动队的队员。

②运动会比赛选拔。每次春、秋季运动会结束后,对单项前六名的小学生运动员进行选拔。

③日常体育竞赛选拔。从学校日常比赛中选拔出一批优秀的小学后备人才加入校运动队。

(二)后备人才在小学阶段的培养

1.小学体育后备人才培养的目标

小学体育后备人才培养要以发展身体全面素质为核心,以基本运动技术为内容,以激发小学生运动兴趣,使其具有初步展示运动技术的能力为目标。

2.小学体育后备人才培养的要求

①在选项建队方式上要根据小学生的身心特点、兴趣爱好,抓好一两个特色项目运动队的建设;在训练时间安排上,充分利用学生"每天锻炼1小时"的时间进行训练。

②在训练内容上,不要过早进行专项化训练,不要拔苗助长,要根据小学生身体素质与运动项目发展敏感期安排训练的内容与方法,注重身体训练的全面性,促进身体素质的全面发展。

③在训练负荷上,运动量和运动强度不宜过大,以免形成过度疲劳,影响学习和身体健康,注意训练中的安全性。

④鼓励小学体育后备人才参加校内或校际运动竞赛,以提高运动成绩。

⑤加强小学体育后备人才文化课学习,合理解决学训矛盾,使其至少要达到义务教育阶段小学段基本水平。

3. 后备人才在小学阶段的输送

小学体育后备人才的输送渠道有普通初中、体育传统项目学校(中学)、体育运动学校、竞技体育学校、省级或国家级运动队等。

二、中学阶段后备人才的培养

(一)后备人才在初(高)中阶段的选拔

初(高)中体育后备人才选拔的对象主要是:

①小学(初中)体育特长生。

②具有较突出的身体素质和运动能力的初(高)中学生。

③运动兴趣浓厚的初(高)中学生。

选拔初(高)中体育后备人才的途径主要有以下几种:

①查看初(高)中新生入学档案选拔,看是否具有体育爱好、特长,是否为小学(初中)体育特长生。

②身体素质测试和具体项目测试选拔,从测试成绩中挑选一批身体素质好的中学生成为校运动队的队员。

③运动会比赛选拔,每次春、秋季运动会结束后,对单项前6名的中学生运动员进行选拔,尊重其意愿,可选送到学校代表队。

④日常体育竞赛选拔,从学校日常比赛中选拔出一批优秀的中学体育后备人才加入校运动队。

(二)后备人才在初(高)中阶段的培养

1.初(高)中体育后备人才培养的目标

初(高)中体育后备人才的培养应在培养小学阶段运动兴趣、初步专项化的基础上,深化训练专项运动的技术、战术、身体素质,较大幅度地提高专项运动成绩,同时还要鼓励初(高)中体育特长生参加校外、市(区)、省级和国家有关方面的运动竞赛,培养学生的运动竞赛经验、能力和水平。

2. 初（高）中体育后备人才培养的要求

①在常规管理上，可将学校运动队中由外校选入的小学（初中）体育特长生打乱分入各个班级进行管理，其他由本校选入的初（高）中体育特长生则按自然班级进行管理。初（高）中体育特长生要严格遵守学校训练制度、奖励制度和有关违反运动训练的法则。同时，体育老师要负责好学生的训练，班主任和科任老师则负责好学生的学习和教育，实行三方联合管理。

②在训练内容上，要在做好身体基础训练、内容全面训练的基础上，结合运动专项的特点，学习和掌握运动专项的基本知识、技术、战术，提高专项运动成绩，并合理安排初（高）中3年的训练计划、年度训练计划、周训练计划和课时训练计划。

③在训练负荷上，要逐渐加大运动量和运动强度，但也要防止过度疲劳，影响学习和身体健康。

④要重视兼顾初（高）中体育特长生的文化学习和运动训练的矛盾，培养初（高）中体育特长生良好的文化学习习惯，明确文化成绩的重要性。

3. 后备人才在初（高）中学阶段的输送

初中体育后备人才输送渠道有：普通高中、体育运动学校、竞技体育学校、省级或国家级运动队等。高中阶段训练的体育后备人才（普通高中学生或高中阶段体育运动学校学生）可以通过几种途径进行输送：一是选送进入国家、省（市）体育运动队进行高水平运动训练，创造更大的优异成绩；二是通过参加普通高等学校体育专业招生考试，经招生录取后进入体育学院（校）体育教育或社会体育专业学习；三是参加普通高等学校运动训练、民族传统体育专业单独招生考试，经招生录取后进行体育院（校）运动训练或民族传统体育专业学习；四是通过普通高等学校高水平运动队特招途径进入高校。

三、体育后备人才的管理

（一）加强训练计划的制订与实施

各运动队和教练要根据学生年龄、比赛安排、运动项目特点等制订多年、年度、阶段和课余训练计划。保证训练计划顺利实施是运动队管理的首要工作，在执行时要严格，并定期检查、修订。

（二）加强思想教育

运动训练不仅是对人的有机体的生物性改造，也是对人的思想、品质、意志等方面的提高。课余训练过程从本质上说是育人的过程。这一点对成长过程中的青少年儿童更为重要。思想工作要建立在以人为本的基础上，需要运动队的管理者和教练员做大量的思想工作，激励运动员内在的积极性，从"被管"转向"自管"、从"练我"转向"我练"，以保证训练工作任务的顺利完成。

(三)关注学生的文化学习

文化课的学习和全面发展是学生运动员的基础和根本,也是搞好训练的保证和需要。文化学习成绩差,不仅不利于完成学校培养目标,影响学生的成长,也会给训练带来困难。教练员有义务和责任配合学校和各科教师,督促学生运动员认真学好文化课。

(四)加强生活管理

为保证课余体育训练工作顺利进行,要解决学生生活中的一些基本问题,如饮水问题和洗澡问题,做好医疗、卫生、服装、器材和场地使用的管理工作,适时教给学生有关营养、训练后解除疲劳以及伤后恢复等方面的知识。同时建立健全各种规章制度,保证训练的顺利进行。

本章小结　　学校课余体育训练既是学校体育的组成部分,也是我国竞技运动的基础环节。本章主要介绍了课余体育训练的组织和实施方法,提出了课余体育训练组织中应注意的问题、组建运动队的工作,描述了制订科学合理的训练计划的方法,论述了体育后备人才问题,旨在提高学生课余体育训练的组织与实施能力。

回顾与思考

1.学校课余体育训练的特点是什么?

2.学校课余体育训练计划有哪几种类型? 在制订各类课余体育训练计划时应该注意哪些问题?

3.学校课余体育训练有哪些基本内容?

4.学校课余体育训练中常见的训练方法有哪些?

5.考察某所初(高)中,说明初(高)中体育特长生的选拔、培养和运动队训练等管理规定。

6.分组讨论学校课余体育训练对促进学生个人发展、学校体育工作以及社会发展具有哪些积极作用。

参考文献

[1] 杨文轩,张细谦,邓星华.学校体育学[M].北京:高等教育出版社,2016.

[2] 刘海元.学校体育教程[M].北京:北京体育大学出版社,2011.

[3] 田麦久.运动训练学[M].北京:高等教育出版社,2006.

[4] 周登嵩.学校体育学[M].北京:人民体育出版社,2005.

[5] 李祥.学校体育学[M].北京:高等教育出版社,2001.

[6] 金钦昌.学校体育学[M].北京:高等教育出版社,1994.

[7] 吴锦毅,李祥.学校体育学[M].广西:广西师范大学出版社,1995.

[8] 全国体育学院教材委员会《学校体育学》教材小组.学校体育学[M].北京:人民体育出版社,1991.

第十一章
学校课余体育竞赛

【学习任务】

学校课余体育竞赛训练是我国学校体育目标的基本途径之一。通过本章的学习,理解课余体育竞赛在学校体育工作中的重要地位和作用,结合学校课余体育竞赛组织与实施的具体方法和途径,提高课余体育竞赛的组织与实施能力。

【学习目标】

- 了解课余体育竞赛的意义、价值和特点。
- 掌握课余体育竞赛的组织与实施方法和途径。
- 掌握课余体育竞赛各类体育竞赛日程计划和竞赛规程的制订方法。

课余体育竞赛概述

课余体育竞赛是指充分利用课余时间,组织学生以争取优胜为目的,以运动项目、游戏活动、身体练习为内容,根据正规的、简化的或自定的规则所进行的个人或集体的体力、技艺、智力和心理的相互比赛,是全体学生在课余时间参加的旨在丰富课余文化体育生活、增强学生体质的体育比赛。高校开展多种多样、丰富多彩,具有健身性、娱乐性的课余体育比赛是很有必要的。一方面可以创造一个良好的体育环境,使学生受到熏陶和渗透。另一方面参加这种比赛能够丰富他们的课余生活,使他们达到锻炼身体及自我表现的目的,还能激发他们对体育活动持久的兴趣。同时培养学生的意志品德,促进学生全面发展,使学生心理、生理以及各种社会适应能力处于完美状态,从而为终身体育打下基础。

课余体育竞赛是实现我国学校体育目标的基本途径之一,它和体育与健康课教学、课外体育活动、课余体育训练相辅相成、相互配合与补充共同组成了学校体育的完整体系。

一、课余体育竞赛的意义和价值

(一)课余体育竞赛的意义

开展课余体育竞赛可以及时检查和了解学校群众体育工作的开展情况,有助于师生之间的体育交流。目前的大中小学生中独生子女占绝大多数,父母的过分宠爱,使部分学生依赖心理较强,缺乏竞争意识,社会适应能力较差,缺乏合作精神。通过学校开展各种类型的课余体育竞赛,第一,可以激励青少年力争上游、奋勇拼搏的竞争意识和开拓精神,培养学生良好的心理素质,比如集体项目的竞赛有助于学生的合作精神和角色意识的养成;第二,可以激发学生的责任感,比如通过对体育竞赛优胜者的奖励,能给学生带来精神上的满足和情感上的愉悦,激发他们锻炼身体和发展才能的愿望;第三,通过竞赛有利于普及各种体育活动,在一定程度上提高学生的运动竞技水平。

(二)课余体育竞赛的价值

1. 课余体育竞赛的竞技价值

学校体育竞赛首先按表现在学生间进行竞技能力的较量,学生以取得比赛胜利为目标,在比赛中全力以赴,力求最大限度地发挥自身所具有的体能、技能、心理能力、智力等各种竞技能力。学生通过竞赛,竞技能力将得到更集中地发挥和锻炼,并提高到一个新的水平。可以认为,学校体育竞赛也是对学生进行课余体育训练的一种有效手段。

2.课余体育竞赛的健身价值

学生在体育竞赛中,承受较大的运动负荷,也就促使其机体不断强壮。在学校中开展班与班、组与组之间的健身操、健美操、集体长跑等群众性的健身体育项目的竞赛,其健身价值尤为突出。学校课余体育竞赛以争取优胜为直接目的,体育竞争符合在校学生好胜的心理特点。因此,能够激发学生参与课余体育比赛的动机,能动员更多的学生,特别是很少参加体育锻炼的学生,主动地参加到体育竞赛中来,并对促进学生参加全民健身的活动具有良好的社会价值。

3.课余体育竞赛的观赏价值

学校体育竞赛中优秀选手所表现的高超技巧,使学生受到美的陶冶和美的享受,表现出充沛的勇气,娴熟的配合,团结拼搏的精神,使学生受到高尚体育道德作风的熏陶与激励,振奋了精神,增添了乐趣,产生了热爱人生、使生活更加充实的感受。

学校体育竞赛中,虽然有时参赛的学生竞技水平不高,但却往往吸引了许多学生、家长、学校教职工前来观看,使学校体育竞赛成为一个盛大的体育节日,提高了体育竞赛的观赏价值。

4.课余体育竞赛的宣传价值

学校课余体育竞赛发展为班与班、校与校、年级与年级,甚至国际间的比赛,有利于增进学生间和国际人民的友谊,如全国中学生运动会,世界大学生运动会。电视进行实况转播和报道,人们关注着比赛的结果,从而为课余体育竞赛的宣传,提供了广阔的天地。学校课余体育竞赛的文化教育功能、政治功能、经济功能由此得到进一步的开发与升华。

二、课余体育竞赛的特点

(一)竞争性

同竞技体育比赛一样,学生体育竞赛必须有明确的获胜者,竞争性蕴含其中。体育竞赛是对参与者的运动技能和运动成绩进行展示、比较和评定,其中都有竞争性因素。也只有在学生个体或集体的比赛中评定出强弱与胜负,才能充分反映出学生体育竞赛的竞争属性,竞争性是学生体育竞赛的内核,体育竞赛的灵魂就是鼓励公平竞争,而竞争的表现形式是双方的全力以赴、拼搏争胜。

竞争性不仅存在于竞赛双方或多方运动员之间的运动技能、技术、战术、体能、智力、心理等多方面的竞争,还可以从更广泛的意义上去理解运动竞赛的竞争性。竞赛各方的教练员之间存在竞争;观众中尤其是"拉拉队"之间也存在竞争,并且其激烈性、广泛性和持久性并不逊于运动员间的竞争。我们常常可看到在学生体育比赛中,比赛双方的支持者——学生们摇旗呐喊,为本队助威加油,其浓厚、鲜明的竞争特点表现得淋漓尽致。

(二)合作性

学生体育竞赛在组织形式上一般都采用集体的形式,即使以个人名义参赛或是个人项目,也以记团体分的形式来增强集体荣誉感。竞争是与对方的竞争,合作则是与本方的合作。在比赛前、比赛中、比赛后,既需要发挥参赛者个人的能力,又需要集体的协作支持。在与对手比赛的过程中,为战胜对手,学生运动员之间需互相协作、默契配合,运动员更要与教练员、本方比赛辅助人员和球迷合作。因此,合作性自然就存在于竞赛之中。

(三)公开性

学生体育竞赛是在公开的场合进行,有公开、统一的规则。参赛各方直接对抗,由裁判公开直接监督、控制比赛正常进行。同时,观众也参与评判比赛,在舆论上监督比赛的公正,监督学生运动员的道德品质与意志品质。学生体育比赛的公开性,促使比赛的组织管理更为科学规范、公平公正。

(四)教育性

举办学生体育竞赛,无论是形式和实际效果,都充分地体现出教人、育人的特色。国际学校体育联合会前主席兰姆斯曾说:"教育狭义的目的是传授知识,而广义的目的在于传授技术、能力和社会生活价值观念,这种教育包括竞技体育教育。"体育竞赛是体育教育的突出特征,它必然也有重大的教育功能。学生可以从比赛本身了解人类创造的竞技体育文化,掌握体育知识技术,教育学生形成优良的思想品德作风、培养良好的心理品质,还可以接受比赛本身所特有的诸如竞争、团结、公平、友谊等要素的教育和影响。

(五)娱乐性

学生校内体育竞赛有严肃的一面,但其娱乐性却更显突出。休闲娱乐是现代人所崇尚的生活方式之一,也是生活质量提高的一个标志。学生校内体育竞赛在组织方式、竞赛内容等方面,比正规的竞技运动竞赛更加趋向于轻松、活泼,是学生课外休闲娱乐的主要手段。在比赛中优秀选手所表现的高超技巧,使学生得到美的熏陶和美的享受,学生运动员坚持到底、奋勇拼搏的精神满足了学生的情感追求,陶冶了性情。学生观众则从体育比赛中体验到比赛的乐趣,感受生活的丰富多彩,使生活更加充实。相对于紧张的学习生活,竞赛对学生和教师来说,是一种使身心放松的良好手段,可调整学习生活节奏,转换生活内容,丰富校园文化活动。

(六)层次性

学生校内体育竞赛既有相对高水平的比赛,也有基础性、水平较低的比赛。高水平的比赛往往较为正规,竞技水平较高,但相对全体学生来说参赛人数较少,可以吸引众多的学生助威和观赏;低水平的比赛则体现学生体育竞赛的群众性、基础性、参与性,虽然竞技水平不太高,但它面向全体学生,可动员众多的学生亲身体会体育比赛的魅力,体验比赛的过程,丰富学生的文娱活动。

（七）多样性

学生校内体育竞赛的组织形式灵活,项目种类繁多,既有学校统一组织的规模较大的校田径运动会、体育节,也有相对规模较小的院系级、年级比赛,还有班级间甚至宿舍间的比赛;既有竞技项目如篮、排、足球等的比赛,也有娱乐性突出的如跳绳、棋牌类比赛,还有健身性突出的如健美操比赛。有些学生体育俱乐部、体育协会还自我组织比赛,打破了传统的单位行政式管理,丰富了组织形式。学生校内体育竞赛的多样性是群众性的选择,也是层次性的体现。

三、课余体育竞赛的类型

课余体育竞赛最常见的即学校运动会;而单项竞赛根据其项目特点还可以分为单项运动竞赛、单项娱乐性比赛和季节性单项比赛。从竞赛的内容划分,课余体育竞赛的形式分为传统项目比赛(如篮球、排球、田径)、全校性田径运动会、单项选拔赛、达标测验赛、教学比赛、体育节,其他类体育比赛。

（一）学校运动会

学校运动会是学校规模最大的竞赛活动。其比赛的形式一般由多个运动项目组成,同一时段进行。目前最常见的形式是学校田径运动会,或篮球、排球、足球及田径等多个运动项目的综合运动会。除了较为正规的达标运动会以外,为了让更多的学生能参与竞赛,可以将田径运动会改成达标运动会,比赛的项目则是达标的项目;也可以在原有的竞技项目设置的基础上,将学生体质健康标准的部分项目纳入比赛中并增加一些娱乐性项目。要求全校每个学生均选择其中几项参加,将参赛的人数与比赛的名次累计计算出团体总分与个人名次。以提高运动会的参赛人数和参赛面,使不同层次的大多数学生都有机会展示自己,同时也促进了学生的锻炼。运动会由于项目多,参加人数多,组织工作比较复杂,但影响较大。

（二）单项运动竞赛

单项运动竞赛是指只进行一个运动项目的比赛。①田径项目是开展最为普及的竞赛项目。许多学校每年都举办盛大的全校性的田径运动会。田径比赛中经常设置的项目有短跑、中长跑、接力跑、障碍跑、跨栏跑、跳高、跳远、铅球、标枪等。②球类项目是学生十分喜爱的内容。球类比赛中经常设置的项目有篮球、足球、排球、乒乓球、羽毛球、网球等。有些学校还开展受广大学生喜爱的适当改变规则的球类项目,如三人制篮球赛、七人制足球赛等。③体操类项目。广播体操、健美操、艺术体操是体操竞赛项目中的主要项目。有条件的学校,也举行技巧、单杠、双杠、支撑跳跃中某个项目的比赛。④此外也可以进行其他单项比赛,比如校园定向越野比赛等。

（三）单项娱乐性（趣味性、健身性）比赛

单项娱乐性比赛是指师生自创的，民间流传的以及学生喜闻乐见的体育比赛。例如，踢毽子、跳绳、跳橡皮筋等各种比赛。这类比赛由于不受场地、器材的限制，比赛的内容、规则可以由学校自定，对技能要求不高，所以参与面比较广，能充分发挥学生的想象力，调动学生参赛和锻炼的积极性。

（四）季节性单项比赛

季节性单项比赛是指比赛项目对季节（对气温）要求很高的竞赛活动。例如，冬季长跑等。由于这类比赛在特定的季节下进行，容易形成学校的传统竞赛项目，且易于激发学生的锻炼积极性。

（五）体育节或称体育周、体育文化节（健身周、健身节、健身文化节）

体育节是将体育竞赛、体育表演、体育文化知识讲座、体育知识竞赛等有机融合的活动。体育节将竞赛与表演、参与与观赏、运动技能与体育知识、普及与提高有机结合，对于丰富学校课余文化生活，提高学生对体育知识的了解和参加体育活动的兴趣等都具有十分重要的意义。

（六）校际间交流比赛

校际间交流比赛多为单项交流赛。组织这类比赛是为了加强学校之间的交流，互相学习、共同提高，促进团结和友谊；同时也为了宣传学校，提高学校的知名度。

第二节 课余体育竞赛的组织与实施

一、课余体育竞赛的组织

课余体育竞赛根据竞赛的规模，在主管体育工作的校长直接领导下，由各部门分工负责。

（一）校运动会的组织

校运会由于规模较大，组织工作比较复杂。一般由党、政、工、团、学生会以及体育组、教导处、政教处、总务处等职能部门的负责人组成竞赛组委会，全面负责校运会的竞赛工作，包括制订计划、审批报告和通知等。在组委会的领导下可设立秘书组、宣传组、竞赛组、后勤组等有关办事机构。

秘书组主要负责召开组委会,执行组委会决议,制订比赛工作日程计划,主持并检查督促和协调校运会的筹备与进行期间的日常工作。

宣传组主要负责校运会召开前后期间的宣传报道和思想工作,包括布置比赛的环境、网络平台的搭建、板报、广播的宣传以及对学生的动员等。

竞赛组是业务工作的中心。其主要工作有比赛秩序册的编制,比赛的组织与安排,裁判工作的组织与安排,比赛期间的成绩记录与统计及审查,解决比赛中出现的业务问题。

后勤组是校运会的后勤保障。主要负责校运会的经费预算,保证比赛的场地器材,以及设备的供应,搞好比赛期间的医务工作。

(二)单项比赛的组织

单项比赛的组织根据其比赛规模、竞赛规则和技能的难易,可采用不同的组织形式。

对于竞赛规则比较复杂、难度较大的全校或年级单项赛,如篮球赛、排球赛、足球赛等,一般由体育组负责,会同政教处、年级主任、班主任一同组织安排。具体由分工负责的体育教师组织进行。

对于竞赛规则不复杂、难度不大的年级单项赛,如跳绳比赛、踢毽子比赛等,可在体育教师的指导下,由共青团、学生会、少先队负责组织进行。

对于竞赛规则不复杂、难度不大的班级单项赛,如班级仰卧起坐比赛、迎面接力比赛等,则可以在体育教师的指导下,由班主任和体育委员负责组织进行。

(三)体育节

体育节不仅涉及体育运动实践,而且涉及体育文化知识,依据规模的大小组建相应的组织机构,一般包括校团委政教处、医务室、体育组、学生会等。

二、课余体育竞赛的实施

学校课余体育竞赛计划一般包括年度体育竞赛日程计划和竞赛规程两种计划文件。

(一)年度体育竞赛日程计划

年度体育竞赛日程计划是对全校一学年的体育竞赛活动所作的全面规划和安排。其内容一般包括本学年的竞赛项目、竞赛时间、竞赛地点、参赛单位、参赛人数和主办单位等。

年度体育竞赛日程计划是由体育教研组根据本校教育工作计划的安排和实际情况,并考虑上级有关部门的竞赛安排和要求,与相关部门协商后制订,然后呈报校长审批后执行。制订年度体育竞赛日程计划时,应考虑以下几点:

1.群众性

课余体育运动竞赛项目的安排应考虑以不同层次学生的需求、小型多样、学生喜爱、组织简便为原则。

2. 可行性

运动竞赛时间和次数的安排应根据学校教育计划、季节特点、节假日等因素综合考虑，竞赛次数要适宜，竞赛时间分布要均匀。

3. 常规性

学校课余体育运动竞赛的项目和时间要相对固定。对于校运会、学校体育传统项目等重点比赛，应安排在比较固定的时间进行，以利于学生有计划地锻炼。

4. 简便性

竞赛日程计划表的排列应便于检查与操作。在制订年度竞赛日程计划表时，各赛事的排列顺序，应以日期先后为准。以利于及时督促与检查。每项竞赛的具体规定，应另定竞赛规程，并提前发给各参赛单位。示例见表11-1。

表11-1　××中学××年度竞赛计划日程表

编号	竞赛名称	日　期	地　点	参加单位	参加人数	主办单位	备注
1	广播操比赛	9月下旬	田径场	各年级	全体	体育组	
2	校运动会	10月中旬	田径场	各年级	全体	校竞赛委员会	
3	拔河比赛	10月下旬	篮球场	高中各年级	每班40人	团委	
4	足球射门比赛	11月上旬	足球场	初中男生	每班8人	体育组	
5	排球垫球比赛	11月中旬	排球场	全体女生	每班10人	体育组	
6	年级篮球赛	12月上旬	篮球场	高中男生	每班一队	体育组	
7	冬季三项赛	12月上旬	体育馆	初中各年级	每班男女各8人	体育组	
8	迎新长跑赛	12月下旬	环校园	各年级	每班女各30人	体育组	
9	三人篮球赛	3月下旬	篮球场	全校	自由组合	体育组	
10	50米接力赛	4月上旬	田径场	各年级	每班男女各8人	学生会团委	
11	足球射门比赛	4月中旬	足球场	高中男生	每班8人	体育组	
12	达标运动会	4月底	田径场	各年级	全体	校竞赛委员会	
13	踢毽子比赛	5月中旬	篮球场	各年级	每班男女各10人	学生会团委	
14	乒乓赛	5月下旬	体育馆	初中一、二年级	每班男女各5人	体育组	
15	健美操比赛	6月上旬	体育馆	各年级	每班男女各20人	体育组	

（二）竞赛规程

竞赛规程是根据学校年度体育竞赛日程计划，开展某一项比赛的法规性文件，是指导课余体育竞赛工作的重要依据。竞赛规程的内容一般包括：体育竞赛的名称，目的、任务和要求，时间和地点，参赛单位和人数，竞赛项目和表演项目，竞赛办法（分组、竞赛规则、录取名次和计分方法等），奖励办法（精神与物质奖励及名额），报名办法（各项目参加人数、报名资格、手续、截止日期等),注意事项(运动员服装、号码、队旗、资格审查及处理规定等)。

制订竞赛规程时一般应考虑以下几个方面:

1. 竞赛规程应明确可行

为保证比赛的顺利进行,在制订竞赛规程时,应从学校的实际情况出发,将应执行的规定实事求是地明确制订出,并考虑其可行性。

2. 竞赛规程应有利于更多的学生参加

为了吸引更多的学生参加比赛,同时也为了鼓励学生争取最好成绩,在制订竞赛规程的比赛内容、参加人数、比赛办法、计分办法、比赛规则等方面,应着眼于广大学生,立足于促进、鼓励更多的学生实际参与竞赛,真正发挥学校课余运动竞赛对学校体育教学、体育锻炼、运动训练的推动作用。

3. 竞赛规程应提前下达

竞赛的目的是促进学生的锻炼,因此竞赛规程应在赛前几周,甚至更早发给各参赛单位,以便于充分做好赛前准备,激励学生锻炼身体。

三、课余体育竞赛的管理

学校课余体育竞赛的有效开展离不开高效的组织和管理,在管理方面主要需要重视以下几个方面:

(一)加强引导,改变师生的思想观念

学校课余体育竞赛是学校体育工作的重要组成部分,是体育课堂教学的延伸,是学生从事课外体育活动的重要场所。所以,在思想认识上,学校需要改变不注重学生课余体育锻炼,不重视学生自主活动的片面思想,加强对学校师生思想观念的引导,重视课余体育竞赛的组织和开展,重视课余体育竞赛在学生体育素质提高方面的重要作用。在思想观念的引导上,主要从以下几个方面进行:①邀请相关专家举办"体育与健康"等方面的知识讲座,提高学生对课余体育竞赛重要性的认识,提高重视程度。②举办健身性、观赏性、趣味性和竞技性融为一体的课余体育竞赛,组织广大学生参与或者观看。③积极宣传课余体育竞赛在促进学生终身体育意识、能力促进和培养方面的重要作用,通过发放资料、教师讲授和图片宣传等形式对学生进行正确和积极的引导。

(二)制订科学合理的课余体育竞赛相关政策管理文件,加强组织与管理

有效的活动离不开有效的管理,学校要对课余体育竞赛进行科学的组织和管理,就要制订合理的政策管理文件。课余体育竞赛的有效开展需要有效的组织和制度建设,目前我国高校课余体育竞赛的开展主要是在学校行政部门以及体育院(部)的组织下开展的,一般情况下是统一安排竞赛内容,统一组织开展活动,学生是一种被动的参与,积极性不高。因此首先要发挥学生的自主性和积极性,充分发挥学生的创造性,大胆放权让学生自己组织、指导和管理课余体育竞赛,全面发挥学校体育社团的作用,放手让学生自己组织校内各种

课余体育竞赛;充实和丰富学校体育竞赛相关内容,开展以寝室、班级、年级、学校为单位的体育竞赛,还可以开展校际之间的友谊比赛。体育部门负责制订年度的课余体育竞赛计划并进行具体实施,学校各院系负责组织学生广泛参与。学校根据各院(部)组织力度、参与的具体情况以及取得的成绩评选先进集体和先进个人。在课余体育竞赛的管理上,既可采取集体直接管理的办法,也可将那些责任性强、技术指导性强、开放难度大的项目,在会上公开招标协议,把责任交给个人或组合小集体。逐步扩大有偿服务的范围,并给予月票、学期票、年票以不同的优惠,以此吸引广大学生。

(三)建立以俱乐部为主体的课余体育竞赛组织机构

建立高校体育俱乐部,能够在校园文化的建设中发挥巨大的作用,能够提高学生的体育健身意识,通过俱乐部的形式组织学生进行课余体育竞赛活动,能够促进学生参与体育竞赛的积极性,有效促进高校课余体育竞赛的组织与运行。高校的体育俱乐部是以学生为主体组建的,它能最大限度地体现学生的课余体育竞赛意愿,组织的内容以及组织的形式由学生决定。建立校园体育俱乐部,可以有效地突破传统的体育竞赛模式,成为学生们表现自我、展现自我的平台。体育俱乐部可以通过各种渠道来传播体育信息,使学生对体育有更深刻的了解与认识。目前高校传统的体育项目已经不能满足学生的体育文化需求,需要吸收新颖的体育项目丰富学生的课余体育竞赛活动。目前高校俱乐部主要设立篮球、排球、乒乓球等娱乐休闲项目,另外,一些户外时尚运动也加入俱乐部中来。

(四)建立完善的运动竞赛体系

建立完善的运动竞赛体系,积极开展群体性活动,面向全体学生保证竞赛时间。学校无论从领导层面,还是教师层面都需要改变观念,积极引导学生参与课余体育竞赛,加强对课余体育竞赛的组织和管理。学校应从各个方面加强对学生课余体育竞赛的引导,加强对课余体育竞赛的组织与管理,提高学生的终身体育锻炼意识。充分利用学生课余的时间组织学生参与各种课余体育竞赛,提高学生进行体育锻炼的积极性和综合素质。要保证学生的体育比赛时间,可以利用每天下午的课余时间进行比赛,打破传统的固定比赛时间,如每年的田径运动会。每天安排一个项目,不但可以保证比赛时间,还可以持续地激发学生体育运动的兴趣,在运动竞赛中促进运动竞赛激励机制的实施。学生希望通过自己的努力获得精神和物质上的奖励,因此学校要根据学生的这种内在驱动力,完善学校课余体育竞赛的激励措施,使学生在付出与回报中找到一个平衡点,激发学生积极参加课余体育竞赛的兴趣,提高学生参加课余体育竞赛的内在驱动力。

本章小结	课余体育竞赛是指充分利用课余时间，组织学生以争取优胜为目的，以运动项目、游戏活动、身体练习为内容，根据正规的、简化的或自定的规则所进行的个人或集体的体力、技艺、智力和心理的相互比赛。课余体育竞赛是实现我国学校体育目标的基本途径之一，它与体育与健康课教学、课外体育活动、课余体育训练相辅相成、相互配合与补充共同组成了学校体育的完整体系。课余体育竞赛的类型包括校内竞赛和校外竞赛两种。校内竞赛包括学校运动会、单项运动竞赛、单项娱乐性比赛、体育节、校际间交流比赛。课余体育竞赛的组织方式有校运动会的组织、单项比赛的组织、体育节的组织三种。
回顾与思考	1.课余体育竞赛的类型有哪些？ 2.如何制订课余体育竞赛年度体育竞赛日程计划？ 3.你经历的最有意义的课余体育竞赛在何时？何地？为什么？ 4.课余体育竞赛的方法有哪些？竞赛规程包括哪些内容？

参考文献

[1] 刘善言.学校体育学[M].济南:山东大学出版社,2001.

[2] 陈雪红.学校体育学[M].北京:北京师范大学出版社,2008.

[3] 潘绍伟,于可红.学校体育学[M].北京:高等教育出版社,2005.

[4] 王家宏.球类运动——篮球[M].北京:高等教育出版社,2005.

[5] 张恳,李龙.终身体育视域下高校课余体育竞赛的改革与发展[J].体育学刊,2009,16(7):75-77.

[6] 王忠荣.学校课余体育竞赛的现状与发展建议[J].青少年体育,2016(12):76-77.

[7] 张雷.基于高校课余体育竞赛管理的现状及对策[J],经济研究导刊,2017(22):185-186.

[8] 张恳,李龙.高校课余体育竞赛组织管理现状与发展对策[J].广州大学学报:社会科学版,2010,9(7):74-78.

[9] 李悦悦.普通高校课余体育竞赛发展研究[D],武汉:华中师范大学,2009.

[10] 杨文轩,张细谦,邓星华.学校体育学[M].北京:高等教育出版社,2016.

课余体育竞赛-学校趣味
运动会-跨栏运动

改造后的校园定向比赛1

第十二章
体育教师

【学习任务】

通过本章的学习,结合新时期体育教师的角色转变,对合格体育教师的职业特点和工作职责以及应具有的专业素养有一个清晰的认识;通过了解体育教师专业发展的相关知识,提高体育教师的专业化水平。

【学习目标】

- 理解当前我国体育教师的角色转变的含义。
- 掌握当前我国体育教师的职责和专业素养。
- 知道体育教师专业发展的基本概念与途径。

体育教师的角色与职业特点

教师的角色比较复杂,一直是人们关注的话题。当前,随着教育改革的不断深化,社会发展对教师的角色也提出了越来越高的要求,传统的"师者,传道授业解惑"已经远远无法涵盖教师的社会角色。

一、体育教师的角色

角色一词最先是戏剧中的一个专有名词,是指戏剧舞台上所扮演的剧中人物及行为模式。后来,社会学者将这一概念借鉴和引申到社会生活中来,并将社会角色定义为"个人在团体中所扮演之职务和必要之行为"。

体育教师作为从事体育教育事业的专门人才,所承担的社会角色主要体现在执行各项学校体育政策、培养身心和谐健康发展的社会主义事业接班人,传承体育文化等。体育教师的社会角色即代表这一社会群体的地位和身份,也包含着社会对体育教师的角色期望。体育教师是受一定社会委托承担对学生的身心和谐健康发展施加积极影响的职责的教育工作者,担负着培养全面发展人才的社会责任。随着社会的不断发展、进步,社会对人才的要求也不断地提升,教师所应具备的专业素质、综合能力也要逐步增强,对其角色意识和角色转变又一次提出了新的要求。

二、体育教师的角色转变

2020 年,我国要实现教育现代化,要实现两个强国的发展目标,学校体育作为教育的重要组成部分,也要努力向现代化进军。新的时期,学校体育被赋予了许多新的内容和时代特征,基础教育课程改革的不断深化要求体育教师的观念要更新,其社会角色必然要发生转变。

(一)从大纲的被动执行者向课程的主动开发者转变

从 1956 年我国第一部体育教学大纲颁布,一直到 2001 年《体育与健康课程标准》(以下简称《课程标准》)的实施,体育教师一直都是按照国家统一颁布的《体育教学大纲》来安排教学,很少去思考"教什么,为什么教",最多只是考虑"怎么教"。当时评价一个优秀体育教师的标准就是"是否按照大纲的要求上课,学生运动成绩、运动技术是否达到了教学大纲的要求",因此,大部分体育教师都是教学大纲的被动执行者。随着 2001 年新一轮体育课程改革的启动,《课程标准》取代了沿用多年的教学大纲,不再规定统一的学习内容、不再有统一的考核项目和标准,体育教师要在体育课程标准的指导下,发挥自身的主动性和能动性,根据本地和本校实际情况,充分考虑学生的兴趣爱好和年龄特点,灵活地选择教学内容,根据实际情况进行课程资源的开发和实践。在这样的背景下,体育教师不仅要思考"如何教",同时还要考虑"教什么,为什么教"。体育教师将以主人翁的姿态参与到体育课程开发中来,不仅要选择和开发课程内容,还要选择和设计课程实施方式、方法和手段,同时还要制订合理的体育课程学习评价标准,从而真正实现由大纲的执行者向课程的开发者转变。

(二)从知识技能的传授者向学生身心健康的促进者转变

《课程标准》不仅强调体育知识、技能的学习,而且强调运动习惯、健康的生活方式和积极乐观的生活态度的养成,这就要求体育教师调整单纯地强调运动知识、技能传授者的角色,积极成为学生身心健康的促进者。随着现代科学技术的不断发展,知识的更新速度越来越快,现代科学知识也越来越丰富多样,教师要在短短的几年学校教育阶段,把学科的全部知识技能都传授给学生已不可能,而且也没有必要,学生在学校期间习得的知识也许到了工作岗位就已经陈旧而需要更新,教师作为知识技能传授者的地位已经被动摇了。其次,随着现代信息技术的不断发展,信息资源的不断丰富,教师已经不是学生获得知识的唯一来源,学生获得知识技能的渠道呈多样化,体育教师不再是知识技能的传授者,而是要给学生的体育学习与健康的生活方式以科学指导,在"健康第一"指导下,促进学生身体、心理和社会适应能力的共同发展。在社会发展新时期体育教师的角色要从知识技能的传授者转变为学生身心健康的促进者。

(三)从传统的"教书匠"向新课程"研究者"转变

在我国传统的中小学教师的职业生涯中,传统的教学活动和研究活动是彼此分离的,教师的任务只是教学,是典型的"教书匠",研究被认为是专家的"专利"。中小学教师很少有机会参与教学研究,即使有机会参与,也只能处在辅助的地位,配合专家、学者进行实验。长期实践表明,这种做法存在着一定的弊端,造成了理论与实践的严重脱节。为此,基础教育课程改革提出"教师即研究者"的口号,提倡的"行动研究"就是把教学和研究有机地结合起来。新课改不仅要求教师要研究教什么、教多少,还要研究如何教,如何教得更有效等问题。这也为中小学教师参与教学研究提出了要求,为他们的角色由"教书匠"向"研究者"转变创造了机会和平台。这种角色转变是教师教学能力提高的关键,也是教师专业发展的基础,是创造性实施新课程的体现。体育教师要增强课程改革意识和批判精神,树立教育教学新理念,改革陈旧落后的课程内容和教学方法,积极探索体育课程实施的有效途径,成为体育课程研究者。

(四)从课堂的"控制者"向学生学习的"引导者"转变

新课程强调从"关注学科"转向"关注学生",核心理念是"以学生发展为中心,重视学生的主体地位",倡导新型的学生观,即"将学生看成具有独立思想、独特性格发展着的人,是学习的主体"；倡导新型的师生关系，即民主、尊重、平等的师生关系。体育教师不再是权威的课堂控制者，而是学生体育学习的合作者和引导者。体育学习是在师生之间、生生之间的平等交往、合作中实现的。在民主、平等、尊重的师生关系中，学生才能真正体验到运动的乐趣，养成好的运动习惯，有效增强身体素质，为终身体育打下坚实的基础。体育教师要从学生的实际出发，尊重学生的主体性和个性，从课堂的"控制者"转变为学生体育学习的引导者、帮助者。

（五）从"学校体育人"向"社会体育人"转变

随着社会不断地发展，学校已不再是与社会毫无联系的"象牙塔"，现代学校体育在空间上已由学校拓展到社会，在时间上从在校学习阶段一直延续到终生。一方面，学校体育资源逐渐向社会开放，学校体育活动与社会体育活动联系越来越紧密；另一方面，社会体育资源也逐渐向学生开放，社会体育活动也需要体育教师的参与。在终身体育思想的影响下，学校体育、社区体育、社会体育将逐渐融合，共同满足人们的体育文化需求。构建学校、家庭和社区体育一体化已成为社会发展的需要。体育教师不仅承担着学校内体育教育的职责，而且还承担着学校与社会沟通者的角色，逐渐从"学校体育人"转变成"社会体育人"。

三、体育教师的职业特点

现代社会的发展对学校教育诸要素都提出了新的要求，教师的角色发生了较大的改变，不再只限于知识技能的传授者，教师的工作特点也会随之发生改变。体育教师是整个教师队伍中的一个特殊群体，其职业除了具有教师的一般特征外，还具有自己的特殊性。

（一）脑力劳动与体力活动紧密结合

体育教师的劳动是脑力劳动与体力劳动的完美结合，在表现形式上有自身的特征。其他学科教师都是以脑力劳动为主，体育教师的工作从表面上看，主要由示范动作、组织与指导练习、保护与帮助等体力劳动构成。但是这些看似简单的体力劳动实质上是需要较强的脑力消耗的，是以智力劳动为主的。在体育教学过程中，体育文化知识的传授、各项运动技术和战术的示范、教授与指导，都需要体育教师在课堂上灵活发挥，在不同接受能力的学生面前，进行科学的指导；在组织练习的过程中，体育教师要根据学习内容的特点与学生的实际，随时选择不同的方法进行指导与帮助，体育课堂一般在室外，具有一定的开放性，经常会遇到比较复杂的情况，需要体育教师具有随机应变的能力，冷静地处理各种突发事件。因此，体育教学过程是体育教师分析、判断、记忆、思维、想象等大量脑力消耗的过程，同时也是体育教师以示范、练习等方式直接进行身体运动的过程，整个过程都体现了脑力劳动与体力活动的完美结合。

（二）工作任务的复杂性

学校体育作为德、智、体、美、劳全面发展的教育活动的重要方面，既要注重学生的身体健康，又要关心学生的心理健康水平；既要掌握一定的体育知识技能，又要有效增强体质。

体育教师不仅需要体育教学工作,还需要承担大量的课外体育活动的组织、课余体育训练、课余体育竞赛以及大量社会体育活动。因此,体育教师工作任务比较复杂,工作强度比较大。这就要求体育教师具有良好的职业素养、广博的知识与较强的专业能力。

(三)工作对象多,活动空间广

体育教师授课班级比较多,而且还要组织全校的早操、课间操、课余体育锻炼以及校内外各种体育竞赛活动等,体育教师的工作对象比其他学科教师工作对象多,工作范围广。体育教师工作场所多在户外,活动空间比较广,不仅需要体育教师具有较强的课堂组织与管理能力,还需要体育教师具有应对外界环境变化的能力。

(四)体育教师工作的社会性

随着学校体育、家庭体育和社区体育一体化程度的不断加强,体育教师工作的时间和空间也不断扩大。在空间上,学校体育资源与社会体育资源的结合已成为现代学校体育发展的重要趋势,学校体育活动的场所也从学校走向社会,体育教师的工作必然要面向社会,参与社会中的各项体育活动,在全民健身活动中担任一定的角色。因此,体育教师不仅要做好校内体育教学与各项文化活动,担负起促进学生身心全面发展的责任;而且还要参与到各种各样的社会体育活动中,承担社会体育指导员、裁判等工作。体育教师工作的社会性是体育教师工作的特殊性所在。

(五)自身榜样的教育性

体育教师与学生的接触形式明显区别于其他学科,体育教师与学生的关系更平等,交流更频繁,对学生的影响也更直接,往往体育教师的语言、技术、衣着、人格等都会给学生较深的影响。体育教师健壮的体格、爽朗的性格、娴熟的运动技术以及潇洒的运动着装等都会给学生积极健康的影响,为学生树立良好的体育榜样,是学生体育兴趣培养的无形推动力。体育教师自身的魅力对学生有很强的教育意义,对学生会起到潜移默化的影响,自身榜样的教育性是体育教师职业的一个重要特色。

第二节 体育教师的职责及专业素养

教育大计,教师为本。《中华人民共和国教师法》中明确指出:"教师是履行教育教学职责的专业人员,承担教书育人、培养社会主义事业建设者和接班人,提高民族素质的使命。"教师作为学校教育的主导力量,是学生成长、社会化过程的导师,是社会价值维护和人类文明传承的重要力量。

一、体育教师的职责

体育教师是教师队伍中的重要成员,是体育教育的主要实施者。由于体育学科的特殊性,体育教师的工作也表现出与其他学科教师不同的特点。具体来说,体育教师的工作职责主要有以下几个方面:

(一)贯彻执行各项学校体育政策

体育教师应认真贯彻执行国家颁布的相关教育与学校体育政策。根据相关政策和文件安排学校体育工作,制订学校体育工作计划。结合学校和学生的实际情况,依据学校体育目标要求,制订体育课程实施方案,将学校体育各项工作落到实处。体育教师是各项学校体育政策的最终执行者,是直接对学生体育学习和体育活动进行指导和教育的人,因此,体育教师的政策执行能力是影响学校体育工作水平的关键因素。

(二)担负立德树人的崇高使命

十九大报告明确提出"要全面贯彻党的教育方针,落实立德树人根本任务"。体育教师作为一名教育工作者,其职责不仅仅是传授体育与健康的知识、技能与技术,更重要的是教育学生如何做人。体育教师应根据体育课程的特点,在学校体育各项活动中利用体育课程独有的德育资源,加强对学生进行爱国主义、集体主义教育,进行奥运精神、拼搏精神教育,进行团结协作意识、自觉遵循规则意识的培养等,通过体育的方式,让学校体育成为立德树人的重要教育途径。

(三)提高体育课程实施能力

社会的发展要求体育教师具有先进的现代教育思想和教育理念,素质教育的不断深化要求体育教师必须具有广博的知识、精深的专业技能和较强的综合能力。体育学科兼具自然学科和社会学科的双重属性,要求体育教师既要掌握社会学和教育学的知识,也要同时掌握生物学、心理学等相关学科的知识;体育课堂的开放性要求教师具有较强的组织能力;体育课程资源的潜在性和多质性要求体育教师具备教材开发能力等。总之,体育教师要不断学习,提高自身的综合素质,增强体育课程的实施能力。体育课是学校体育工作的基本组织形式,上好体育课是体育教师的重要职责。体育教师应根据《体育与健康课程标准》、国家的各种法规、文件以及学校、学生的实际情况,认真制订教学计划,合理选择教材,钻研教材;认真备课,上好课,钻研教法;积极进行教学反思和经验总结,不断提高教学水平。

(四)搞好课外体育工作

课外体育工作主要包括课余锻炼、课余训练以及课余竞赛等活动,是学校体育的重要组成部分,也是实现学校体育目标的重要途径。体育教师应根据国家相关要求和学校体育工作计划,搞好课外体育工作。有组织、有计划地开展课外体育锻炼活动,做好组织、监督和指导工作,将教育部规定的"每天锻炼一小时"落实好。根据学校和学生实际情况,组织开展课余训练工作,为国家培养体育后备人才;积极开展各项课余体育竞赛活动,激励学生参与体育,培养学生积极向上、团结协作的精神。通过各项课外体育活动,增强学生体质,培养学生体育运动的习惯。

(五)全面促进学生身心健康

"把育人为本作为教育工作的根本要求"是《国家中长期教育改革和发展规划纲要(2010—2020年)》中对教育工作提出的根本要求和科学理念。体育教师在传授体育知识、技能和技术的同时,还要通过各项学校体育活动,有目的、有计划地进行"育人"工作,培养学生良好的道德意识和角色意识,促进学生良好的个性心理品质的发展,促使学生形成顽强拼搏、坚韧不拔、持之以恒的体育精神;做好体育卫生与健康知识教育,促使学生形成积极健康的生活习惯和生活态度。

(六)积极进行学校体育教研活动

当前,体育教师的角色已经从"教书匠"转变成体育课程的"研究者"。教师不再是教学大纲的机械执行者,而是课程标准的能动执行者,执行新课程的过程本身就是不断创新的过程。体育教师要以"研究者"的角色置身体育课程实施的过程中,不断地审视和思考教育理论、课程理论,在实践中不断地总结和反思,积极开展教学研究活动,提高自身专业素质,丰富和发展体育教育教学理论,进一步指导学校体育工作,提高教育教学水平,这是新时期体育教师的重要职责。

(七)参与社会体育活动

体育教师是社会成员中的活跃分子,由于职业关系,社交一般比较广泛,因此,体育教师是联系学校体育和社会体育的重要纽带。随着社会的发展,学校体育社会化程度的加强,学校—家庭—社区体育一体化成为当前学校体育的发展趋势。学校与社区共享体育资源,体育教师已经开始积极参与社会体育活动,体育教师的角色逐渐从"学校体育者"拓展为"社会体育者",成为社会体育互动的积极分子,在完成学校体育工作任务的同时,推动社会体育的发展,促进学校—家庭—社区体育一体化的形成。

二、体育教师的专业素养

(一)高尚的思想品德

教师是人类灵魂的工程师,为人师表、爱岗敬业、无私奉献、教书育人都是教师应该具有的基本条件。教师的思想境界、道德品质、行为表现对学生的思想道德和世界观的形成有着极其深刻的影响。体育教师作为教师队伍的重要成员,不仅要有坚定正确的政治思想和强烈的事业心、责任感,还应该具有治学严谨、刻苦钻研、改革创新和勇于探索的精神;具有对体育事业的热情,对学生无私的关怀,对教育事业的忠诚等。在当前复杂的社会中,要始终保持作为教师的纯净而热情的心,努力做好自己的本职工作,同时不断积极进取,开拓创新,提高自身的综合素质和专业能力,不断更新教育观念,提高自己的教育水平和气质修养,做好学生的榜样。由于历史的、当前的诸多因素,经常出现对体育教师的不公正待遇。

体育教师的工作比较辛苦、繁杂,但是体育教师的权利经常得不到保障,"同工不同酬"现象出现在很多学校。因此,体育教师更需要具有高尚的思想品德、勇于奉献的精神。

(二)先进的教育思想和教育理念

教育思想和教育理念是体育教师基本素质的重要组成部分,思想和理念是人的行动的先导。先进的教育思想和教育理念是体育教师完成教育工作的保证。没有先进的现代教育思想和教育理念为指导,体育教师的工作就失去了方向,体育教师在教育教学实践中遇到困难就会迷茫,从而难以圆满完成各种教育工作。当前社会形势下,体育教师首先具有素质教育的思想和理念,以"全面发展学生的素质,为学生的将来打好坚实的基础"为教育目标。在体育教学中,始终以终身体育思想为指导,积极促进学生体育锻炼习惯的养成。其次,体育教师要树立新型的教师观、学生观、人才观和教育质量观,从自身做起,正确定位自身的角色,在体育教育活动中始终以学生为主体,以培养身心全面发展的社会主义事业接班人为己任,努力探索新的教学模式和评价模式,改变过去单纯以运动技能和身体素质为主的体育评价方式,注重主观评价与客观评价相结合、量化评价与质性评价相结合、总结性评价与过程性评价相结合的综合性评价方式的运用,最大限度地促进学生素质的全面提升。

(三)宽厚的理论基础与广博的知识

体育学科的教育性使体育教师在体育教学过程中要遵循一般教育规律;体育学科的自然性需要体育教师在体育教学过程中要遵循人体生长发育及人体机能在运动过程中的变化规律。体育学科的这种双重属性需要体育教师掌握教育学、心理学、社会学、运动解剖学、运动生理学、运动医学、运动生物力学、运动生物化学等专业知识。

随着信息社会的到来,学生的知识面越来越宽,对知识的需求量越来越大、越来越广,体育教师要不断丰富自己的知识,开阔自己的视野,特别要掌握一些体育交叉学科的知识,如体育美学、体育哲学、体育管理学、体育经济学、体育史等,在体育教学过程中,才能更好地为学生授业、解惑,才能在教学中更加游刃有余。21世纪的体育教师应该具有深厚的理论基础,也要同时具备广博的各科知识,形成多学科交叉的知识结构体系,才能在教育的道路上越走越宽。

(四)全面的教育教学能力

1.教学能力

教学能力是教师采用有效的手段、方法,在充分发挥学生主体性的基础上,高效地完成体育教学任务,实现体育教学目标的能力。具体体现在体育教师在课堂教学中语言的流畅、示范动作的熟练、教学方法的灵活选择与运用、教学分组的合理、对学生的有效组织与管理、对课堂突发事件的处理能力、教学艺术以及对学生进行科学的评价与鼓励等方面。这就要求体育教师要在对课程标准充分理解和领悟的基础上,将课程目标转化为教学目标,在体育教学中要正确处理教师的主导性与学生的主体性的关系,要创设良好的教学情境来调动学生学习的积极性、主动性和创造性,为学生终身体育意识的形成打下良好的基础。

2.教育能力

教育能力指的是教师在对学生学习、行为、心理等情况的深入了解、分析和判断的基础上,对学生进行积极影响的能力,是所有教师都应该具备的基本能力。具体体现在对学生学习兴趣的诱导、不良行为的纠正、消极情绪的调节以及各种教育方法灵活运用的能力等方面。在体育课和其他课外体育活动中,生生之间、师生之间交往比较频繁,学生的情感体验较丰富,体育教师要通过各种形式,挖掘体育教材的教育价值,把握有利的时机,对学生进行积极教育。如在进行耐久跑练习时,教育学生学会吃苦耐劳和坚持不懈;在学习体操的一些动作时,要教育学生勇敢;在集体项目中,要教育学生学会团结协作等。体育教学的特殊性使体育教师对学生的教育体现得更直接、更频繁。体育教师的教育能力不仅体现在教育内容上,更重要的是体现在教育时机与教育方法的运用上。

3.课外体育活动的指导能力

体育教师在完成教学任务的同时,还要承担学生课外体育活动的指导与协助工作。学校体育目标的实现不仅要靠体育课,还要通过各项课外体育活动与课余训练、竞赛,体育教师要具备对学生课外体育的指导能力,积极帮助学生进行课外体育锻炼,科学指导课余训练与竞赛,这也是体育教师的基本工作能力的具体体现。

(五)良好的心理品质与强健的体魄

体育教师要具备良好的心理品质,包括正直、公正、谦逊、团结、热情、善良、乐观、进取、活泼等,这是完成体育教育任务必不可少的品质。教师的良好心理品质对学生会有潜移默化的影响,良好的心理品质也是创设良好教学情境必不可少的因素,体育教师本身就具有培养学生良好心理品质的职责,如果体育教师本身就不具有这些品质,就无法对学生进行教育。良好的身体素质和强健的体魄是体育教师的基本特点,也是体育教师进行体育教学的必要条件。体育教师强健的体魄和娴熟的运动技术是培养学生体育兴趣的无形推动力,不仅能给学生做出优美的示范,还能给学生以信心和力量,增强对体育教师的认同感,从而提高对体育的兴趣。特别是当女体育教师穿上运动服,做出优美示范动作的飒爽英姿,不仅给人一种美的享受,而且能促使学生形成正确健康的审美观,进而养成健康的体育生活方式。

(六)研究与创新能力

在当前课程改革背景下,体育教师必须更新观念,树立课程意识与创新观念,在没有体育教学大纲束缚的课程改革新时期,体育教师有选择教学内容和进行课程资源开发的权利,也会同时面对许多挑战和困难。在新课程改革中会出现许多新问题、新情况,需要体育教师去面对、去研究,在教学实践中不断探索着前行。体育教师不可能再像以往那样,仅做一名"教书匠",而是必须具备科研与创新意识,不断学习进步,及时了解体育教育发展动态,了解体育课程发展趋势,用新思想新理论武装自己,指导教学;同时在教学实践中,不断地总结经验,在总结经验的基础上探索体育教育的规律,再用以指导教学,使体育教学实践不断创新、不断发展。因此,新时期的体育教师也应具备一定的科研与创新能力,包括研究课题的设计、文献资料和科研信息的搜集与整理,科研论文的撰写等,都是体育教师应具备的基本能力。

(七)运用现代教育技术的能力

现代社会已经进入"信息化"时代,互联网的普及和应用使教育信息、体育信息的接收与更新非常及时,利用多媒体进行各类教育已经成为现代教育的一个特色。多媒体教学已经普及,成为现代教育的一种重要教学手段。各种先进的体育测量仪器的使用也为体育教学带来了方便。体育教师要突破传统教学模式的局限,充分合理地利用各种现代教学辅助设备,提高教学效果,更好地发挥学生主体性,发展学生创新能力。运用现代教育技术的能力已成为现代社会体育教师必须具备的基础能力。

(八)社会交往能力

现代社会学校体育社会化程度逐渐提高,学校体育与社会体育结合程度不断加深,这种趋势要求体育教师应具有较强的社会交往能力和社会活动能力。现代社会体育教师的能力范畴必然要超越体育知识、技术、技能传授和课外体育组织与指导的局限,走向社区,走向社会,不仅参与校际之间的各项体育活动,而且还要参与社会的全民健身体育活动,现代学校体育已经逐渐形成"学校—家庭—社区"三位一体的教育网络,学校体育场馆向社会开放,社会体育场馆向师生开放是社会发展的必然趋势,体育教师参与社会体育中的各项事务是其职业特殊性使然,也是专业发展的必然要求。体育教师需要从一个"学校人"转变为"社会人",参与社会体育活动,承担社会体育的一些工作是义不容辞的责任。因此,体育教师应具有较强的社会交往能力和社会活动能力。

第三节 体育教师的专业发展

随着素质教育和基础教育课程改革的稳步推进,教师专业化成为我国教育改革与发展的重要内容,也是教师教育改革和创新的必然选择。体育教师专业化是体育课程改革的基本要求,也是提升体育教师质量的重要举措。

一、体育教师专业发展的内涵

体育教师专业发展是指体育教师在整个职业生涯中,通过长期和系统的专门训练(包括体能、技能等)和终身学习,逐步习得体育教育专业的知识与技能,并在教学实践中不断提高自身的专业素质和专业修养,实现专业自主,成为一名优秀的体育教育专业工作者的专业成长过程。在这个过程中实现了从"普通人"到"体育教育工作者"的专业化发展。

体育教师专业发展在本质上强调的是体育教师个体的职业成长和发展历程。一方面表现出这一过程的漫长性,即体育教师个体发展、成长过程在持续不断地进行,贯穿体育教师个人的职业生涯。另一方面表现出生长性,即体育教师的专业发展具有累积和连续的特性,是在过去所学知识的基础上进行的专业成长过程。

二、体育教师专业化的意义

(一)体育教师专业化是教育现代化的必然要求

教育的发展离不开教师专业化水平的提高,教育现代化的一个显著特点就是教师专业化水平的提高。学校体育作为教育的重要组成部分,要实现教育现代化的目标,体育教师必须尽快走专业发展的道路,提升整个体育教师队伍的综合素质和专业水平。教师专业发展是一个终身学习,需要教师随着社会的发展不断学习,不断提升,是实现教师专业化的关键因素。体育教师专业发展是体育教师树立终身教育的思想,通过各种方式不断在专业发展道路上不断提升的过程。社会的发展要求教育的进步,教育现代化是社会发展与进步的标志;教师作为教育活动的主要承担者,其专业化程度是社会进步和教育发展的重要标志,体育教师专业化是教育现代化的必然要求。

(二)体育教师专业化是深化体育课程改革的关键

课程改革是时代的呼唤,必须进行到底;另一方面,在课程改革实践中又产生了许多困惑,从观念到体制、机制都不能适应改革的要求,课程改革面临重重困难。钟启泉认为"导致当前课程改革种种困惑的主要问题是:第一,高考制度滞后;第二,教育立法滞后;第三,教师研究滞后。"[1]教育制度和教育立法是国家层面上要做的,而教师和课程的问题却是离我们最近的,需要在课程改革实践过程中不断总结经验,不断改进、不断发展。

在新课程实施中提出了一个响亮的口号——"教师即课程",这说明了教师是课程改革的核心要素,是课程改革的中坚力量。一般来说,实施新的课程,要求实施者的行为和思维方式、教学方法、内容安排,以及教学组织形式都发生一系列的变化,这些变化来自实施者新的认识。因为,唯有实施者既了解变革的必要性,又认识到变革的有效性,才会对变革有真正的需求,并见诸自己的行动[2]。教师作为课程的主要实施者,在执行新课程的过程中总

---

① 钟启泉.课程的逻辑[M].上海:华东师范大学出版社,2008:29.
② 施良方.课程理论——课程的基础、原理与问题[M].北京:教育科学出版社,1996:134.

是受到本身的观念、能力和素质的束缚。20世纪20—30年代进步主义教育改革运动，以及20世纪60年代布鲁纳课程改革运动，其失败的主要原因之一就是教师对改革的新理念没有正确理解和充分把握，而且教师的能力不胜任新任务①。

体育课程改革对体育教师的综合能力提出了更高的要求，对体育教师的课程实施能力也提出了挑战。体育教师必须在改革中不断完善知识结构，更新教育观念，提高课程意识，改进教学方法和教学手段，提高专业能力，走专业发展的道路。体育教师专业化是制约体育课程改革成功与否的关键因素。

(三)体育教师专业化是师资队伍建设的重要内容

基础教育体育课程改革已经开展了十多年，在体育课程理论研究和实践上都取得了令人称赞的成绩，但同时也暴露出很多问题。其中，体育教师队伍的整体素质与全面实施素质教育要求还存在很大的差距。2001年5月29日，国务院在《关于基础教育改革与发展的决定》中提出要完善教师教育体系，深化人事制度改革，大力加强中小学教师队伍建设。同时还提出：根据体育教师的不同发展阶段来提供适宜的帮助，可以使体育教师在不同的阶段均能够接受与实际需要相匹配的教育，并不断提高体育教师自身的受教育程度，从而提升体育教师教育的质量。我国基础教育体育师资队伍建设的主要矛盾正在逐渐从"师资数量缺乏与教育需求之间的矛盾"向"体育师资质量与教育需求之间的矛盾"转变，21世纪体育课程改革的进一步深化使体育教师的素质提升成为师资建设的主要内容，也是实现教育现代化的重要条件，因此，体育教师专业化是师资队伍建设的重要内容。

(四)体育教师专业化是提升其社会地位的重要途径

对于体育教师的社会地位问题一直以来就存在分歧，多年来在不同学校总是存在体育教师与其他学科教师"同工不同酬"现象，在学校教师编制有限的情况下，很多学校都出现过把体育教师的编制让给其他所谓的"主科"教师，体育教师的社会地位与其他学科教师相比存在一定的差距。导致这一情况的原因是多方面的，有历史的原因，有教育制度、考试制度的原因，也有体育教师自身的原因，其中体育教师的自身原因主要是体育教师的专业化程度不高。

一般来说，社会对教师职业专业化程度的认可程度越高，相应教师的社会经济地位会得到提升，师范生生源的质量、教师教育的物资设备等也将会有所改善。当前，体育教师队伍的专业化程度不高，与社会和教育发展对体育教师专业化的要求还存在一定的差距，因此直接影响体育教师职业在社会中的认可。如果一种职业人人可以从事，那么这种职业在社会上是没有地位的。因此，体育教师专业化程度的提高是提升其社会地位的重要途径。

---

① 史鉴.教师培训:推进课程改革的关键[J].课程·教材·教法,2003(2):73.

三、体育教师专业发展的内容要素

教师专业化主要是强调教师群体外在的专业性提升,而教师专业发展则是指教师个体的、内在的专业性的提高。这里要研究体育教师专业发展的内容要素,用"专业发展"比"专业化"显然更合适些。体育教学是一项极为复杂的工作,要成为一名真正的体育教学专业人员,需要经过长期系统的专业学习和教学实践的历练。在这个过程中,要逐步树立正确的教育信念、形成积极稳定的专业态度、掌握完善的专业知识结构体系、具备一定的专业能力以及自我发展的需要和意识,这些因素是体育教师专业发展的基本内容,也是实现体育教师专业化的基本条件。

(一)教育信念

教师的教育信念是指教师自己选择、认可并确信的教育观念或教育理念。教师一般都有自己的信念体系,它可能来自教学实践经验积累或直接接受外界的教育观念,也可能是经过深思熟虑并富于理想色彩的教育理念,它们之间存在的只是赖以建立的基础的差异,可以看作教师信念的两个层次。由经验式、无意识的朦胧教育信念向以知识、系统理论为基础的教育信念不断演进,直到有意识地建构清晰的、理想的教育理念,并随着时代的发展随时予以更新是教师走向专业成熟的一个重要维度[①]。体育教师的教育信念是指通过专业学习和体育教育实践经验积累,逐步形成的关于教育价值、教育目的等方面的理想和观念。从宏观角度看,教育信念包括教育观、学生观和教育活动等;从微观角度看,主要有学习者和学习的信念、教学的信念、学科的信念和自我发展的信念等。体育教师的教育信念为体育教师的教学行为提供指导,是体育教师专业发展的内驱力。一般来说,教师的教育信念一旦形成,在一段时间内会保持相对稳定。教育信念在教师专业结构中位于较高层次,它统摄着教师专业结构的其他方面。

(二)专业态度

教师的专业态度是教师对所从事的专业活动的看法以及由此而产生的专业行为活动。它涉及教师的职业理想、对教师专业的热爱程度和工作积极性等。体育教师的专业态度主要是指体育教师对学校体育事业的认识和看法以及由此产生的对学校体育工作的爱岗敬业的行为。现代教育的发展要求体育教师在体育教育实践中不断拓宽和更新专业知识和理论,加强对教育规律的探索,将体育课程标准与学校、学生和自身的实际情况密切结合,进行创造性的教学。基础教育课程改革要求体育教师在教学实践中不断进行自我反思,总结经验和教训,加强体育科研工作,以更高的标准重新审视和分析学校体育理论和实践中的各种问题,不断提高自我认识,逐渐形成自己的教学风格。体育教师要逐渐通过专业化发展的途径,完成角色的转变,从"教书匠"转变为"研究者",从体育教学"职业者"转变为

---

① 叶澜,白益民,等.教师角色与教师发展新探[M].北京:教育科学出版社,2001.

体育教育"专业者"。也只有当体育教师真正确立起自身作为研究者,并在学校体育实践中研究行动、改进行动的时候,教师实践反思的能力才会真正培养起来,学校体育改革才能真正取得成功。因此,体育教师良好的专业态度是体育教师专业发展的起点和动力。

(三)专业知识

关于一门专业的特征,不同的学者有不同的观点,大致可归为三个方面:一是要有一套专业理论知识,二是承担独特的社会服务,三是拥有高度的专业自主权。作为一名专业人员具有专业理论和专业知识是专业发展中的又一重要维度。体育教师的专业知识是指从事体育教育教学所必需的专业理论和专业知识,具体来说包括一般科学文化知识、一般教育教学知识、体育学科知识、体育教育教学知识和体育实践知识等几个方面。这些专业基础知识是个开放的体系,随着社会发展和教育改革的不断深化,体育教师的专业知识需要不断地拓展和更新。与此同时,体育教师的专业发展本身也包含着认识程度的不断提高,从对专业知识的初步理解到理性反思再到知识的创新,其专业知识结构也要伴随着专业发展而不断优化。体育教师专业知识结构的优化和知识的运用是衡量体育教师专业发展的重要标志之一。

(四)专业技能

与专业知识一样,体育教师的专业技能也是教师专业结构中的一个重要组成部分,是体育教师从事教育教学工作应具备的能够顺利完成教育教学任务的基本能力,是维持教师正常教学的基本保障;具体来说,包括教学目标的制订能力、语言表达能力、与学生的沟通能力、教学组织与管理能力、教材选择与创新能力、教学方法运用能力以及课外体育指导能力等。

(五)自我专业发展需要与意识

就人的一般发展来说,自我意识起着重要作用,体育教师的自我专业发展需要和意识使得体育教师在专业发展过程中有意识地寻找学习机会,不断地提升自己的综合素质和专业能力,使体育教师更加明确自己的不足和需要,对今后专业发展的方向和发展路径进行理性思考,使体育教师逐渐成为一个"自我引导学习者",从"被动"的专业发展转变成"主动"的、"自觉"的专业发展。体育教师的自我专业发展意识按照时间维度,其内容构成至少包括三个方面:对自己过去专业发展过程的反思、对自己当前专业发展的状态、水平所处阶段的评价以及对自己未来专业发展的规划。自我专业发展意识是教师真正实现自主专业发展的基础和前提,它可增强教师对自己专业发展的责任感,使自己的专业发展保持"自我更新"取向。在体育教师保持自我专业发展意识的前提下,经过一段时期的专业实践积累,还可逐渐形成自我专业发展的能力,为进一步的专业发展奠定基础,并成为促进体育教师专业发展的新的因素。

正是教师的自我专业发展意识,推动教师专业发展形成一个动态发展的循环,教师的专业发展正朝着积极的方向不断地发展下去。

四、体育教师专业发展的途径

（一）自我专业提升

1. 自我课程学习

课程学习是体育教师专业发展的重要途径之一。现代社会的发展对教育提出了新的要求，新的人才观对体育学科也提出了更高的要求，对体育教师的专业素养都提出了更高的要求。体育教师必须适应社会发展与教育发展的需求，在课程改革中不断地提升自己的专业素养，实现专业发展。体育教师要具有终身学习的意识，通过各种途径进行体育课程的学习，不断更新和完善自己的教育理论知识、体育知识、文化、技能和技术等，才能适应社会和教育的发展要求，在课程改革中具备主观能动性，将新的理论、知识、理念与体育教育实践相结合，不断提高自己的教育教学实践水平，进一步促进自身的专业发展。

2. 教学反思

近几年在课程改革推进的过程中，教师专业发展水平成为影响课程改革实质进程的重要因素，由美国学者波斯纳（Posner）首先提出的教师专业发展的理论模型："教师专业成长 = 经验 + 反思"受到广泛关注，教学反思也成为教师专业发展的重要途径。"反思型"教师是当前教育改革对教师提出的要求，通过对教育教学的回顾、总结、评价，反思自己的教学，是教师专业提升的重要途径，也是教师不断提高教学水平的重要手段。教学反思是教师对已有理论知识、教学经验和新的理论知识、教学经验进行比较、选择、梳理、加工的基础上，根据自身的知识结构体系进行重新整合，逐渐建构新的知识体系的有效途径。强化体育教师的反思意识，进行反思性教学，通过教学反思促进知识结构的改善，发展教学能力是体育教师自我专业提升的有效途径。体育教师在课程实施过程中，根据体育教材的特点，场地器材的特点等灵活安排教学环节，进行科学有效的组织与管理，教授与练习等活动，在教学中会有成功的经验，也会有失败的体验，体育教师通过不断地反思自己的教育教学活动，及时总结经验与教训，在反思中学习、进步，才能不断提高自己的专业化发展水平。在教育教学实践中的自我反思与反思后的改进是推动体育教师专业发展的重要途径。

（二）在职培训

对体育教师进行在职培训是实现体育教师专业发展的重要途径之一，也是提高师资质量、稳定师资队伍、推动学校体育改革与发展的重要举措。在基础教育课程改革背景下，体育教师要不断提高自身业务素质、不断更新专业知识和扩充综合知识、不断更新教育教学观念，才能适应社会进步和教育发展对学校体育工作提出的新要求。

在职培训的主要形式有：教育部门组织的体育教师培训、学校组织的内部以及学校之间组织的定期或不定期培训以及校外培训等。体育教师通过各种形式的在职培训，有更多的机会接受新的教育思想和教育理念，获取新的知识和方法。近几年全国大范围开展的"国培计划"是由我国教育部门组织的大规模中小学教师在职培训，培训水平较高，参与培训教师数量较多。平时各个学校组织的校内和校际培训也是体育教师在职培训的主要形式，如邀请专家开办讲座、体育教学观摩比赛和研讨、参观访问、假期培训班等。校外培训包括鼓励体育教师去高等院校或教师进修学校等机构办的课程研修班去学习深造,参加由高校或体育部门等机构开办的体育单项培训等。体育教师通过以上各种各样的在职培训,能够不断更新教育理念,改进教学模式和教学方法,了解新的教学项目和体育项目,可以更加能动地投身到体育教育教学工作中。在当前体育课程改革进一步深化的新阶段,应该注重体育教师培训的实效性,并对其进行监督。

1. 对体育教师进行具有实效性的课程培训,加强体育教师的理论基础提升

体育教师的在职培训和教育教学研究活动要与新课程改革需求紧密结合,培训内容要根据体育教师的实际需要,哪些方面比较欠缺,哪些方面还有不足,还不能适应体育课程改革的需要、不能适应教师专业成长的需要,从而进行有针对性的培训。而不是无目的、无标准、无规划地盲目搞形式,培训没有把握好问题的关键所在,做了很多无用功,耗费了大量的人力物力和财力,对体育教师课程执行力的提升作用不大。首先,培训者要明确目的。课程培训是为了提升体育教师的专业水平和能力,特别要注重体育教师对新课程理念的领悟和体育教师教学技能的提高,以适应新课程的需求,而不是为了完成国家布置的任务。第二,培训者要提前做好调查工作,了解体育教师专业水平和能力的实际特点,根据体育教师的实际需要进行培训,做到目标明确、内容合理。

2. 合理设定体育教师培训的评价与监督机制

对体育教师培训设定科学的评价标准,对培训机构的师资水平、培训计划和培训内容进行严格的审查与监督,各级教育部门应该成立教师培训领导机构专门负责,使教师培训逐渐成为一个常规化科学化的教师发展路径,而不是暂时性的任务。笔者在本次调查中,访谈了一位湖北省宜都市前来参加"国培"的一位教研员,是省教育厅优秀指导教师,他认为:目前普遍存在体育教师理念和技能再培训薄弱;地方行政领导对学科地位要提高认识。其实,培训机构必须弄清楚体育教师课程执行力的内涵,即体育教师要顺利实施新课程应该具备哪些能力,当前存在哪些不足,如何有针对性地提升体育教师的专业能力,这是体育教师培训的关键问题。当前,各地的体育教师培训工作表面上看做得轰轰烈烈,而实际上真正起到应有效果的并不多。因此,国家教育部门应该对体育教师培训设立科学合理的评价与监督体系,将体育教师培训工作作为一项长期的有计划的工作,从培训的师资、内容上进行监管,使各地的体育教师培训能够真正起到应然的作用。

(三)学历教育

学历教育主要是指以学历提升为主要目的,通过脱产或不脱产等多种形式进行的一种教育形式。当前我国中小学体育教师的学历结构还没有达到国家要求,有一部分体育教师学历偏低,学校应鼓励体育教师通过高等院校、专业培训机构举办的函授、委托培养等形式参加学历教育,主要有在职攻读专科、本科、研究生课程班等。学历达标的体育教师也应该通过适当的途径提升学历层次的教育,进一步提高学历,完善专业知识结构,加深对专业的理解和认识,促使自己的专业素养不断提升。当前中小学体育教师在体育课程改革的大潮中,逐渐意识到自身专业发展的重要性,有一部分体育教师通过考取硕士研究生,接受正规的学历教育来提升自身的专业水平。对接受学历教育的中小学体育教师来说,如何处理好工作与学习任务是关键,同时也要注重理论提升与教学实践的衔接,注重教学改革实践中对体育教学新思想、新理念的体现与运用。

(四)科学研究

学校体育科学研究是体育教师积极能动地进行教学实践的重要体现,需要在教学实践的基础上不断地反思、探索和创新,是提高体育教师专业素质的重要途径。体育教师在长期的教育教学工作实践中积累了相当丰富的经验,对这些经验进行总结,上升为理论,可以反过来指导实践,推动学校体育改革的顺利进行。体育教师对经验进行总结,是经验升华到理论的过程,也是体育教师完善自己的知识结构,深入理解相关理论与实践相结合的过程,在这一过程中,体育教师会在不断地反思和探索中增强其创新能力,提高其专业发展水平。

除以上几种具体的体育教师专业发展的途径外,学界还提出了一种"体育教师教育一体化"的新构想,即将体育教师的专业化发展分为职前培养、入职教育和在职培训三个阶段,进行统一规划和培养,以促进体育教师专业化进程。

总之,体育教师专业化是社会发展的需要,是世界教师教育发展的趋势,也是终身教育和终身体育思想的重要体现。体育教师作为学校体育改革的重要参与者和执行者,其专业发展程度将直接决定我国学校体育发展的水平和体育课程改革的成败。走体育教师专业化发展的道路,不断提高我国基础教育体育教师的专业化水平,是现代学校体育改革和发展的必然要求。各级各类学校要为体育教师的专业化发展提供一定的条件和激励措施,体育教师本身也要积极通过各种途径进行自身的专业提升,以适应社会发展的需求。

▌ 五、体育教师专业发展的阶段

根据教师专业发展过程表现出来的鲜明特点和内在规律,把教师的专业发展划分成不同的阶段或不同的时期。目前,国内外对教师专业发展阶段的划分标准很不统一,考虑到目前许多国家的通行做法,同时结合我国体育教师培养的实际,把体育教师专业发展过程划分为体育教师专业奠基阶段、专业适应阶段和专业发展阶段,是符合当今我国体育教师培养与培训的实际的[①]。

第一个阶段为体育教师专业奠基阶段。时间主要是指大学本科的学习阶段,是获得体育教师专业基本知识和形成专业技能的阶段。我国目前的中小学体育师资的培养机构主要有以下几种类型:一是单科体育院校的体育教育专业,二是师范院校体育院系中的体育教育专业,三是综合性大学中体育学院或教育学院体育教育专业,这些在不同类型高校中的体育教育专业担负着体育师资的培养任务。目前体育教师的培养期限一般为 4 年。

第二个阶段为体育教师专业适应阶段。时间相当于大学本科毕业后的 1～3 年,是体育教师走上工作岗位,内化和具体化所学理论,由没有实践经验到初步适应教育教学工作的阶段。适应期的长短受很多因素的影响,工作环境中的各种因素,从业者本人的体育专业基础,家庭等因素都会对从业者的专业适应期产生影响。目前,我国在中(小)学体育教师

的适应期间,通常的做法是:首先要参加体育教师的岗前培训,时间一般为 1 年;通过岗前培训,获得中(小)学教师从业资格证后,才能上岗从事体育教学工作。

第三个阶段为体育教师专业发展阶段。时间相当于工作后的 1～3 年以后一直到离开所从事的专业,这一阶段时间较长,是体育教师真正的专业发展时期,是从成为一名合格的体育教师开始,一直到离开体育教师职业这一段相当长的时间,这是一个不断实践、学习、反思、提升、创新的过程。这一时期通过持续不断的专业发展,逐步提高自身的专业化水平。在此阶段,实现体育教师的专业发展的方式或手段主要有短期培训、脱产进修、学历提升、教学实践反思、教学研究等。

体育教师专业发展是一个连续的过程,对其阶段的划分是为了更好地促进其专业发展,不同的专业发展阶段有不同的特点,也有不同的任务。体育教师本身要根据自己所处的发展阶段正确评价自己,科学地进行自我发展;学校也要根据每一位体育教师的不同专业发展阶段,合理安排教育教学任务和培训培养计划。

本章小结　　　体育教师是受一定社会委托承担对学生的身心和谐健康发展施加积极影响的职责的教育工作者,在新时期课程改革形势下,体育教师的角色要从大纲的被动执行者向课程的能动执行者转变、从知识技能的传授者向学生身心健康的促进者转变、从传统的"教书匠"向新课程"研究者"转变等。体育教师职业有脑力劳动与体力活动紧密结合、工作任务的复杂性、工作对象多、活动空间广等特点。体育教师要贯彻执行各项教育政策法规文件、不断提高自身综合素质,增强体育课程实施能力、全面促进学生身心健康、积极参与教研活动和社会体育活动。体育教师要具备高尚的思想品德、先进的教育思想和教育理念、宽厚的理论基础与广博的知识、良好的心理品质与强健的体魄、全面的教育教学能力等职业素养。体育教师专业化是社会发展、教育发展与体育课程改革的必然需求,体育教师要不断提高自身的专业素质和综合能力,提升专业发展水平。

回顾与思考　　　1.体育课程改革中体育教师的角色有哪些转变?

2.体育教师的职业素养包括哪些方面?

3.体育教师专业发展的途径有哪些?

4.体育教师的专业发展分为哪几个阶段? 分别有什么特点?

参考文献

[1] 叶澜,白益民,等.教师角色与教师发展新探[M].北京:教育科学出版社,2001.

[2] 吴铎.社会学[M].北京:高等教育出版社,1992.

[3] 黄汉生,季克异,林顺英.中国体育教师教育改革的理论与实践[M].北京:高等教育出版社,2004.

[4] 刘海元.学校体育教程[M].北京:北京体育大学出版社,2011.

[5] 潘绍伟,于可红.学校体育学[M].北京:高等教育出版社,2005.

[6] 钟启泉.课程的逻辑[M].上海:华东师范大学出版社,2008.

[7] 史鉴.教师培训:推进课程改革的关键[J].课程·教材·教法,2003,23(2):73.

[8] 宋会君.体育教师专业化之研究[D].北京:北京体育大学,2005.

[9] 教育部师范教育司.教师专业化的理论与实践[M].北京:人民教育出版社,2003.

第十三章
我国学校体育管理

【学习任务】

通过本章的学习，对学校体育管理有一个全面的认识，了解我国学校体育管理工作应该包括的内容和特点，提高学校体育管理水平，培养学校体育管理能力。

【学习目标】

- 理解学校体育管理的含义和特点。
- 知道学校和教研室(部)学校体育管理中的具体内容。
- 清楚我国学校体育管理工作中三个不同管理主体的构成体系。
- 熟悉我国学校体育的纲领性政策法规制度、运行类政策法规制度和督导评定的政策法规制度。

学校体育管理概述

学校体育管理是学校管理的重要组成部分,也是学校体育工作的重要内容,学校体育科学化管理,能最大限度地保证学校体育目标在实施过程中,以尽可能小的投入,获取尽可能大的效益,科学、有效的管理对于加快学校体育发展、加强学校体育建设具有重要的意义。

一、学校体育管理的含义

学校体育管理是指按照党和国家以及教育、体育等部门颁发的有关教育、体育和学校体育方面的法律、法规、部门规章等规范性法律文件,遵循学校体育工作的客观规律,结合实际,运用现代管理科学的原则和方法,充分发挥有限的人力、财力、物力、信息和时间等因素的作用,以最佳的手段和方法,对学校体育工作进行计划、组织、控制和评估等一系列活动的总称。

二、学校体育管理的目标和任务

学校体育管理的目标是最大限度地发挥管理部门的职能,积极整合资源,保质保量地贯彻和执行国家及各级政府部门对学校体育工作有关的法律、法规和规章等,确保学校体育各项工作如期开展,确保学校体育目标按计划实现。

(1)根据社会、教育、体育等事业的发展,规划、制订国家或地方的学校体育发展战略、目标、计划及工作任务。

(2)建立和健全学校体育的各级管理机构和组织,制定相关管理法规并明确各级管理机构和人员的管理职责。

(3)组织开展学校体育各方面工作,确保学校体育各项工作高效、顺利实施。

(4)发现学校体育工作中存在的问题和困难,并及时提出解决方案。

(5)协调学校体育工作中有关各方面的关系,整合资源,为学校体育提供必要的物质、技术、信息等基础条件。

(6)制订、评定与检查学校体育的标准和方法,客观评价学校体育工作的效果,督导各级政府和教育机构开展好学校体育工作。

三、学校体育管理的特点

（一）复杂性

学校体育管理的复杂性是指学校体育管理因素较多，牵涉范围较广，理顺各方面关系较为复杂，工作难度较大。这一特点是由学校体育管理内容的广泛性决定的，学校体育管理内容有教育教学质量、场地建设、器材设备配置、人事编制、投入保障和安全防范等方面。与之对应，涉及的管理部门有教育部门、财政部门、规划部门、基建部门、人事部门、体育部门等。要妥善协调、联合这些部门的复杂关系，共同为学校体育工作服务。

（二）多样性

学校体育管理的多样性是指大、中小学各学段学校体育内容不同，各地学校体育发展情况不同，学校体育管理具有多样性。这一特点是由学校体育内容规定性和发展不均衡决定的，由于大学、高中、初中和小学的学校体育目标和教学内容都有其相对固定的内容，所以，各个学段的学校体育管理具有差异性，呈现多样化；其次我国幅员辽阔，各地社会经济发展差异较大，学校体育发展不均衡，各地学校体育管理不尽相同，也呈现多样性。

（三）层次性

学校体育管理的层次性是指学校体育管理可以分为不同的层次，如可分为政府部门的管理、学校的管理、教研室（部）的管理、课堂的管理等。这一特点是由学校体育管理主体不同决定的，因对学校体育管理实施的主体不同，其管理内容、特点和侧重面各不相同，如政府部门对学校体育的管理和学校对体育的管理在性质和方式上不相同，政府部门侧重于研制和颁发法规，学校则侧重于执行法规。所以，学校体育管理具有层次性特点。

四、学校体育管理的内容

学校体育管理的内容是实施学校体育管理的具体实践，是开展学校体育工作的主要方面，学校体育管理的内容根据不同的认识角度可划分为不同的内容。按实施学校体育目标的途径来看，可划分为体育课程管理、体育教学管理、课外体育活动管理、学校竞技体育管理、学生体质健康管理等；按学校体育管理范围来看，可划分为学校体育宏观管理和学校体育微观管理；按实施学校体育管理的主体来看，可划分为政府管理、教育行政部门管理、学校管理和教研室（部）管理等。本部分结合学校体育管理实践，主要从学校和教研室（部）两个层面介绍学校体育管理的内容。

（一）学校层面的管理内容

学校体育的学校管理是指各级各类学校按照国家及当地人民政府有关学校体育的规定，结合本校实际情况，协调各方因素，综合利用学校资源，积极有效地开展学校体育工作的过程。学校体育的学校管理非常重要和关键，是国家及地方人民政府对学校体育管理的执行和操作环节，是学校体育目标实现的决定性环节，其管理特点主要是执行和落实政策的刚性和结合实际的灵活性。具体内容主要有以下几个方面。

1. 制定体育管理制度

学校进行体育管理,首先要制定本校体育管理制度。学校要根据国家、地方政府和教育行政有关部门的规定依法开展学校体育工作,要根据学校实际情况建立健全学校体育规章制度,如×××学校体育工作议事制度、×××学校阳光体育开展方案、×××学校体育特长生招生制度等。各级各类学校在制定体育规章制度时不能违反上级政府及有关行政部门学校体育的法律、法规、规章和政策文件,有关标准不得低于国家和地方标准要求。

2. 建立校内体育管理机构

学校体育工作的开展和制度的落实需建立校内体育管理机构,进一步明确分工,落实责任,要明确主管校长和分管校长以及教务、思政、团委等各部门的职责。学校一般应成立在学校体育委员会领导下的组织管理机构,并设置机构岗位和配备人员,一般主要负责部门是体育教研室或体育教研组,在普通高等学校一般称为体育部。

3. 制订体育发展目标

学校进行体育管理,要根据实际情况和办学指导思想,及时制订体育发展目标,提出体育发展思路,确定保障措施。学校体育发展目标主要有五年规划目标、学段发展目标、年度发展目标等。

4. 实施国家课程校本化

学校体育目标的实现主要依靠体育课程的实施来完成。2001年实施《体育与健康新课程标准》以来,实行国家、地方和学校三级课程管理方式。学校在执行国家课程和地方课程的同时,可开发或选用适合本校的课程。实际上,无论是国家体育课程、地方体育课程,还是学校体育课程,均得转化为适合本校体育设施、学生体育基础、体育教师数量和教学能力等实际因素的校本课程来实施,也就是所谓的国家、地方课程校本化实施,这是学校管理体育的重要内容和主要方面。

5. 加强体育教学质量管理

学校体育是教育的一个重要方面,提高体育教学质量就是提高学校教学质量,加强体育教学质量管理就是提高学校办学质量。加强体育教学质量可以通过科学制订体育教学工作计划、学校统一开展教研活动、加强体育教学考核评价、提高课堂教学效率等途径得以实现。

6. 组织开展课外体育锻炼

课外体育锻炼管理是学校体育课程管理的一个组成部分,学校要安排时间,列进课表,制订方案,利用场地设施,积极开展以班级为单位的课外体育锻炼。

7. 组织开展学校竞技体育

学校要为体育特长生和爱好体育的学生开展竞技体育,通过组建运动项目代表或招收体育特长生等途径为学生提供运动训练,以发挥他们的潜能,输送体育竞技人才。学校竞技体育管理也是学校体育管理的一部分。

8. 举（承）办体育竞赛活动

按有关要求，学校一般每年要召开春、秋两季全校运动会。另外，有条件的学校可以举办各种学生群体性体育竞赛，还可承办地区或全国性的学生体育活动。

9. 体育场地设施使用与维护

学校体育场地设施是开展学校体育工作的基础条件。一般情况下，特别是义务教育阶段，在政府投入改造和新建体育场地设施后，供学校使用与维护。所以，学校要对体育场地设施使用与维护进行管理。

10. 体育器材购置与使用

一般来说，在义务教育阶段大部分学校体育器材由政府投入、学校使用，但一些低值、易耗的体育器材，如篮球、乒乓球、羽毛球、跳绳、标志物等需要学校购置。所以，学校对此类体育器材要做好经费、使用和维护等方面的管理。

11. 学校体育师资配备与培训

基础教育阶段学校要根据学生规模、数量和体育教师工作量，向当地教育行政部门提出学校体育教师编制的数量和配备要求；高等学校体育部门要向学校人事部门提出配备教师数量和要求；学校还要制订体育教师培训计划，使体育教师接受继续教育。

12. 学生体质健康测试与公告

学生体质健康状况是评价和考核学校体育教育教学质量的指标之一。学校要组织学生每年度进行体质健康标准测试，并统计分析测试结果，向全校师生及家长报告学生体质健康状况。

13. 学生体育社团管理

学校要充分发挥学生组织的功能，如学生兴趣小组、青少年体育俱乐部、各种体育协会等，广泛开展学校体育活动，所以学校要对学生体育社团进行管理。

14. 校园体育文化建设

学校除了加强学校体育硬件建设、提高体育教学质量之外，还要积极加强校园体育文化建设管理。校园体育文化非常重要，不仅对提高体育教学质量有重要作用，而且对活跃校园气氛、形成学校传统、建设学校精神有重要意义。

（二）教研室（部）层面的管理内容

学校体育教研室（部）管理是学校体育管理的具体操作环节，主要是根据政府、学校对学校体育提出的有关要求和规定转化为实际工作，作用于学生，从而实现学校体育目标。可以说，政府、学校对学校体育的管理最终都是通过体育教研室（部）的管理而实现的，所以学校体育教研室（部）的管理非常重要，在实践工作中绝对不能忽视，体育教研室（部）管理与学校对体育的管理在一定程度上相重叠，因为学校对体育管理中有许多工作是由体育教研室（部）直接参与的，但二者侧重又各不相同，体育教研室（部）的管理更注重操作，更注重细节。体育教研室（部）管理内容主要有以下几个方面。

1. 制定体育管理制度

体育教研室(部)制定体育规章制度一般有两种情况:一种是代学校研制、起草学校体育规章制度、发展目标以及各种体育管理办法,上报学校经通过后,以学校名义实施;另一种是制定体育教研室(部)内部管理制度,如体育教师备课制度、器材借用及归还制度、体育课基本规范、办公室管理制度、教研室(部)会议制度等。

2. 加强教学过程管理

提高体育教学质量的关键职能部门在体育教研室(部),体育教研室(部)要按照有关要求,制订年度体育教学方案、学期体育教学方案、单元体育教学方案、每周体育教学方案、每日体育教学方案,并指导和督促每位教师做好体育课时教学方案。随时监控体育教学质量,如可采用集体备课、定期说课、定期评课、定期邀请专家指导、举办教学技能比赛、论文评选等方式来加强教研,科学地设计教学内容,改进教学方法,探索教学评价,不断提高体育教学质量。

3. 体育器材利用与开发

体育教研室(部)及全体体育教师不仅需要充分利用现有体育器材教学,还需要不断开发体育器材,特别是农村学校还需要自制体育器材来满足体育教学实践的需要。所以,利用和开发好体育器材属于体育教研室(部)管理的内容。

4. 组织学校课外体育锻炼

按照有关规定,学生每天要进行体育锻炼1小时,体育教研室(部)要做好方案,并协同学校其他部门确保落实。充分利用学校各种资源,通过早操、大课间、课后体育锻炼,保证每个学生除了体育课,每天都有足够的体育锻炼时间。

5. 开展学生竞技体育

体育教研室(部)按学校要求,开展学生竞技体育。主要工作有选拔组建学校运动项目代表队、招收有体育特长和有培养前途的运动苗子、选拔教练员、制订训练计划、安排每日运动训练、选派队伍参加比赛等。

6. 组织学生学业评价

体育教研室(部)及任课教师是对每位学生进行学业评价的主要组织者。学生学业评价主要包括课堂、单元、学期和学段毕业学业评价。

7. 举办各类校园体育活动

体育教研室(部)要经常性地组织班级、年级及全校师生参加各种学校体育活动,激励学生积极参加体育锻炼,做到人人有项目、班班有团队,按期负责组织全校运动会或体育节;积极营造校园体育氛围。

8. 组织《国家学生体质健康标准》测试

按照《国家学生体质健康标准》有关要求,体育教研室(部)每年要组织全校学生进行体质健康标准测试,具体负责组织方案制订、各个指标测试、数据记录并及时向中国学生体质健康网上报数据。测试完成后,要整理统计和分析全校学生体质健康状况,向学校汇报具体情况,并提出建议。

9.体育教师基本管理

体育教研室(部)在实施对教师管理时,主要有根据教学总工作量,安排每位教师工作量及任务分工;按学校要求,在教师评定职称、评选先进或年度考核时对教师作出初步鉴定;向学校推荐或选送教师培养和进修及参加会议等外派工作;向学校提出增聘体育教师需求和要求等。

10.体育教学档案、图书建设

体育教研室(部)要按档案管理要求,及时对体育教学档案分类、编辑、整理和保存。体育教学档案主要有教学文件、教学方案、教学进度、体育课表、教案、体育比赛成绩、教研情况、学生体质健康档案、教学评优等。另外,体育教研室(部)还要根据需要向图书馆提出体育图书、教辅资料及杂志、报刊购置的建设意见。

第二节　学校体育政策法规

学校体育的法规是指由国家制定并实施的调整各类主体在学校体育工作和活动中所形成的权利和义务的法律规范以及相应的行为规则的总称[①]。在学校体育法规和政策共同作用下所形成的制度就是学校体育政策法规制度。学校体育政策法规制度的建立,是实行依法治理学校体育工作的基础和保证。随着我国社会主义法制建设进程的加快和现代学校教育制度的不断完善,学校体育政策法规制度在学校体育工作中的地位和作用日益突显。

目前,我国学校体育的政策法规制度主要有纲领性的政策法规及其制度、学校体育事业运行类政策法规及其制度、学校体育督导评价法规及其制度三大类。这些法规制度相辅相成,共同构成了一个相对完善的学校体育政策法规制度体系,为学校体育事业的有序发展提供强有力的法制保障。

一、学校体育纲领性政策法规制度

学校体育纲领性政策法规制度是由国家制定的对我国学校体育起主导作用的学校体育发展方针政策、总的原则、总的要求等重要政策法规制度。现阶段,除了《中华人民共和国宪法》《中华人民共和国教师法》《中华人民共和国教育法》《全民健身计划纲要》等一系

---

① 杨贵仁.中国学校体育改革的理论与实践[M].北京:高等教育出版社,2006:48.

列法规都有部分条款对学校体育工作进行明文规定之外,主要的学校体育纲领性法规有《中华人民共和国体育法》《学校体育工作条例》《中共中央国务院关于加强青少年体育增强青少年体质的意见》《关于进一步加强学校体育工作若干意见》《国务院办公厅关于强化学校体育促进学生身心健康全面发展的意见》等。

(一)《中华人民共和国体育法》

1995 年 8 月 29 日全国人大常委会通过了《中华人民共和国体育法》(以下简称《体育法》)。《体育法》的颁布和实施对规范学校体育工作,促进学校体育工作快速有序发展具有非常重要的意义。《体育法》的第三章对学校体育工作作出明确的规定,其基本内容有:

教育行政部门和学校应当将体育作为学校教育的组成部分,培养德、智、体等方面全面发展的人才。学校必须开设体育课,并将体育课列为考核学生学业成绩的科目。学校必须实施国家体育锻炼标准,对学生在校期间每天用于体育活动的时间给予保证。学校应当组织多种形式的课外体育活动,开展课外训练和体育竞赛,并根据条件每学年举行一次全校性的体育运动会。学校应当按照国家有关规定,配备合格的体育教师,保障体育教师享受与其工作特点有关的待遇。学校应当按照国务院教育行政部门规定的标准配置体育场地、设施和器材;学校体育场地必须用于体育活动,不得挪作他用。学校应当建立学生体格健康检查制度。教育、体育和卫生行政部门应当加强对学生体质的监测。

(二)《学校体育工作条例》

1990 年,国务院颁布了由国家教委、国家体委和卫生部制定的《学校体育工作条例》和《学校体育卫生条例》两个条例。两个条例是学校体育卫生工作的根本依据。它的颁布实施不仅有利于学校体育卫生工作管理的规范化、制度化,而且对提高学校体育卫生工作质量,深化学校体育工作的改革有着深远的意义。

(三)《中共中央国务院关于加强青少年体育增强青少年体质的意见》

2007 年 5 月 7 日,《中共中央国务院关于加强青少年体育增强青少年体质的意见》(以下简称《意见》)正式下发,这对进一步加强青少年体育、增强青少年体质具有重要意义。

(1)提出高度重视青少年体育工作以及加强青少年体育工作的总体要求是:认真落实"健康第一"的指导思想,把增强学生体质作为学校教育的基本目标之一,建立健全学校体育工作机制,充分保证学校体育课和学生体育活动,广泛开展群众性青少年体育活动和竞赛,加强体育卫生设施和师资队伍建设,全面完善学校、社区、家庭相结合的青少年体育网络。通过 5 年左右的时间,使我国青少年普遍达到国家体质健康的基本要求。

(2)提出要认真落实加强青少年体育、增强青少年体质的各项措施。包括全面实施《国家学生体质健康标准》,加快建立符合素质教育要求的考试评价制度,全面组织实施初中毕业升学体育考试,推行在高中阶段学校毕业学业考试中增加体育考试的做法,认真贯彻《学校体育工作条例》,建立和完善学校体育工作规章制度。广泛开展"全国亿万学生阳光体育运动",对达到合格、优秀等级者颁发奖章。切实减轻学生过重的课业负担。确保学生每天锻炼一小时。中小学要认真执行国家课程标准,小学1—2年级(水平一)每周4课时,小学3—6年级(水平二、三)和初中(水平四)每周3课时,高中(水平五)每周2课时。积极开展大课间、课间操和早操。要切实加强体育教师队伍建设,按照开设体育课和开展课外体育活动的需要,配齐配强体育教师,举办多层次多形式的学生体育运动会,加强学校体育设施建设。

(3)加强领导,齐抓共管,形成全社会支持青少年体育工作的合力。各级党委和政府要把加强青少年体育工作摆上重要议事日程,纳入经济社会发展规划。各级政府和教育部门要加强对学校体育的督导检查,对青少年体质健康水平持续下降的地区和学校,实行合格性评估和评优评先一票否决;制定国家学校体育卫生条件基本标准,对学校体育卫生基本条件不达标的要限期整改;充分发挥共青团、少先队、妇联组织的优势和特色,开展多种形式的课外体育锻炼活动;加强家庭和社区的青少年体育活动,形成学校、家庭和社区的合力;进一步完善加强青少年体育的政策保障措施。

(四)《国务院办公厅关于强化学校体育促进学生身心健康全面发展的意见》

2016年5月6日,《国务院办公厅关于强化学校体育促进学生身心健康全面发展的意见》(国办发〔2016〕27号)印发,文件第一次全面阐述了学校体育的价值,同时文件对学校体育工作目前存在的问题也进行了归纳,并从总体要求、具体学校体育工作、保障条件、评价监测和组织实施等几个方面对学校体育工作作出了细致而全面的部署。

二、学校体育事业运行类政策法规制度

学校体育事业运行类政策法规制度是指学校体育在操作层面的政策法规制度,它对学校体育工作的具体要求、具体内容以及具体做法等作出了明确规定。

我国有关学校体育事业运行类的法规制度较多,如《国家学生体质健康标准(2014年修订)》《〈国家学生体质健康标准〉实施办法》《国家学校体育卫生条件试行基本标准》《中小学校体育设施技术规程》《义务教育体育与健康课程标准(2011年版)》《教育部关于落实保证中小学生每天体育活动时间的意见》《中小学体育工作督导评估指标体系(试行)》《关于进一步加强学校体育工作切实提高学生健康素质的意见》《关于开展全国青少年校园足球活动的通知》《教育部办公厅关于在义务教育阶段中小学实施"体育、艺术2+1项目"的通知》《切实保证中小学生每天一小时校园体育活动的规定》《教育部　国家体育总局　共青团中央　关于开展全国亿万学生阳光体育运动的决定》《高等学校体育工作基本标准》《全国普通高等学校体育课程教学指导纲要》《学生体质健康监测评价办法》《中小学校体育工作评估办法》《学校体育工作年度报告办法》等一系列政策法规制度。

现就其中两个主要方面的法规进行简要介绍:

(一)《国家学生体质健康标准(2014年修订)》

《国家学生体质健康标准》(以下称《标准》)自2002年开始试行,2007年正式实施,2014年进行了修订。它是为建立健全国家学生体质健康监测评价机制,激励学生积极参加

身体锻炼,引导学校深化体育教学改革,推动各地加强学校体育工作,促进青少年身心健康、体魄强健、全面发展而制定。

主要内容:

该《标准》是国家学校教育工作的基础性指导文件和教育质量基本标准,是评价学生综合素质、评估学校工作和衡量各地教育发展的重要依据。适用于全日制普通小学、初中、高中、中等职业学校、普通高等学校的学生。

该标准从身体形态、身体机能和身体素质等方面综合评定学生的体质健康水平。将适用对象划分为以下组别:小学、初中、高中按每个年级为一组,其中小学为 6 组、初中为 3 组、高中为 3 组。大学一、二年级为一组,三、四年级为一组,见表 13-1。

表 13-1 评测单项指标与权重

测试对象	单项指标	权重/%
小学一年级至大学四年级	体重指数(BMI)	15
	肺活量	15
小学一、二年级	50 米跑	20
	坐位体前屈	30
	1 分钟跳绳	20
小学三、四年级	50 米跑	20
	坐位体前屈	20
	1 分钟跳绳	20
	1 分钟仰卧起坐	10
小学五、六年级	50 米跑	20
	坐位体前屈	10
	1 分钟跳绳	10
	1 分钟仰卧起坐	20
	50 米×8 往返跑	10
初中、高中、大学各年级	50 米跑	20
	坐位体前屈	10
	立定跳远	10
	引体向上(男)/1 分钟仰卧起坐	10
	1 000 米跑(男)/800 米跑(女)	20

注:体重指数(BMI) = 体重(千克)/身高^2(米)。

该标准的学年总分由标准分与附加分之和构成,满分为 120 分。标准分由各单项指标得分与权重乘积之和组成,满分为 100 分。附加分根据实测成绩确定,即对成绩超过 100 分的加分指标进行加分,满分为 20 分;小学的加分指标为 1 分钟跳绳,加分幅度为 20 分;初中、高中和大学的加分指标为男生引体向上和 1 000 米跑,女生 1 分钟仰卧起坐和 800 米跑,各指标加分幅度均为 10 分。

根据学生学年总分评定等级:90.0 分及以上为优秀,80.0~89.9 分为良好,60.0~79.9 分为及格,59.9 分及以下为不及格。

每个学生每学年评定一次,记入《〈国家学生体质健康标准〉登记卡》。学生毕业时的成绩和等级,按毕业当年学年总分的 50% 与其他学年总分平均得分的 50% 之和进行评定。

学生测试成绩评定达到良好及以上者,方可参加评优与评奖;成绩达到优秀者,方可获体育奖学分。对于测试成绩评定不及格者,在本学年度准予补测一次,补测仍不及格,则学年成绩评定为不及格。普通高中、中等职业学校和普通高等学校学生毕业时,《标准》测试的成绩达不到 50 分者按结业或肄业处理。

学生因病或残疾可向学校提交暂缓或免予执行《标准》的申请,经医疗单位证明,体育教学部门核准,可暂缓或免予执行《标准》,并填写《免予执行〈国家学生体质健康标准〉申请表》。

(二)学校体育运动伤害事故的政策法规制度

学校体育运动伤害事故的法规制度是指防范和处理学校体育工作中出现伤害事故的政策法规制度。它是学校体育工作得以全面落实的重要保障。

我国有关学校运动伤害事故的处理,除了适用《中华人民共和国民法通则》《中小学幼儿园安全管理办法》《中华人民共和国未成年人保护法》等普通法规中有关规定之外,针对校园伤害事故(包括运动伤害事故)的专门法规主要有《学生伤害事故处理办法》《教育部关于加强学校体育活动安全防范工作的紧急通知》《教育部办公厅关于在全国学生体育竞赛活动中加强卫生防疫与安全工作的通知》《关于进一步推进校方责任保险工作完善校园伤害事故风险管理机制的通知》等。

《学生伤害事故处理办法》对学生伤害事故,学校应该承担的责任以及何种情况下无法律责任明确规定:

1.办法的适用

在学校实施的教育教学活动或者学校组织的校外活动中,以及在学校负有管理责任的校舍、场地、其他教育教学设施、生活设施内发生的,造成在校学生人身损害后果的事故的处理。

2.事故与责任

因下列情形之一造成的学生伤害事故,学校应当依法承担相应的责任:

(1)学校的校舍、场地、其他公共设施,以及学校提供给学生使用的学具、教育教学和生活设施、设备不符合国家规定的标准,或者有明显不安全因素的。

(2)学校的安全保卫、消防、设施设备管理等安全管理制度有明显疏漏,或者管理混乱,存在重大安全隐患,而未及时采取措施的。

（3）学校向学生提供的药品、食品、饮用水等不符合国家或者行业的有关标准、要求的。

（4）学校组织学生参加教育教学活动或者校外活动，未对学生进行相应的安全教育，并未在可预见的范围内采取必要的安全措施的。

（5）学校知道教师或者其他工作人员患有不适宜担任教育教学工作的疾病，但未采取必要措施的。

（6）学校违反有关规定，组织或者安排未成年学生从事不宜未成年人参加的劳动、体育运动或者其他活动的。

（7）学生有特异体质或者特定疾病，不宜参加某种教育教学活动，学校知道或者应当知道，但未予以必要的注意的。

（8）学生在校期间突发疾病或者受到伤害，学校发现，但未根据实际情况及时采取相应措施，导致不良后果加重的。

（9）学校教师或者其他工作人员体罚或者变相体罚学生，或者在履行职责过程中违反工作要求、操作规程、职业道德或者其他有关规定的。

（10）学校教师或者其他工作人员在负有组织、管理未成年学生的职责期间，发现学生行为具有危险性，但未进行必要的管理、告诫或者制止的。

（11）对未成年学生擅自离校等与学生人身安全直接相关的信息，学校发现或者知道，但未及时告知未成年学生的监护人，导致未成年学生因脱离监护人的保护而发生伤害的。

（12）学校有未依法履行职责的其他情形的。

因下列情形之一造成的学生伤害事故，学校已履行了相应职责，行为并无不当的，无法律责任：

（1）地震、雷击、台风、洪水等不可抗的自然因素造成的。

（2）来自学校外部的突发性、偶发性侵害造成的。

（3）学生有特异体质、特定疾病或者异常心理状态，学校不知道或者难于知道的。

（4）学生自杀、自伤的。

（5）在对抗性或者具有风险性的体育竞赛活动中发生意外伤害的。

（6）其他意外因素造成的。

无须承担法律责任行为：在对抗性或者具有风险性的体育竞赛活动中发生意外伤害的。

三、学校体育督导评估政策法规制度

学校体育工作是一个多层次、多系列的开放和动态的完整体系，要保证这个体系向正确的方向发展，就必须对学校体育工作过程进行系统的监控。学校体育工作评估作为学校体育管理和调控的主要手段，成为学校体育管理工作的重要内容之一。

2014年,教育部印发了学校体育工作的三个办法:旨在评价在校学生素质的《学生体质健康监测评价办法》、旨在评价各类学校办学的《中小学校体育工作评估办法》、旨在评价地方部门政绩的《学校体育工作年度报告办法》。同年,还印发了《高等学校体育工作基本标准》,2014年和2016年,教育部先后发布"高考改革方案"和"中考改革方案",明确将学生参加体育课程、锻炼活动和健康状况作为高考"综合素质评价"内容和中考"必考科目"。至此,以学校体育工作三个办法为规章载体的"学生体质健康监测""学校体育等级评估""地方体育工作报告"三个专项评价,以"考试改革方案"为实施依据的"体育高考""体育中考"两个考试制度,构成了学校体育评价机制的"内部评价"基底①。2017年4月,国务院教育督导委员会办公室印发《中小学校体育工作督导评估办法》,至此,督导评估制度作为学校体育评价机制的"外部评价"形成。教育督导作为一项法定制度,能够推进各项学校体育政策落实和政府及学校等各方主体履行职责,是督促学校体育面向薄弱环节和学生体质关键短板的根本举措和制度性保障。以下重点介绍学校体育工作的三个办法以及《中小学校体育工作督导评估办法》。

(一)学校体育工作的三个办法

1.《学生体质健康监测评价办法》

《学生体质健康监测评价办法》是2014年由教育部印发的,旨在提高学生体质健康监测评价的制度化、规范化和科学化水平,深化学生综合素质评价、学业水平测试和考试制度改革,完善学校体育工作评价机制,重点监测学生的身体形态、身体机能、身体素质和运动能力等方面情况及其变化趋势。要求各级教育行政部门以强化体育课程和课外锻炼为基础,以《国家学生体质健康标准》为依据,在本行政区域内统筹开展面向全体学生的体质健康测试,逐步建立健全包括学校测试上报、部门逐级审查、随机抽查复核、动态分析预测、信息反馈公示、评价结果应用等相关制度和管理措施在内的学生体质健康监测评价体系。

主要内容如下:

(1)实行全体学生测试制度。学校每学年开展覆盖本校各年级全体学生的体质健康测试工作,并将测试数据进行汇总整理,上报至国家学生体质健康标准数据管理系统。

(2)完善上报数据审查制度。

(3)建立数据抽查复核制度。

(4)建立体质健康研判制度。

(5)实行监测结果公示制度。

(6)有效应用监测评价结果。

(7)将学生体质健康监测评价工作纳入本级政府教育督导内容和评估指标体系,并作为对各级各类学校进行评优、表彰的基本依据。

---

① 刘培俊.以教育督导制度为保障,系统推进学校体育政策价值目标实现[J].中国学校体育,2017(5):6-9.

（8）教育部设立国家学生体质健康监测评价工作监督电话和相关网络信息平台，鼓励第三方机构及公民个人以适当的方式监督学生体质健康监测评价工作。

（9）各地教育行政部门和有条件的学校支持设立学生体质健康监测、研究或服务机构，建设专业化的测试、服务和研究人员队伍。

2.《中小学校体育工作评估办法》

第一条　为促进学校落实立德树人根本任务，全面推进素质教育，提高学校体育工作水平，根据《学校体育工作条例》《国家学校体育卫生条件试行基本标准》《切实保证中小学生每天一小时校园体育活动的规定》和国家有关规定，制定本办法。

第二条　本办法适用于全日制普通小学、初中、普通高中、中等职业学校的体育工作评估。普通高等学校体育工作评估另行开展。各地和学校要把学校体育工作评估作为深化教育教学改革，全面提高办学水平和人才培养质量的重要任务。

第三条　评估内容主要包括学校体育的组织管理、教育教学、条件保障、学生体质、监督检查等，以《中小学校体育工作评估指标体系》（以下简称《指标体系》，将动态调整）为评估依据，逐项细化分解指标，全面反映学校体育工作的重要领域。

第四条　评估采用等级评定，评定结果分为优秀、良好、合格、不合格四个等级，满分为100分。其中，90分及以上为优秀；75～89分为良好；60～74分为合格；59分及以下为不合格。

第五条　体育工作有特色，深化改革有成效，教育理念、内容和方法有创新的学校，可以在评估中获得加分奖励。

第六条　凡有下列情形之一者，学校体育工作等级评定结果为不合格：

（1）不能保证学生每天一小时校园体育活动时间的；

（2）未按国家规定开足体育与健康课的；

（3）学生体质健康水平连续三年下降的；

（4）未按要求开展学生体质健康标准测试和如实上报数据的；

（5）评估中弄虚作假的。

第七条　学校每年组织一次体育工作自评，对照《指标体系》的要求，逐项评分，并填写《中小学校体育工作评估自评结果报表》，于每年10月31日前连同相关文件和佐证材料上报至上级教育行政部门。学校要明确机构和专人负责自评工作，确保各项内容完整、真实、准确，客观反映学校体育工作状况。

第八条　省级及以下教育行政部门对本行政区域内学校体育工作自评情况进行复核，填写《中小学校体育工作评估审核结果报表》（以下简称《审核报表》），形成评估工作报告，逐级上报，并公布复核结果。省级教育行政部门于每年12月31日前将《审核报表》和评估工作报告上报教育部。

第九条　各地教育行政部门要加强学校体育工作评估管理,评估工作要做到全面、准确、客观,保证评估过程严谨、有序,保证评估结果公正、公平,及时改进学校体育工作。各地可设置一定比例的学校体育工作评估监测点学校和示范性学校,先行先试,总结经验。

第十条　教育部动态管理学校体育工作评估,设立学校体育工作评估专家咨询组织,建立学校体育工作质量监测评价管理信息系统,设置学校体育工作评估监测点学校,每年抽查各地学校体育工作评估情况,并公布各地学校体育工作评估情况。在各省(区、市)遴选推荐基础上,教育部认定并公布学校体育工作示范学校。

第十一条　将学校体育工作纳入国务院教育督导机构和县级以上地方人民政府负责教育督导的机构的工作计划。将学校体育工作评估作为综合教育督导的重要组成部分,并建立学校体育工作专项督导制度。及时反馈学校体育工作督导评估意见,被督导单位应当根据督导意见书进行整改;督导报告按规定程序向社会公布。

第十二条　本办法自发布之日起施行。

3.《学校体育工作年度报告办法》

第一条　为推动各地依法履行加强学校体育和促进青少年身心健康的责任,深化教育领域综合改革,动态监测学校体育工作水平,促进学校体育科学发展,根据国家有关规定,制定本办法。

第二条　各地教育行政部门每年全面总结各级各类学校体育工作,组织编制和公示本地区学校体育工作年度报告,逐级上报,上级教育行政部门对所报情况进行分析、反馈,并向社会公开。

第三条　年度报告重点反映本地区学校体育开课率、教学实施总体情况、阳光体育运动开展情况、学校体育经费投入、教学条件改善、教师队伍建设和学生体质健康状况等关键指标。

第四条　各地要认真分析学校体育工作关键指标信息,按要求填写《学校体育工作年度报表》。年度报告内容和报表数据信息的采集计算时间为本年度的1月1日至12月31日。

第五条　各省(区、市)教育行政部门于次年1月15日之前,向教育部报送本年度学校体育工作报告及报表(含纸质文件和电子文档),请登录教育部指定网站下载有关电子表格。

第六条　教育部负责委托第三方机构编制和发布《全国学校体育工作年度报告》,研究、分析和公布全国学校体育工作基本情况、学生体质健康状况和相关信息。地方各级教育行政部门要结合本地实际组织编制和发布本地区的学校体育工作年度报告。

第七条　各级教育行政部门要充分利用互联网站等信息技术进行信息汇总和动态发布学校体育工作年度报告,持续推动各地交流体育工作经验,展示体育改革成果,共享优质信息资源。同时,通过全面总结和建立健全年度报告制度,动态监测学校体育工作,及时发现工作中存在的问题,有针对性地改进工作,提高学校体育工作水平。

4.执行三个办法具体要求

①各地要将学生体质健康监测评价纳入教育现代化指标体系,作为考试制度建设和改革的重要内容,逐步形成科学规范、导向明确、诚信可靠、保障有力的学生体质健康监测评价制度。要加大经费投入力度。要将组织开展体质健康测试计入教师工作量。要加强测试场地、设施和器材等条件建设。要加强相关技术培训。

②各地要将学校体育工作评估作为监测教育发展和考核学校工作的重要途径纳入教育督导检查计划,并建立学校体育工作专项督导制度和重点地区学校体育工作挂牌督导制度。要认真总结学校体育工作经验,及时发现问题,不断改进工作。

③各地要把学校体育工作年度报告作为一项基本工作制度,通过年度报告全面、客观、真实地反映本地区学校体育工作和学生体质健康状况,系统总结、发现各地的经验和典型,深入分析、研究存在的问题与困难,及时发布年度报告,促进信息公开、共享,推动改革成果转化和深度开发利用,推动学校体育健康发展。

④各地要通过政府主导、第三方监测、社会监督等多种渠道汇聚、分析和公布学生体质健康变化趋势、学校体育工作进展情况等信息。各地和学校要充分利用信息技术建立健全青少年阳光体育公示平台,公示工作情况、交流改革经验、接受公众监督。

⑤各地要加强学校体育工作绩效评估,对学校体育工作成绩突出的地方、部门、学校和个人进行表彰宣传;对学生体质健康监测、学校体育工作评估和年度报告中弄虚作假或工作不力的单位和个人予以通报批评,对学生体质健康水平持续三年下降的地区和学校,在教育工作评估和评优评先中实行"一票否决"。

⑥请各地结合本地区实际研究制订落实三个文件的工作方案或实施细则,及时报送教育部体育卫生与艺术教育司。

(二)学校体育督导

学校体育督导是由教育督导评估机构组织及其成员根据国家的教育方针、政策、法规和学校体育科学理论,运用科学的方法和手段,对下一级政府、下一级教育行政部门的学校体育工作进行监督、检查、评价和指导,并向同级政府和教育行政部门报告督导结果,提出意见和建议,从而促进学校体育事业健康发展,确保学校体育目标的实现。也可以理解为,学校体育督导是县级以上政府依法对其辖区内学校体育的过程工作实施的行政监督,是教育行政机关依法对其辖区内学校体育的过程工作实施的教育行政监督[①]。

2017年4月,国务院教育督导委员会办公室颁布施行《中小学校体育工作督导评估办法》和《中小学校体育工作督导评估指标体系》。《中小学校体育工作督导评估办法》正文部分共九条。对督导评估的目的、依据、实施主体、原则、内容、督导部门职责、程序、结果使用等作出了全面规定。一是明确了督导评估工作的目的是建立中小学校体育评价机制,提升中小学校体育工作水平和教育教学质量,促进学生身心健康、体魄强健。明确教育督导

---

① 李秋菊. 中国学校体育督导研究[D].北京:北京体育大学,2013.

机构统一组织实施督导评估,坚持严格标准、客观公正、注重实效的原则。二是规定了督导评估内容包括统筹管理、教育教学、条件保障、评价考试、体质健康等五个方面。三是规定了各级教育督导部门在督导评估工作中的职责。四是规定督导评估按照印发通知、开展自评、实地督导、反馈意见、整改复查等工作程序进行。五是规定地方各级政府和教育行政部门要将中小学校体育督导评估结果作为干部考核、学校问责和实行奖惩的重要依据。其中评估内容五个方面的具体内容:一是统筹管理。包括加强组织领导、实施发展规划、完善规章制度、落实管理责任、加强绩效考核,形成强化学校体育的工作合力等。二是教育教学。包括按国家要求,强化体育课和课外锻炼。开足开齐体育与健康课程,实施大课间体育活动,深化教学改革,提高教学质量;强化学生课外锻炼,广泛开展阳光体育运动,积极开展课余训练和组织丰富多彩的竞赛活动,定期召开运动会等。三是条件保障。包括配齐配强体育师资,加强师资队伍培训,落实体育教师待遇,推动体育场地设施达标,实施学校体育安全风险防控,加大体育经费投入等。四是评价考试。包括完善学校体育考试制度,规范考试考核过程,发挥体育考试的导向作用。按照规定办法建立学校体育评估制度,实施学校体育工作年度报告制度等。五是体质健康。包括建立健全学生体质健康档案,加强学校卫生工作,实施《国家学生体质健康标准》和《学生体质健康监测评价办法》,促进学生体质健康水平明显提高。《中小学校体育工作督导评估指标体系》,对具体评估内容进行了细化设计,包括 5 个一级指标、12 个二级指标、34 个三级指标。

本章小结 —— 学校体育管理是学校体育工作的重要内容,科学、有效的管理对保障学校体育工作顺利开展有着重要的意义。本章在阐述学校体育管理含义、特点和内容的基础上,从教育事业机构、体育事业机构、其他事业机构构成的体系及其相对应的管理机制介绍了我国学校体育管理的基本体制,纲领性的政策法规及其制度、学校体育事业运行类政策法规及其制度、学校体育督导评价法规及其制度三大类对我国学校体育有关的政策法规作了简要介绍。

回顾与思考 —— 1.学校体育管理的特点是什么?

2.体育教研室(部)在学校体育管理中具体的管理内容是什么?

3.请用图例说明我国学校体育管理中的教育事业机构。

4.谈谈你对我国学校体育督导制度的理解。

参考文献

［1］杨文轩,张细谦,邓星华.学校体育学［M］.北京:高等教育出版社,2016.

［2］刘海元.学校体育教程［M］.北京:北京体育大学出版社,2011.

［3］周登嵩.学校体育学［M］.北京:人民体育出版社,2005.

［4］李祥.学校体育学［M］.北京:高等教育出版社,2001.

［5］金钦昌.学校体育学［M］.北京:高等教育出版社,1994.

［6］吴锦毅,李祥.学校体育学［M］.广西:广西师范大学出版社,1995.

［7］全国体育学院教材委员会《学校体育学》教材小组.学校体育学［M］.北京:人民体育出版社,1991.